# 탈북청소년의 한국살이 이야기

이 책은 2009년 정부(교육과학기술부)의 재원으로 한국연구재단의 지원을 받아 제작되었음(NRF-2009-361-A00008).

■ 기획 건국대학교 통일인문학연구단(IHU)

통일 문제에 대한 인문학적 성찰과 지혜를 모으고자 '소통·치유·통합의 통일인문학'을 표방하며 건국대학교 인문학연구원에서 출범한 연구기관이다.

2009년 한국연구재단의 '인문한국(HK)지원사업'에 선정되면서 연구 체계를 본격화하였으며, 2012년 1단계 평가에서는 '전국 최우수 연구소'로 선정되었다.

통일인문학은 사람 중심의 인문정신을 바탕으로 한반도의 통일 문제를 진단하고 그 해법을 찾고자 하는 새로운 학문 영역으로서, '체제의 통일'을 넘어 '사람의 통일'로, 분단과 대결의 시대에서 통일과 평화의 시대로 나아가기 위한 인문학적 성찰과 지혜를 모으고자 한다.

'소통·치유·통합'의 아젠다를 통해 새로운 통일 패러다임을 모색하고 있는 통일인문학연구단은 앞으로도 분단 극복과 한민족 통합의 인문적 비전을 제시하기 위한 학문 연구와 사회 활동을 활발하게 펼쳐 나갈 것이다.

■ 김종군

고전문학 전공자로서, 한국 고소설과 구비문학 분야를 연구하였다. 최근에는 통일인문학 분야에 관심을 두고 남북한의 고전문학과 민속학 연구성과를 비교하는 연구를 수행하고 있으며, 분단의 상처에 대한 생생한 체험담을 구술조사하여 코리언의 분단트라우마 실상을 파악하고 그 치유 방안을 찾는 연구에 매진하고 있다. 현재 건국대학교 통일인문학연구단의 HK교수로 재직하고 있다.

주요 저서로는 『고난 행군시기 탈북자 이야기』(박이정, 2012), 『고전문학을 바라보는 북한의 시각』(1)~(3)(박이정, 2012~2015), 『코리언의 역사적 트라우마』(선인, 2012), 『시집살이 이야기 집성』 10권(박이정, 2013), 『우리가 몰랐던 북녘의 옛이야기』(박이정, 2015), 『탈북민의 적응과 치유 이야기』(도서출판 경진, 2015) 등이 있다.

# 탈북청소년의 한국살이 이야기

© 김종군, 2015

1판 1쇄 인쇄__2015년 05월 12일
1판 1쇄 발행__2015년 05월 22일

엮은이__김종군
펴낸이__양정섭
펴낸곳__도서출판 경진
        등록__제2010-000004호
        블로그__http://kyungjinmunhwa.tistory.com
        이메일__mykorea01@naver.com

공급처__(주)글로벌콘텐츠출판그룹
        대표__홍정표
        편집__김현열 송은주  디자인__김미미  기획·마케팅__노경민  경영지원__안선영
        주소__서울특별시 강동구 천중로 196 정일빌딩 401호
        전화__02) 488-3280  팩스__02) 488-3281
        홈페이지__http://www.gcbook.co.kr

값 18,000원
ISBN 978-89-5996-463-5 93340

통일인문학 구술총서 02

# 탈북청소년의
# 한국살이 이야기

김종군 엮음

경진출판

# 발간사

분단된 한반도의 현실에서 통일에 대한 새로운 패러다임을 찾겠다는 취지로 '통일인문학' 연구는 시작되었습니다. 기존의 다양한 통일 담론이 체제 문제나 정치·경제적 통합을 전제로 진행되면서 시류에 따라 부침을 거듭하는 것이 현실입니다. 통일인문학은 사회과학 차원의 통일 논의가 관념적이면서도 정치적인 한계를 가지고 있다는 판단 아래 사람 중심의 인문정신을 바탕으로 한반도의 통일 문제를 진단하고 그 해법을 찾고자 하는 새로운 학문 영역입니다.

사람을 중심에 둔 통일 논의는 기존의 통일 담론에서 크게 확대된 개념으로 이해할 수 있습니다. 지리적으로도 한반도에 국한되지 않고 코리언 디아스포라를 모두 포괄함으로써 남과 북의 주민은 물론이고 전 세계에 산재한 800여만 명의 코리언을 대상으로 삼습니다. 나아가 '결과로서의 통일'에만 역점을 두고 연구 사업을 진행하는 게 아니라 '과정으로서의 통일'까지도 목표로 삼고 있습니다. 따라서 통일이 이루어지는 시점은 물론 통일 이후의 사회통합 과정에서 반드시 풀어가야 할 사람 간의 통합을 지향합니다.

이에 통일인문학은 '소통·치유·통합'을 방법론으로 제시합니다. 인문정신에 입각하여 사람 사이는 물론이고 사회계층 간의 소통을 일차적인 과제로 삼고 있는데, 이러한 소통은 상대와 나와의 차이를 인정하면서 그 가운데 내재하는 공통의 요소들을 탐색하고 이를 적극적으로 활용할 때에만 가능합니다. 그를 위해 분단 이후부터 현재까지 지속적으로 재생산되고 있는 분단트라우마의 실체를 파악하고, 이를 치유하기 위한 방안들을 모색합니다.

그 방법으로서 통일인문학은 우선 서로에게 정신적·육체적으로 씻을 수 없는 상처를 가한 분단의 역사에 잠재해 있는 분단서사를 양지로 끌어내고 진단하여, 해법으로 향하는 통합서사를 제시함으로써 개개인의 갈등요인이 됨직한 분단트라우마를 치유하고자 합니다. 그리고 우리 사회 전반에 자리 잡은 체제나 이념의 통합과 더불어 개개인의 사상·정서·생활 속 공통성과 차이성의 조율을 통하여 삶으로부터의 통합이 사회통합으로 확산될 수 있기를 기대합니다.

이러한 취지에서 통일인문학은 철학을 기반으로 한 사상이념, 문학을 기반으로 한 정서문예, 역사와 문화콘텐츠를 기반으로 한 생활문화 등 세 가지 축을 기준으로 삶으로부터의 통합과 사회통합으로의 확산이라는 문제를 풀어가는 데 연구 역량을 집중하고 있습니다. 그리고 이렇게 인문정신을 바탕으로 연구 생산한 성과들이 학계와 대중에게 널리 알려져 후속 연구와 사회적 반향으로 이어지기를 기대합니다.

통일인문학연구단에서는 그와 관련된 노력으로써 우선 새로운 통일 패러다임을 제시하고자 하였습니다. 통일인문학은 새로운 통일 패러다임으로서 '차이와 공통성', '분단의 트라우마와 아비투스', '민족공통성' 개념을 제안하였습니다. 그리고 추상적인 개념을 제안하는 데 그치지 않고, 이를 실증적으로 검증하기 위해 민족공통성 프로젝트를 진행하여 그 연구 성과를 매년 산출하고 있습니다. 또한 한반도의 통일문제를 연구 화두로 삼고 있는 학자나 전문가들과 학술심포지엄을 정기적으로 개최함으로써 통일인문학의 지평을

확산하고 있습니다. 특히 2014년부터 개최된 '통일인문학 세계포럼'은 통일인문학의 세계화에 크게 기여하고 있습니다. 그와 함께 분단트라우마 진단을 위한 구술조사와 임상실험을 지속적으로 진행하고 있으며, 통일인문학의 대중화를 위한 시민강좌나 교육프로그램 개발과 그를 위한 교재 개발 사업, 통일콘텐츠 연구 개발 사업 등 다양한 방면의 모색과 실천을 거듭하고 있습니다.

그리고 이러한 다양한 활동과 사업의 성과들은 출판물로 외현되어 학계와 대중들이 적극 공유할 수 있는 장으로 옮겨집니다. 본 연구단이 특히 출간기획에 주력한 것은 『통일인문학 총서』 시리즈입니다. 현재 『통일인문학 총서』 시리즈는 모두 네 개의 영역별로 분류되어 출간 중입니다. 본 연구단의 학술연구 성과를 주제별로 묶은 『통일인문학 연구총서』, 분단과 통일 관련 구술조사 내용을 정리한 『통일인문학 구술총서』, 북한 연구 관련 자료와 콘텐츠들을 정리하고 해제·주해한 『통일인문학 아카이브총서』, 남북한 연구에 도움을 줄 수 있는 희귀 자료들을 현대어로 풀어낸 『통일인문학 번역총서』 등이 그것입니다.

통일인문학의 정립과 발전을 사명으로 알고 열의를 다하는 연구단의 교수와 연구교수, 연구원들께 고마움을 전합니다. 아울러 연구 사업에 기꺼이 참여해 주시는 통일 관련 국내외 석학·전문가·학자들께도 심심한 감사를 드립니다. 그리고 무엇보다 자신의 소중한 체험과 기억을 구술하고, 분단트라우마 치유를 위한 임상실험에 참여해 주신 분들께도 머리 숙여 고마움을 표합니다. 마지막으로 통일인문학의 취지를 백분 이해하시고 흔쾌히 출판을 맡아 주신 출판사 관계자분들께도 감사드립니다.

사람의 통일, 인문정신을 통한 통일을 지향하며
건국대학교 통일인문학연구단장 김성민

# 『탈북청소년의 한국살이 이야기』를 내면서

'미리 온 통일세대'로 불리는 탈북청소년의 삶은 치열하다. 그 고난과 시련의 강도는 우리의 상상을 뛰어넘는다. 북에서의 유년시절은 극심한 식량난으로 어머니가 부재하였고, 아버지의 보살핌도 기대할 수 없었다. 미리 탈북한 어머니·재혼한 아버지·구박하는 새어머니 사이에서 평온함을 꿈꾸기에는 현실이 너무 절망적이었다. 가족의 해체로 더러는 꽃제비로 전전하고, 더러는 먹고 살기 위해 산과 들에서 약초나 풀뿌리를 캐면서 연명한 암울한 시간이었다.

문득 날아든 엄마의 구조 손길, 혹은 죽기밖에 더하겠냐는 자포자기로 뛰어든 두만강 너머의 삶이 탈북의 첫발이었다. 중국 생활이나 탈북 노정에서 겪은 착취나 학대는 쫓기는 공포에 비하면 견딜 만했다.

그리고 찾아온 희망의 땅 한국, 그동안의 암울함·공포감이 한 순간에 날아가 버릴 것 같았지만 한국살이는 녹록하지 않았다. 북에서 왔다고 소개할 때 호기심 어린 눈으로 다가오는 친구는 그나마 고마운 존재들이었다. '빨갱이'라고, '간첩'이라고 몰아치고 신고하는 반 친구는 여전히 분단의 장벽이었다.

그러나 사선을 넘어온 그들에게는 치열함이 체화되어 있다. 그래서 한국살이에 열정적으로 적응하려고 노력한다. 한국의 또래들과 생긴 외모나 언어의 장벽이 없으니 소통이 가능하고, 난생처음 접하는 자본주의 체제가 낯설기는 하지만 차근차근 익숙해지려고 애를 쓰고 있다.

이제 우리가 그들을 보듬을 차례이다. 통일을 염원한다고 하면서 '미리 온 통일세대'에 대한 온정의 시선도 갖추지 못한다면 통일은 너무나 먼 미래일 수도 있다. 탈북청소년의 치열한 삶을 이 책에 고스란히 담아내고자 하였다. 유년시절의 암울함, 탈북 과정에서의 공포감, 국내 정착과정에서의 낭패감도 치열함 속에 녹여 버리고 한국살이에 적응해 가려는 탈북청소년들의 이야기에 귀를 기울여 보자. 그들의 아픔에 공감하면서 상처를 치유하는 데 이 이야기들이 밑거름이 될 것이라 믿는다.

이 책은 '통일인문학 구술총서'로 기획하여 구술조사를 진행한 결과물이다. 2010년부터 시작한 초창기 탈북민들에 대한 구술조사 결과를 통일인문학 구술총서 1 『고난의 행군시기 탈북자 이야기』 (도서출판 박이정)로 출간하였다. 초창기 탈북민들은 북에 두고 온 자녀들을 데려오기 위해 많은 노력을 기울였고, '기획 탈북'이라는 이름으로 성공하는 경우도 많았다. 이 책은 북한의 급격한 경제난 시기인 고난의 행군시기에 부모가 탈북하고 남겨진 자녀들의 이야기를 담고 싶어 기획되었다. 부모, 특히 엄마가 탈북하면서 가정이 파괴되어 버려진 탈북 집안의 아이들이 북에서 어떻게 살아왔고, 한국에 들어와서는 어떻게 적응하고 있는지 담아내고 싶었다.

이 책에 실린 탈북청소년들의 사례는 탈북 2세대들의 이야기라고 할 수 있다. 고난의 행군시기에 나온 탈북 1세대들의 이야기가 북한에서의 기아와 중국에서의 도피생활에 대한 공포로 점철되어 있다면, 이 책에 실린 탈북 2세대들의 이야기는 부모에게서 버림받아 방치되고 꽃제비로 전전했던 아픔들이 곳곳에 배어 있다. 탈북이라는 사건은 심각한 가족의 해체라는 새로운 문제를 일으켰고, 탈북청소년들의 이야기에는 부모에게 버림받은 악몽과 그로 인한 반항의 감정이 곳곳에 녹아 있는 것이 특징이다.

이 책은 2부로 구성되어 있다. 제1부는 구술 당시 중고등학교에 재학 중이던 탈북청소년의 이야기이고, 제2부는 탈북대학생들의 이야기이다. 탈북청소년의 자료는 우연한 기회에 '새터민 청소년 그룹 홈 가족'을 알게 되어 이들의 경험을 구술조사한 결과물이다. 그룹 홈을 책임지고 있는 김태영(가명) 씨의 구술자료를 통해 탈북청소년들의 한국살이 이야기 전반에 대해 파악할 수 있었다. 그래서 이 이야기를 가장 먼저 수록한다. 그리고 그룹 홈의 식구 여섯 명의 이야기를 싣는다. 탈북대학생의 사례는 건국대학교에 재학 중인 탈북대학생들과 간담회를 가지면서 이들의 경험을 구술조사하여 정리한 것이다. 어려운 경제 사정과 따라가기 힘든 학업으로 부적응을 호소하는 동료 탈북대학생들을 독려하고 기꺼이 보듬을 마음을 가진 성실하고 따뜻한 대학생 네 명의 이야기를 수록하였다.

이 책의 기획의도를 이해하고 자신의 아픈 기억을 힘들게 되살리면서 이야기로 들려준 구술자들께 가슴 속에서 우러나는 깊은 고마움을 전한다. 실명으로 출판해도 좋다는 이들의 당당함을 오롯이 수용하지 못하고 가명으로 구술자들을 소개하는 기획 조사자의 비겁함을 고백한다. 실명을 공개하지 못해 미안할 따름이다. 탈북어린이와 우연히 인연이 맺어지면서 자신의 모든 삶을 탈북청소년의 올바른 한국살이 정착 지원에 던진 '새터민 청소년 그룹 홈 가족'의 대표 김태영 씨께 존경과 더불어 감사의 마음을 전한다.

이 책은 혼자의 노력으로 출판된 것이 아니다. 탈북청소년들의 이야기를 가슴 저려하면서 함께 들어준 통일인문학연구단의 김명수, 이원영, 조홍윤, 황승업 연구원에게 고마움을 전한다. 1차 채록을 맡아 준 학부생 연구보조원들과 2차 채록과 윤문을 전담한 박재인, 남경우, 한상효 연구원에 힘입어 온전한 원고가 마련될 수 있었다. 깊은 감사를 드린다. 아울러 기꺼이 출판을 맡아 준 도서출판 경진의 양정섭 대표와 편집부 선생님들께 감사를 드린다.

2015. 5

건국대학교 통일인문학연구단
김종군

# 목차

# 1부 새터민 청소년 그룹 홈 가족 이야기

## 김원태 이야기 _____ 64

## 박혁수 이야기 _____ 121

# 2부 탈북대학생 이야기

## 이재인 이야기 ⸺⸺357

# 새터민 청소년 그룹 홈 가족 이야기

비법월경은법률징벌을받는다

非法越界将受到法律惩罚

延边州边防委员会办公室立

김태영 이야기

〈조사 상황〉

조 사 일: 2011년 3월 16일 수요일
조사시간: 오후 2~4시(2시간)
구 술 자: 김태영(가명, 남, 1976년생, 채록당시 36세)
조 사 자: 김종군, 이원영
조사장소: 서울특별시 광진구 능동로 120 건국대학교 문과대학
　　　　　 교수연구동 611호
조사장비: 디지털 HD캠코더, 디지털 레코더, 디지털 카메라

　구술자와의 만남은 조사자가 탈북민들의 문제에 관심을 갖고 있
는 것을 아는 동료 교수의 소개로 이루어졌다. 동료 교수는 구술자
의 그룹 홈을 후원하는 처지였다. 조사자는 탈북청소년들을 만나
보고 싶은 마음에 방학을 맞아 그룹 홈 식구들과의 간담회를 학교
에서 마련했다. 구술자와의 통화에서 구술자는 그룹 홈 식구들에게
대학의 캠퍼스를 느끼게 해 주고 싶다는 뜻을 보이고 흔쾌히 승낙
했다. 학교 식당에서 대학생들이 먹는 밥을 함께 먹고, 차를 사겠다
고 간이 카페로 갔는데, 청소년들은 모두 유자차를 택했다. 의아해
하자 구술자는 빙그레 웃으며, "다들 몸에 좋은 거만 먹으려고 한
다"고 농담을 했다. 그리고 초콜릿이나 커피가 아직은 입맛에 맞지
않은가 보다고 귀뜸해 줬다.
　간담회를 마치고 이들이 한국사회에 어떻게 적응하고 있는가에
대해 구술조사를 하고 싶다고 하니 구술자는 선선히 허락했고, 가
장 먼저 그룹 홈을 꾸리고 있는 구술자에게 이야기를 듣고 싶다고
했다. 탈북 당사자도 아닌데 들을 말이 있겠냐고 주저하더니 일정
에 응해 주었다.
　구술자는 그룹 홈을 시작하게 된 초창기 상황부터 찬찬히 이야기

를 시작했고, 탈북민에 대한 많은 유익한 정보를 구술하였다. 탈북민을 대하는 한국 사람들의 의식 문제, 탈북민 정책에 대한 문제점, 탈북민 적응 프로그램에 대한 문제점도 구체적으로 제시하였다. 특히 탈북청소년들과 몇 년을 함께 생활하면서 직접 겪은 사례들과 상황들을 가감 없이 풀어 놓아서 매우 흥미롭기까지 했다. 탈북청소년들의 특성에 대해서도 나름대로 정확하게 진단하고 있어서 조사자의 시각에 많은 도움을 줬다.

이후 그룹 홈에 소속된 탈북청소년들을 순차적으로 청해서 구술을 들을 수 있도록 배려해 주었다. 비록 탈북 당사자는 아니지만 오랜 시간 탈북청소년들과 동고동락을 하면서 그들이 살아온 사연과 상처를 모두 알고 있으므로 객관적인 시각으로 탈북청소년들의 한국살이에 대해 진단하고 있다.

# 구술 이야기 목록

· 혼자 남은 탈북민 아이의 '죽고 싶다'는 말
· 한 탈북민 아이와 함께 살면서 시작된 '그룹 홈 가족'
· 탈북청소년의 부모이자, 탈북민들의 친구로 살아가기
· 그룹 홈 가족에게 별천지 같은 새 집이 생기다
· 우체통까지 뒤지는 후원자들 때문에 겪었던 곤혹
· 외부의 풍파에 휘둘리지 말고, 이제 정말 가족처럼 '우리끼리만'!
· 청소년 할인 혜택도 받기 힘든 현실과 맞지 않은 세상의 잣대
· 삼촌, 우리 외국인이야?
· 탈북청소년들은 고향에 대한 그리움으로 통일을 꿈꾼다
· 돈 대신, 직접 아이들과 함께 삼겹살이라도 드시러 오세요!
· 엄마가 그리운 아이들
· 탈북청소년이 그룹 홈의 품에 안겨지기까지 과정
· 꽃제비 생활의 상처로 아직까지 얼어 있는 아이들
· 그룹 홈에서 새 식구를 받아들일 때 아이들의 반응
· 탈북대학생들의 동거 문제, 책임이 문제다

# 혼자 남은 탈북민 아이의 '죽고 싶다'는 말

**[내용 요약]**

구술자는 '새터민 청소년 그룹 홈 가족'의 운영을 책임지고 있다. 그는 2006년부터 탈북민 아동, 청소년들과 함께 가족을 이루고 그들을 도우며 살고 있다. 자신은 자기중심적인 평범한 미대생이었는데, 봉사활동을 하다가 우연히 탈북청소년을 알게 되면서 지금까지 이 일을 하게 되었다고 한다. 그 아이는 학교에서는 '너 때문에 전쟁이 났다'는 몰지각한 말을 듣기 일쑤이고, 집에는 생계 때문에 어머니가 지방에 가 계셔서 늘 무기력하게 혼자 지내고 있었다. 이 소년이 '죽고 싶다'는 그 말. 그 말 한 마디에 김태영 씨는 탈북청소년의 가족이자, 보호자로서의 삶을 살게 되었다고 한다.

**[주제어]** 새터민 청소년 그룹 홈 가족, 탈북청소년, 멘토링, 봉사 활동, 학교 부적응, 왕따

저희의 이름은 '새터민 청소년 그룹 홈 가족'. 저희 정체성 때문에 새터민 청소년 그룹 홈 가족이라고 불러요. 시작은 2006년 6월부터 시작했어요. 이 일은 우연히 시작을 하게 됐어요. 가족이라는 이름으로 시작한 것도 2008년이고요. 우연히 시작을 했지, 애초부터 이렇게 살겠다고 계획한 적도 없었고, 생각을 해 본 적조차 없었어요.

저는 미대를 나오고, 보통 사람들이 지극히 보편적으로 생각하는 미대생들은 '뭐, 이렇다, 이렇다.' 하잖아요. 저도 그런 사람 중 하나였고, 굉장히 개인적이었고, 저 중심적이었어요. 그런데 봉사활동이란 걸 한 번 해 보고 싶어서 시작했는데, 그러다가 우연히 만난 친구들이 북에서 온 친구들이었어요. 회사를 다니면서 개인 시간을 할애하면서 그 친구들하고 멘토-멘티 관계로 친구도 되어주고, 선생

님이 되어줬어요.

그렇게 한 3년 정도 지났을까? 하나원으로도 봉사활동을 다녔는데요. 하나원에서 어떤 한 아주머니를 만났어요. 그 아주머니가 자기는 아들이랑 넘어왔는데 너무 힘들다고 하시는 거예요.

"어떻게 해야 될지 모르겠어요. 힘들고, 걱정돼요. 하나원 나가기 싫어요."

이렇게 두려움과 걱정을 토로하시더라고요. 그래서 제가 찾아뵙기로 했죠.

"아, 그럼 어머니가 밖으로 이제 나오시면, 제가 꼭 찾아뵙겠습니다. 그리고 어머니가 힘들어 하시는 일은 제가 힘이 닿는 대로 도와드릴게요."

이렇게 약속을 하고, 이제 그 약속 날이 되어서 그 어머니를 만나러 갔어요. 어머니를 만나러 갔는데 어머니는 안 계시고, 웬 왜소한 아이가, 피부는 이제 검붉었어요, 검붉고. 왜소한 아이가 빼꼼히 문을 열면서 누구냐고 하는 거예요. '나는 이러이러한 사람이고 엄마를 만나러 왔다' 하니까, 그때서야 이제 문을 열어주더라고요.

근데 엄마는 없고 그 아이만 있는 거예요. 한 할머니만 계시기에 할머니는 누구시냐고 하니까, 먼 친척이래요, 조선족. 먼 친척 조선족 할머닌데, 자기가 중국에 숨어 있었을 때 이 할머니의 도움을 받았대요. 그래서 자기는 이제 한국으로 들어와 있었고, 이 할머니는 이제 돈을 벌러 한국에 온 건데, 이 할머니가 나이가 있으시니까 여기서는 이제 돈을 벌기가 힘든 거죠. 그래서 이제 다시 돌아가야겠다고 생각을 했대요.

그래서 그럼 엄마는 어디계시냐고 하니까, 엄마는 지방에서 일을 한대요. 한국으로 나오니까 아무것도 아니더라고, 돈을 벌어야겠다고 생각해서, 뭐 집 주변에 식당이라든지 다 알아봤지만, 북한에서 왔다고 안 받아 주는 거예요. 조선족이면 받지만 북한이라서 안 받는 곳이 많은 거예요. 그래서 이 어머니가 찾다 찾다 하다가 지방에까지 내려가게 됐던 거죠.

그래서 제가,

"그럼 이 할머니가 돌아가시면 이 아이는 어떻게 되나요?"

그러니 아이는 혼자 있어야 된대요. 그래서 제가 어머니랑 통화를 했는데, 어머니는 당연히 북한처럼 생각을 한 거예요. 북한은 학교의 시스템이 아침에 학교를 보내면 밤 9시? 뭐 이때까지 학교 안에서 다 알아서 한대요. 그래서 집에서 잠만 자고 가면 되고. 그 엄마는 이렇게만 생각한 거예요.

"어머, 아니에요, 어머니. 여기 남한은 북한이랑 다르게 다 집에서 준비되어서 가는 시스템이에요. 그래서 아이는 1시면 끝나고 오는데, 그럼 1시부터 아이는 혼자 있는 거예요. 친구들도 없고 계속 혼자 있어야 해요."

이렇게 설명을 했어요. 엄마한테 빨리 내려오라고, 아이를 데리고 살아야 한다고. 그러니까 어머니가,

"그럼, 우리는 어떻게 먹고 살아요?"

이러시는 거죠. 그거에 대해서 뭐라고 할 수가 없어서,

"알겠어요."

하고 전화를 끊었어요. 그러고 나서 이제 그 아이랑 밥을 먹으면서 얘기를 했는데, 처음 보는 저한테 막 그러는 거예요.

"죽고 싶다."

초등학교 4학년인 아이가. 너무 놀라서 물었죠.

"으흠. 뭐가 그렇게 힘들어?"

"아이들이 저 때문에 전쟁이 일어났대요."

학교에서 아이들이 조직적으로 이 아이를 막 괴롭히고 때리고 그러니까, 이 아이는 학교 가는 게 너무 너무나 지옥 같은 거예요.

"이제 학교가기도 싫고 다시 북한으로 갔으면 좋겠어요."

그러는 거죠. 그런데 그럴 만도 한 것이 그 아이, 제가 제 눈으로 봐도 참, 그 또래 아이들 눈에는 왕따 당하기 참 쉬운 조건을 갖고 있었어요. 왕따 당하기 쉬운 조건을 갖고 있는 아이였어요. 그게 검붉은 얼굴에 옷차림도 그렇고, 말투도 그렇고, 더군다나 여기에 대해서는 아무것도 모르는 아이니까는. 참, 이게 애들 눈에는 바보스럽고 멍청해 보이고. 너무나도 괴롭히기 좋은 거죠. 이 아이는 너무 힘든 거예요.

근데 이 아이는 그래도 북한에 있었을 때 자기가 소년단 단장도 했었고, 굉장히 막 잘 지냈던 아이였어요. 이 어린 아이한테 죽고 싶다는 말이 왜 나오는지 알겠더라고요. 제가 좀 많이 화가 난 건 큰 아이들도 아니고, 어린 아이 초등학생 입에서

"너 때문에 전쟁이 일어났다."

라는 말 때문이었어요. 저는 굉장히 화가 나더라고요.

그래서 이 아이랑 같이 있어야겠다는 생각을 했어요. 그래서 우선은 할머니도 있으니까,

"그럼 내가 나중에 또 놀러올게."

그렇게 약속을 정하고 갔어요.

근데 제가 깜빡한 거예요. 근데 그 할머니는 1주일 뒤면은 중국으로 가는 거였고, 그럼 아이는 1주일 동안 또 혼자 있어야 했어요. 근데 제가 2주 뒤에나 약속이 생각난 거예요, 어느 순간,

'허, 그럼 이 아이는 1주일 동안 혼자 있었겠네.'

싶어서 막 부랴부랴 갔어요. 그 아이 집에.

그 아이 집에 갔는데 초인종을 눌러도 아무런 대답이 없는 거예요. 한 8시쯤 됐어요. 문을 한 번 열어보니, 문이 안 잠겨 있고 열려 있더라고요. 집은 어두컴컴했고, 방 안에서 TV 불빛과 소리만 나는 거예요. 그래서 방으로 들어갔는데.

그, 이제 그 북에서 온 사람들 사정이 대부분 다 그래요. 나라에서

집만 줘요. 집만 주고, 하나원에서 퇴소할 때는 그 ○○교회에서 준 물건뿐이에요. 그쪽이 또 북한관련 사업을 많이 하는 교회거든요. 그래서 ○○교회가 하나원을 퇴소하는 모든 퇴소자들에게 이불 한 세트, 전기밥솥 하나씩 기본적인 걸 줘요.

그 아이의 방 안에 물건도 ○○교회라고 이렇게 다 로고가 박혀 있고요. 딱 그 물건밖에 없는 거죠. 방에 뭐가 있었냐면, 엄마가 하나원 나오자마자 누가 버려놓은 TV를 주어다가 그냥 맨 방바닥에 딱 올려놔 있었고, 그 다음 구석에는 빨래 건조대. 그러니까 방에는 그 빨래건조대, 방바닥에 놓여 있는 TV가 전부였어요. 집이 큰 평수도 아닌데, 거기서 말을 하면 소리가 울려요. 왜냐하면 그 소리를 흡수하는 물건들이 하나도 없으니까.

아이는 거기 방바닥에 TV를 보다가 지쳐 잠들었는지, 엎드려 자고 있고. 책가방은 이렇게 널브러져 있고. 갑자기 그 아이를 딱 보는데, 그 아이가 그때 저한테 막 '죽고 싶다'고 했던 말들이 또 확 떠오르는 거예요. 가슴에 와 닿는 거예요. 괜히 눈물이 핑- 돌더라고요. 코끝이 찡해지고요.

그래서 이제 저희 집에 전화를 했어요, 저는.

"엄마 나 자고 내일 들어갈게."

그러고 나서 그렇게 됐어요. '자고 내일 들어갈게.'가 지금까지 오게 된 거예요.


## 한 탈북민 아이와 함께 살면서 시작된 '그룹 홈 가족'

### [내용 요약]

구술자는 죽고 싶다는 탈북소년을 혼자 두고 올 수 없어 하룻밤 같이 자고, 따뜻한 밥을 지어 먹었다. 갑자기 시무룩해지던 그 아이가 언제 갈 거냐고 묻는 말에, 단번에 너와 함께 살 것이라고 답해 주고, 그렇게 아이와의 동고동락이 시작되었다고 한다. 아이와 함께 살던 동네에는 탈북민들이 많았는데, 이 일이 소문으로 퍼져서 하나 둘씩 늘어나서 지금의 그룹 홈이 되었다.

[주제어] 탈북소년, 하나원, 신정동, 따뜻한 밥, 소문, 새터민 청소년 그룹 홈 가족

그러니까 아무것도 없이 이렇게 됐어요. 그래서 이제 제가 막 청소를 했어요. 청소를 하는데, 애 깰까봐 조용히 청소를 하는데, 냉장고 문을 열어보니까 많이 작은 냉장고였어요. 작은 냉장곤데, 그 냉장고 안에는 막 반찬이, 그러니까 그 조선족 할머니가 좀 해놓고 간 반찬들이었던 거예요. 근데 뚜껑을 안 닫아 놨어요. 왜냐하면은 그 우리는 이제 락&락 해가지고 반찬통에 뚜껑을 다 해놓는데, 그런거 락&락 통이 하나도 없으니까. 하나원에서 받아온 접시, 밥그릇, 국그릇 해가지고 반찬만 담아놓은 거예요. 뭐라도 비닐을 씌어놓아야 하는데, 없으니까 그냥 말라비틀어졌고. 그럼 아이가 1주일 동안 뭘 먹고 살았나 싶은 거예요. 밥통을 열어봐도 밥알도 다 말라 있고.

그래서 어쨌든 청소를 해야 되니까, 청소를 하니까 아이가 그게 되게 막 소리가 들리니까 이제 인기척 때문에 깨서 나오는 거예요. 그래서 저랑 같이 청소를 도와주더라구요. 하다가 아이랑 얘기하는데,

"밥은 어떻게 먹었냐?"

고 하니까. 엄마가 돈을 주고 간 게 있었는데, 그게 만 원인가 얼마를 줬대요. 그래서 그 만 원 갖고, 아침을 안 먹고 학교를 가고, 점심은 학교 급식을 먹고, 저녁은 천 원짜리 소세지 요런 거 있어요. 뭐, 계란에 익혀서 부치면 맛있는 햄이라고 이름이 그런 게 있더라구

요. 요만한데, 그게 한 개에 천 원이에요. 고걸 이렇게 먹었다고 하더라구요.

그래서,

"아, 내가 맛있는 거 해 줄게."

나가서 사먹을 수 있는 건데, 집에서 일부러 반찬을 해서 일부러 집밥을 해 주고 싶어가지고 이제 제가 거기서 막 대충했어요. 그래 가지고 저녁 먹고, 또 그 아이랑 얘기를 했는데, 이제 북한에서 자기 살았던 이야기를 다하더라구요. 말을 참 잘하더라구요.

그러고 이제 막 밤이 깊어서 자고, 그 다음날에 일어났어요. 저도 이제 나가야 하고, 그 아이도 학교를 보내야 하니까. 또 아침을 맥이고 좀 보내고 싶더라구요. 그래서 일찍 일어나서 또 막 밥을 하는데, 그 아이가 또 깼어요. 그래가지고

"밥 먹고 가야지."

해서 같이 밥을 먹는데, 어제는 참 웃으면서 말도 잘하던 아이가 오늘 아침에는 말을 안 하는 거예요. 그래서

'아, 얘가 아직 잠이 덜 깨서 그런가?'

근데 왠지 쫌 이상했어요. 첫 질문이 이제 이거였어요.

"언제 갈 꺼예요?"

그러는 거예요. 이제 제가 가고나면 자기는 또 혼자여야 되니까. 그게 이제 또 힘들었는지 '언제 갈 꺼예요?' 그러는 거예요. 그래서 거기다 대놓고 그랬어요.

"어, 안 갈 거야. 너랑 살게."

그랬어요.(웃음) 그래가지고 이제 지금까지 이렇게 해서 살게 된 거예요. 그래서 그 아이를 한 명을 데리고 살면서, 그 같이 살았던 곳이 양천구예요. 양천구에는 북한이탈주민들이 굉장히 많이 모여서 사는 동네예요. 신정동. 굉장히 많았어요.

그러고 제가 3년 동안 이렇게 봉사활동을 하면서 아이들만 만나

는 게 아니라, 이 아이들에게 어떤 것들은 뭐 서비스라든지 이런 것들을 제공, 도와주려고 하니까. 그 아이만 갖고는 안 되더라구요.

'아이를 둘러싼 주위 환경부터도 뭔가 이렇게 내가 알아야겠다.' 는 생각이 들어서, 어떻게 하다가 그 아이들과 관련된 사람들도 다 알게 되고, 엄마, 아빠 뭐, 하튼 친척들까지 알게 되고. 그러면서 그 지역 주민들을 많이 알게 되었어요. 그러니까 제가 또 여기로 와서 아이를 데리고 와서 사니까 그 아줌마, 아저씨들에게 소문이 다 난 거예요.

그래서 거기서 살면서 신정동에서 1년을 살았어요. 1년을 사는데, 1년을 사는 동안, 그 아이와 생활을 하면서 그 다음 소문이 퍼져가지고.

"또 어느 애가 있는데, 이 애가 도움이 필요하다."

그래서 또 이렇게 아줌마 아저씨들이 이렇게 연결해 줘가지고,

"그럼 그 애 내가 데리고 살께요."

해가지고, 또 그 애도 데리고 살고. 이렇게 하나하나 늘다보니까 지금의 형태가 된 거예요

## 탈북청소년의 부모이자, 탈북민들의 친구로 살아가기

**[내용 요약]**

탈북청소년을 도우며 양천구에 살던 구술자는 탈북민들의 애환을 들어주며, 함께 해결해가는 일을 도맡았다고 한다. 지역사회의 지원을 알아보는 일이며, 김장 배추를 공수해 오는 일에, 마을 청소년들 시험공부까지 도우며, 그들과 함께 하는 삶이 자신도 매우 즐거웠다고 한다. 그런데 가지고 있던 돈을 다 쓰게 되면서 한계에 봉착했다고 한다.

[주제어] 탈북청소년, 신전동 주민들, 동사무소, 구청, 김장, 공부 방, 돈

그 아이와 양천구에 살면서 참 재밌던 것도 있었어요. 탈북민 아이들한테 이렇게 엄마로서, 아빠로서 역할을 하기도 했지만, 그 아이들이 학교에 가면 그 다음에 이제 저만의 시간이 있잖아요. 저 혼자 있을 시간에는 또 그 지역에 사는 아줌마, 아저씨들이 저에게 와가지고, 또 자기 고민들을 막 풀어놓는 거예요. 옆에서 이야기를 잘 들어주는 사람이 있다는 게 그들에게 많이 좋았나 봐요. 그래서 또 아줌마, 아저씨들하고 같이 밥도 먹고, 술도 마시면서 이런 얘기도 해 주고 그랬어요. 그러다보니 그 분들도 고충이 이만저만 있는 게 아니더라고요.

"동사무소 가서 뭘 어떻게 해야 하는지도 모르니까."

그분들은 주변에 자기가 살고 있는 지역사회에 지원들을 어떻게 활용해야 하는지를 잘 모르시는 거죠. 누가 와서 노크하고 뭐 상품권 주고, 뭐해서 면담해 주면 돈 주고, 이런 거밖에 몰랐던 거예요.

그래서 이제 제가 '이렇게, 이렇게 해야 된다.' 많이 말씀 드렸죠. 그리고 그 지역에 동사무소 직원들에게 전화해서 요청하고 문의하면서, 지원 통로들을 많이 만들었어요. 해당 구청직원하고도 참 많이 얘기했어요. 그렇게 참 재밌게 지냈어요. 김장할 때에는 제가 배추 공수해 오면, 아줌마, 아저씨들이랑 같이 모여서 김장도 다 같이 해서 나눠주고, 굉장히 재밌었어요.

저는 거기서 아이들을 데리고 사는 거는 그룹 홈 형태이기는 했지만, 또 그 번외로 동네 아줌마, 아저씨들에게 친구이자, 이웃이 되어 주었어요. 그리고 저와 같이 살지는 않지만, 그 동네에 있는 청소년들이 시험기간에 다 저희 집에서 공부하기도 했어요. 그래서 그룹 홈이 공부방 형태도 되었고요. 그러니까 그런 것들이 참 잘

되어 가고 있었죠. 그런데 그게 이제 한계가 왔었죠. 제 돈이 이제 떨어진 거예요.

## 그룹 홈 가족에게 별천지 같은 새 집이 생기다

**[내용 요약]**
구술자는 그룹 홈을 시작하면서 직장을 관두고, 적금과 퇴직금으로 아이들과 살아갔다. 돈이 부족하여 학원 강사 일도 해 보았으나 아이들은 커가고 미래는 막막했다고 한다. 그러다가 신부님이 집을 마련해 주었다. 처음에는 아이들이 또 새터에 적응해야 하는 부담감에 이사도, 전학도 싫다고 하더니, 별천지 같은 새집을 보고 모두 기뻐하며 이사 가는 것에 찬성했다고 한다.

**[주제어]** 경제난, 새집, 신부님, 이사, 전학

직장생활은 그 친구와 함께 살기 시작하면서 그때 그만뒀어요. 그룹 홈을 하기 위해서 그만뒀는데, 적금도 있었고, 뭐 퇴직금도 있었고, 이게 뭐 이런 것들이 있으니까 한 1년은 잘 살았어요. 그런데 통장을 보니까 계속 돈이 빠져나가고 이러면 안 되겠더라고요.
"하아, 이러면 안 되겠다. 또 돈을 벌어야겠다."
그래서 수학학원을 가서 중학생들 수학을 가르쳐 주면서 또 돈을 벌었어요. 그렇게 지내왔는데, 계속 이렇게 해갖고는 발전성도 없고, 좀 힘들겠다는 생각이 든 거예요. 달마다 근근이 살아가는 거잖아요.
'아이들은 계속 자랄 텐데, 자라는 만큼 또 뭔가가 더 많이 들어갈 텐데.'

라는 생각이 드니까 좀 힘들었어요.

그 와중에 제가 이렇게 지내고 있으니까, 어떤 신부님이 좋은 소식을 말씀해 주신 거죠.

"내가 집을 마련해 줄 테니까, 네가 아이들을 데리고 와서 살아라."

라고 하시는 거예요. 그래서 애들한테 이제 얘기를 했죠. 이런 일이 있다고 말했죠.

"새 집으로 갈래? 그 대신 전학을 가야 돼."

그러니까 애들이 싫대요. 왜냐하면 다 자기가 살던 곳을 떠나서 떠돌이 생활을 하다가 이제 여기 왔는데, 또 새로운 환경으로 가자니까 이 아이들에게는 스트레스였던 거예요. 근데 저는 아무리 계산을 해봐도 그게 너무나도 좋은 거예요. 그래서 아이들을 데리고 갔어요.

"그래? 그러면 어떻게 하지? 그럼 우선 집이라도 한 번 보고 올까?"

이제 신부님이 마련해 놓은 집을 보더니 아이들이 허-.

"거기서 살자!"

이러는 거예요. 왜냐하면 우리가 살던 집하고는 정말 별천지였으니까, 가재요. 괜찮겠느냐고 다시 물어도, 가재요. 그래서 가게 됐어요. 그래서 아이들 전학을 하고 거기서 살게 되었어요.

# 우체통까지 뒤지는 후원자들 때문에 겪었던 곤혹

**[내용 요약]**

그룹 홈에 많은 후원자들이 생기면서 여러 갈등을 겪게 되었다. 구술자는 후원하면서 못 사는 아이들이라고 함부로 조정하려는 후원자들과 많이 맞부딪혔다고 한다. 우체통을 몰래 뒤지며 난방비까지 체크하고, 편견의 말들을 늘어놓는 후원자들의 등쌀에 못 이겨 결국 집을 나오게 되었다. 아이들은 김태영 씨를 따라 함께 새집을 포기했다.

**[주제어]** 후원자, 후원금, 난방비, 다툼, 무시

애초부터 저는 구체적으로 어떤 신념이나 이상은 없었어요. 그냥 이 아이들이 편안하고 행복하게 여기 일원으로서 잘 살아가기를 바랐던 거, 그거 하나였어요. 그 당시까지만 해도 그거 하나만 생각했었어요. 그렇게 아이들과 사는데, 사공이 많으면 배가 산으로 간다고, 그 신부님이 마련해 놓은 집에서 제가 살기 시작하니까, 이 집을 후원해 주기 위한 신부님의 또 많은 팬들이 있잖아요. 다 저희 집을 후원해 주기를 시작한 거예요. 그러니까 그 후원이 시작되면서, 이 말 들어야 하고 저 말도 들어야 하고, 많은 각자의 말들을 모조리 수용을 해야 하는 거예요. 수용만 하는 게 아니라 거기에 대한 그 사람들한테 액션도 취해야 하는 거고.

'이게 뭔가?'

그들은 단순히 저와 아이들을 수혜자로만 보았어요. 기분이 굉장히 불편하더라고요.

'아, 이러면 안 되겠다.'

싶었죠. 그러니까 그들의 마인드는 이거였어요.

'내가 너희들을 도와주니까 너희들은 이렇게 해야 하고. 당연히 이 아이들은 못 살고 힘드니까 좀 이렇게 하면 안 되지 않나. 너무 안락하게 지내면, 나중에 여기서 나가서 어떻게 되겠느냐. 그러니까 이렇게 해야 한다.'

이런 거였죠. 그들은 당연히 선의로 도와주기는 했지만, 기본적으로 '못 살고 못 배우고 이런 아이들이니까'라는 선입견이 있었어요. 저는 그런 논리로밖에 받아들일 수가 없더라고요.

당연히 이 아이들을 도와주는 일은 이 굴레에서 벗어나게끔 만들어줘야 하는 거잖아요. 그러기 위해서는 한정된 굴레 안에서만 있는 게 아니라, 이밖에 것, 여러 가지를 더 경험해 보게 하고, 이 아이가 수용을 했을 경우,

'아, 이런 게 있구나!'

하면서 스스로가 뭔가 자기가 발전적으로 이렇게 생각하고.

'아, 이래서 공부를 해야 하는 거구나, 아 이래서 뭘 해야 하는 거구나.'

이런 생각들을 하게 해야 하는데. 그러니까 예를 들면, 그들 입장은 당연히 못 사는 애니까 집에 에어컨도 두면 안 되는 거예요. 그러면 저는

'아니, 그럼 더우면 어떻게?'

그런 식으로 부딪히게 되는 거죠. 그런 것부터 해서 하나하나가 너무 화가 나는 거예요.

한 번 그래서 터진 일이 있었는데, 저희 집과 신부님이 분리된 결정적인 계기가 그 일이었어요. 늦가을 10월 말인가 11월 초였는데, 저희가 도시가스 비용이 7만 원? 정확히 기억은 안 나는데, 7만 8천 얼마가 나왔어요. 몇 백 원까지는 기억이 안 나요. 7만 8천 얼마가 나왔는데, 이 집을 후원해 주는 한 아주머니가 저희 집 앞을 지나가다가 우체통 함을 본 거예요. 그래서 도시가스 영수증을 보더니

후다닥 뛰어 올라와서,

"허! 우리 집도 3만 원밖에 안 나오는데, 여기는 왜 이러냐?"

그러시는 거예요. 애들이 다 듣고 있는데 거기서. 그러니까 저는 또 화가 확- 나는 거예요. 그래서 우선 무마시키고 보내드렸어요.

그러고 나서 또 이 아주머니가 하아, 계속 상습범처럼 몰래 우체통 함을 본 거예요. 또 보고나서 전화를 했어요.

"지금 집에 있어요?"

"네."

"잠깐 할 얘기가 있으니 그 집으로 갈게요."

아주머니가 또 집으로 찾아오신 거예요. 아니 또 왜 이번에 도시가스비가 이렇게 많이 나오느냐는 얘기를 하는 거예요. 그래서 저는 우선 애들을 다 내보냈어요. 다 나가라고 그랬어요.

"아니, 애들을 왜 내보내요?"

"일단 잠시만 들어오세요. 애들은 나가 있어."

그 다음부터 이제 제가 막 독 품고 아주머니께 덤볐어요. 사실 그러면 안 되는데 어른임에도 불구하고, 사실 저도 모르게 화가 나니까 막 독 품고 덤비게 되더라고요. 화가 나니까 저도 모르게 막 그 아줌마 앞에서, 어떻게 화를 주체하지 못 하니까, 막 저도 모르게 울어버린 거예요. 그딴 식으로 하지 말라면서 울었어요. 그러니까 이 아줌마는 아주 당황스러웠던 거죠.

"그러면 아줌마, 우리는 계속 따뜻한 물도 못 쓰고 이렇게 살아야 되는 건가요?"

그러면서 막 얘기를 했어요. 그리고 후원금이 들어오면 저희는 월마다 보고를 해요. 그 말씀도 드렸어요.

"정 하실 말씀이 있으시면, 우리가 월마다 만나지 않나요? 그때 분명히 공식적인 자리에서 말씀을 하시면 되지, 왜 자꾸 아이들 있는 데서 이런 식으로 얘기하시는 거죠? 그리고 어차피 이것은 한 집안의 가계예요. 왜 남의 가계를 감 놔라, 밤 놔라…"

그러니까 당신은 '분명히 후원을 해 줬으니까, 이제 자기는 해도 된다.'라는 생각을 한 거죠. 근데 방법이 틀린 거였죠. 그래서 도저히 이러면 안 되겠다 싶어서, 거기서부터 제가 똑똑히 말씀 드렸죠.

그러니 이 아주머니는 벌써 5분도 안 돼서 사람들에게 쫙- 말을 다 전한 거예요. 이 사건이 소문으로 다 퍼진 거예요.

"어우, 저 김태영이라는 사람이 나한테 너무 독 품고 덤비더라."

또 어느 아저씨한테 전화가 와서

"그러면 안 된다."

고 또 그러는 거예요, 5분 만에.

'아, 이게 참 무섭구나.'

그래서 나와야겠다는 생각을 했어요. 제가 나오려고 했는데, 제가 말하기 전에 그들이 먼저 임의로 나가라고 하더라고요.

"아, 예. 그러겠습니다."

근데 애들을 두고 나가래요. 그래서 제가

"아니, 이 아이들은 저와 벌써 몇 년을 같이 살아온 아이들이에요."

그랬더니 이제부터 자기네가 할 거라고 하면서 나가래요.

"이 아이들이 무슨 물건입니까? 아이들이 어떻게 결정할지는 아이들이 하고, 당신들은 아이들 결정에 따를 거 아닙니까. 아이들이 가고 싶다면, 당신들이 잡을 수는 없는 거 아닙니까?"

제가 그렇게 따졌어요. 그러니까는, 그렇대요. 그렇지만 저보고는 작업을 하지 말래요.

"아, 저는 작업 안 하겠다."

고 했죠. 그렇지만 아이들도 당연히 거기에 안 살죠. 그래가지고 제가 아이들을 좀 타일렀어요.

"만약 너희가 지금 나온다면, 내가 집도 구해야 되는데 더 힘들어질 거야. 내가 나중에 다 만들어 놓은 다음에 나와도 되지 않겠어?"
그랬더니 아이들이 싫대요. 나오겠대요, 무조건. 그래서 그냥 나오
게 됐어요. 그렇게 나와서 참 힘들었어요.


## 외부의 풍파에 휘둘리지 말고, 이제 정말 가족처럼 '우리끼리만'!

### [내용 요약]

갈 곳이 없었던 구술자는 아이들을 데리고 어떤 봉사활동가의 공
간에 얹혀살게 되었다. 거기에서 아이들은 마음대로 쉬지도 못하고
빡빡한 프로그램에 따라야 하는 등 힘든 생활을 보냈다. 우여곡절
끝에 김태영 씨는 후원자들의 영향력에 아이들이 휘둘리지 않는 주
거지를 구했다. 이제 더 이상 외부 풍파에 휘둘리지 않고 정말 '가
족'처럼 살자고 다짐했다.

[주제어] 프로그램, 스트레스, 집구하기, 이사, 공사, 가족


그러고 나서 저희가 파란만장한 시간을 보냈어요. 이런 일이 똑
같이 일어났어요. 그 사람은 저희와 색깔이 너무도 달랐어요. 굉장
히 힘들어요. 제가 집을 구하기 힘드니까, 그 집에서 한 8개월 간
아이들과 더부살이로 살았어요. 8개월 간 있었는데, 그 집에서도 너
무나 힘들었어요. 저희 집 아이들이 너무나 스트레스를 받았던 게,
오히려 학교 끝나고 집에 오는 게 너무 싫었던 거예요. 그 8개월
간 얹혀살면서, 학교 끝나면 이 집에 와야 되는 게 힘들었던 거죠.
왜냐하면 그 집은 프로그램으로만 쫙 짜여 있는 집이예요.

학교 끝나고 와 가지고 좀 집에서 쉬는 게 아니라, 여기서 또 뭘

해야 되고, 뭘 해야 되고 막 **빡빡하게** 돌아가는 거예요. 그거 안 하면은 거기에 담당선생님이 막 붉으락푸르락하면서, 아이들을 잡아 먹을 거처럼 덤비고. 그러니까 애들은 이제 그게 너무 피곤했던 거예요.

"좀만 참자. 조금만 참자."

그래서 이제 그러다가. 제가 이제 성북구에 집을 얻게 되었어요.

"성북구에 집을 얻었다. 가자!"

그날이 저희가 해방이 된 날이었죠. 정확히 기억나요. 2008년 12월 28일이었어요. 2008년 12월 28일이 제가 이렇게 아이들을 데리고 온 날이었어요. 집 준비하느라 크리스마스도 애들이랑 같이 못 보냈어요. 그때 한 달 동안 집을 제가 막 같이 수리도 하고, 인테리어 다하고 했거든요. 맨 처음에는 아이들과 같이 와서 함께 공사하려고 했는데, 저희 어머니가 말리시더라고요.

"그러지 마라. 애들 지금 너무 스트레스 받을 텐데, 다 준비된 집으로 데리고 와라."

어머니 말씀이 맞는 거 같아서, 다하고 나서 아이들을 2008년 12월 28일에 집으로 데리고 왔고, 그때부터 정식으로 시작했죠.

"이제 우리, 우리는 가족이니까. 우리 정말 가족처럼 다시 한 번 우리끼리만 잘 지내자. 이제 외부의 풍파, 이제 휘둘리지 말고." 그래서 지금까지 이렇게 오게 된 거죠.

# 청소년 할인 혜택도 받기 힘든 현실과 맞지 않은 세상의 잣대

**[내용 요약]**

구술자는 후원단체의 평가제도와 국가의 행정서비스가 현실에 맞지 않은 지점에 대해 털어 놓았다. 그룹 홈은 아동복지시설로 인가가 나 있는 상태이기에, 20살이 넘은 아이들이 이곳을 떠나야 한다고 하는 규제는 정말 탈북청소년의 삶에 무지한 것이라고 하였다. 또한 아이들은 후견인의 보증만으로는 자기 명의로 통신회사에 가입되지 않아, 청소년 요금 할인 혜택도 받지 못한다고 한다.

**[주제어]** 성인, 사회복지시스템, 후원단체, 미성년자, 이동통신회사, 휴대전화

아이들을 도와주고 뭔가를 하려고 하는 단체와 사람들은 참 많아요. 근데 그게 참 이론적으로는요, 완벽해요. 이론이니까 완벽한 거죠. 사실 완벽하지 않으면 이론이 될 수 없는 거죠. 이론상으로는 완벽한데, 막상 실생활과 그거를 접목시켰을 때는 참 불필요하고 힘든 점이 너무 많아요. 결국에는 그렇더라고요. 어쨌든 그 단체나 기관의 유지를 위해서는 실적이란 게 있어야 하니까.

저는 그게 참 싫은 게 있어요. 평가라는 건 참 있어야 된다고 생각해요. 근데 평가는 있되, 순위는 매기면 안 된다고 생각해요. 평가를 해서 좋고, 나쁜 것을 고쳐서 발전하는 것은 좋지만, 이거를 막 순위를 매기고 뭔가 한다는 거는 참⋯. 그렇잖아요. 거기도 나름 열심히 했던 건데. 그러니까 어쩔 수 없이 막 실적을 쌓아야 되고, 뭔가를 억지로 만들어 내야 되는 그런 것들이 참 현실과 맞지 않은 거죠. 북에서 온 청소년들, 성인할 거 없이, 그러니까 전체 탈북자라고 했

을 때, 이런 새터민들에 대해서 여러 곳에서 막 서비스를 제공하려고 하고, 그 다음에 그 서비스를 제공하기 위해서는 어떠한 학문적인 연구도 필요하고 그러죠. 물론 필요하기는 하지만, 그게 다 그냥 거기서 거기인 거 같다는 느낌도 들어요.

우리나라 행정서비스도 보면, 아직까지는 이게 참 기술이 모호해요. 그러니까 북에서 온 아이들을 놓고 봤을 때, 보건복지부에서는 청소년이니까, 보건복지법에 의해서는 저희 집 아이들 중 나이 제약에 걸리는 아이들이 있어요. 사실 그런데 북에서 온 청소년들은 나이를 제한을 두면 안 되거든요. 나이 제한을 두면 안 되는데, 그 나이의 기준을 놓고 얘기를 하니까 참 힘들어요. 예를 들면,

"어후, 이제 열아홉, 스무 살이면 다 컸는데 왜 그룹 홈에 데리고 있죠? 우리는 지원해 드릴 수 없어요."

성인이 되어 나가면 이제 이렇게 해야 되지 않느냐 하는 거죠. 열아홉 살 넘은 아이들의 의식과 생활력도 과연 성인일까요? 이것은 경험적인 수치를 놓고 봐야 하는데, 그냥 생물학적인 수치만 놓고 생각하니까 문제가 되는 거죠. 어떤 아이들은 같이 생활하다 보면,

'아! 아직 정말 많이 힘들구나.'

하는 생각이 드는 친구가 있어요. 생각하는 사고력은 성인에 가까워도, 경험상으로 보았을 때 남한 사회에 아무 것도 모르는 경우가 허다하거든요.

저희가 '그룹 홈'으로 정식 아동 복지시설 인가를 받고 살고는 있지만, 사실 그런 부분에서 힘들어요. 그리고 이제 이 아이들 같은 경우는 부모가 없이 단독으로 넘어온 아이들이기 때문에, 그래서 무연고라고 하거든요. 그런 무연고 청소년들에 대해서는 어떠한 지원이나 서비스가 전혀 없어요.

'전혀 없다'라는 표현이 무슨 말이냐면, 예를 들어, 이 아이들은 미성년자이기 때문에 핸드폰을 못 만들어요. 그래서 제가 이제 이

동통신사와 많이 싸웠어요. 그게 무엇이냐 하면,

'이 아이들이 미성년자이기는 하지만, 우리 집에서 삽니다. 우리 집은 인가를 받은 정식기관이고, 우리 집에서 이렇게 보호하고 있어요. 그리고 제가 그거에 대한 책임을 지겠습니다.'

라고 그런 서류를 써서 금융권에 제출하면, 그 아이들은 금융 거래를 다 할 수 있게 해 줘요. 체크카드며, 무슨 뭐 통장이며, 이런 것들 실명거래 다 할 수 있게 해 주거든요.

근데 금융에서도 해 주는데, 이동통신사는 해 주지 않는 거죠. 제가 막 얘기를 하죠.

"아니, 그러니까 그 책임을 내가 지겠다."

근데도 안 된대요. 아, 그럼 쉽게 말하면, 이제 그 금융회사 이름을 들먹이면서 얘기를 했죠. 은행도 해 주는데 이동통신회사에서 왜 해 주지 않느냐하고 하는 거죠. 그래도 안 되면 막 따지는 거예요.

"아─ ○○이동통신회사는 부모, 부모도 없는 애들은 핸드폰도 가질 권리도 없다고 말해 주는 거죠?"

그러면 절대 아니라고 하죠.

"아! 그런 거는 아니에요, 고객님."

그러는데, 아니 그게 아니라 지금 그거잖아요. 그러니까 아니 그게 아니라고 하면서 머뭇거리죠.

"알겠습니다. 부모 없는 집 애들은 핸드폰도 가질 자격이 없다는 걸로 알고 있겠습니다."

전 이러고 전화를 확 끊어버려요. 그럼 걔네들도 이제 그게 녹취가 되기 때문에 막 어떻게든 풀려고 막 전화를 해요 전화가 와요. 어디 또 본사 서비스 과장이라고.

"왜 전화하셨냐?"

고 하면,

"아, 오늘 얘기를 들었다."

고 하면서 이런 말 저런 말해요. 그럼 저는

"그럼 해 주실 수 있느냐?"

고 묻죠. 그러면 돌아오는 답은 뻔해요.

"아니요."

저는 그러죠. 그러니까 근데 왜 전화했냐고.

"아니, 근데 그게 아니라…."

또 어물쩍거리면, 저는

"됐습니다. 저 지금 아주 바빠요. 당신이랑 할 얘기 없어요."

이렇게 말하고 끊어버리죠.

자꾸 사회 시스템이 이러니까, 저희 집 애들 같은 사람들이 대부분 다 자기 배경을 숨기려고 하잖아요. 한 아이가 이름이 촌스러워요. 그동안 아이는 자기 이름이 촌스러운 줄 몰랐던 거예요. 여기 오고 나니까 자기 이름이 촌스럽다는 걸 느낀 거죠. 바꾸고 싶은데 미성년자니까는 법적으로 아무것도 할 수가 없어요. 그러니까 그런 것들 자체가 너무나 힘든 거예요. 그것도 제가 만약에 하려면 제가 그- 뭐라고 그러죠? 법적 후견인을 서야 하는데, 그게 6개월이나 걸리는 거예요. 그리고 그게 6개월 안에 완전히 된다는 보장도 없죠. 원래는 친인척이면 바로 되고 하는데, 저는 전혀 친인척도 아니니까 힘든 거죠.

이런 부분에서는 차라리 통일부나 또는 보건복지부나 하여튼 이런 곳에서, 아니면 아까 말한 탈북민지원재단 이런 차원에서 도와주어야 해요.

'아! 이런 아이들에게는 이렇게 해서 우리가 후견인 제도를 만들어서 아이들에게 핸드폰이라든지, 뭘 해 주어야 되는데.'

이런 제도나 방안이 전혀 없는 거죠. 그래서 저희 집 애들은 다 제 이름으로 성인요금을 써요. 그러니까는 청소년임에도 불구하고 청소년 할인도 못 받는 거죠.

# 삼촌, 우리 외국인이야?

**[내용 요약]**

구술자는 남한 주민들이 쏟아내는 편견어린 시선에 탈북청소년들이 얼마나 괴로워하는지 털어 놓았다. 남북관계가 흔들릴 때마다, 북한에 대한 날카로운 말을 듣고 아이들은 이유 없이 죄의식을 느끼고 두려워했다. 또한 한민족, 한겨레를 주장하면서도 이들은 다문화로 분류하는 행정체계에 불만을 토했다. 아이들은 그러한 대우에 '우리가 외국인이야?'라고 물으며, 혼란스러워한다고 말했다.

**[주제어]** 통일, 편견, 다문화, 반북감정, 외국인, 소외감

얼마 전에 전국 인구주택조사 했을 때 태어난 지역, 국가 선택하는데, 북한은 없어요. 주요 국가가 이름이 쫙- 있어요. 기타 항목을 누르면 전 세계 모든 국가 이름이 다 나와요. 전 세계가 다 나오는데, 북한은 없었어요. 그러니까 이 아이들의 정체성이 무시당하는 거죠.

이게 그들이 보았을 때, 이게 위에 기관이라든지 이런 수혜자라는 사람들을 놓고 봤을 때, 사실 새터민은 정말 극소수에 불과해요. 그러니까 절대적 수치도 안 되는 정말…. 우리는 뭐 이제 2만 명 시대다 뭐다 하면서 계속 뭐를 하기는 하지만, 거기서 2만 명은 정말 별 거 아닌 숫자이거든요. 그러니까 소수를 위해 하나씩 행정을 마련하는 것도 웃긴 거죠.

저는 살면서 참 애들이랑 있으면 그런 것들이 힘들어요. 또 힘들었던 일이 있었는데, 작년도, 재작년도 그렇고, 천안함…. 참 정말 힘들었던 게, 천안함 터지고 나서 선거가 있었어요. 그때 정말 힘들었던 게 사람들이 이제 저희들에게 막 대하는 거죠. 애들은 이제

가슴을 조이고…. 제발 천안함이 북한에서 안 했기를 바라는 거죠. 근데 결과는 북한에서 했다고 나오잖아요. 그러니까 그런 것들이 참, 이렇게 자기와는 상관없지만 왜인지 미안하고. 임진강 댐에서 무단으로 물을 방류했을 때도 그렇고요.

또 학교에서 선생님들이 얘기를 해요. 통일이 됐으면 좋겠다고 교육하는데, 일반 애들 다 반대를 해요.

"그러면 우리나라 거지가 많이 늘어나잖아요."

학교 아이들은 이렇게 얘기해요. 그럼 저희 집 아이들은 거기에서, 그 교실에서 그런 얘기를 들으면서 가슴이 답답한 거죠.

저는 또 어떤 애한테 이런 얘기도 들었어요. 그냥 자기 집에서 지내면서, 엄마 아빠랑 살면서 인근 학교를 다니는 아이가 있는데, 선생님이 그랬대요. 뭐, 그런 사건이 터졌을 때 말이에요.

"북한 놈들은 다 쏴 죽여야 돼."

선생님이 이런 식으로 얘기를 했대요. 이 아이는 얼마나 가슴이 철렁 내려앉아요. 그 선생님은 아이를 겨냥해서 말한 건 아니지만, 정말 자기의 견해와 어떤 생각을 얘기한 건데…. 그게 그렇게 선생님이라는 사람이 그렇게 얘기했을 때, 상처받는 아이가 있다는 걸 분명히 알 수도 있는 거잖아요. 자기네 학교에 북에서 온 아이들이 있다는 걸 모를 수도 있나?

그리고 요즘 막 유행처럼 다문화, 다문화 하잖아요. 근데 사실 전 다문화도 싫어해요. 다문화는 분명히 필요하고 정말 좋은 정책이고 정말 좋은 서비스예요. 하지만 저희 집 아이들도 다문화로 분류한다는 거는 좀 약간 어패가 있지 않나 싶어요. 그러한 정책 때문에 저희 집 아이들이 그런 다문화 일정을 한 번씩 갔다 와요. 그들이 그렇게 갔다 온 저희 집 아이들의 얼굴 표정을 한 번이라도 봤으면 좋겠어요. 다 이래요.

"나 외국인이야?"

저에게 아이들이 물어봐요. 말로는 '한민족, 한겨레다' 하지만, 남과 북은 하나라고 하지만, 어쨌든 외국인으로 분류해서 다문화로 집어넣는 거죠. 그러니까 그들은 그냥 무조건 다문화고, 어차피 우리와 다른 문화이고, 다른 국가에서 왔기 때문에 뭐 이렇다고 하지만, 이들은 다르게 생각하죠. 또 다른 우리나라라고 생각하고 여기를 넘어왔거든요.

아프리카 난민이 영국을 가서 살아야겠다는 것이 같은 민족이기 때문에 넘어와서 사는 건 아니잖아요. 탈북민들이 한국으로 목적지를 정하고 한국 루트를 통해서 온 것은 그래도 한민족이고 우리는 같은 민족이니까 '거기서 사는 게 낫겠다.' 싶어서 온 거예요. 그런 마음으로 대부분 다 넘어오는데, 벌써 우리는 그들에게 다문화라고 해서 '너희는 외국인이야.'라고 해서 딱 분류해버리잖아요. 그러니까 그런 것들을 보면 뭔가 대책이 좀 필요하지 않을까 싶은 생각이 들어요. 그런 것들부터가 좀 많이 힘들죠.


## 탈북청소년들은 고향에 대한 그리움으로 통일을 꿈꾼다

### [내용 요약]

구술자는 그룹 홈 청소년들은 고향에 대한 그리움으로 통일을 원한다고 말한다. 그들의 북한에 대한 감정은 매우 보편적인 정서이며, 탈북청소년들을 보면 문화적 이질감보다는 우리와 매우 비슷한 정서와 생활문화를 가지고 있음을 금세 알 수 있다고 한다. 아이들은 한국사회의 적응도 빠른 편이고, 이제 편견어린 남한주민들의 반응에도 유연하게 잘 대처할 수 있다고 한다.

[주제어] 통일, 향수, 고향, 북한의 실상, 편견

저희 아이들이 생각하는 통일에 대한 의견은 반반이에요. 통일이 됐으면 좋겠다는 것은 단순히 100% 향수병에, 향수적인 그 관점에서 바라는 거고요. 냉철하게 판단했을 때는 안 됐으면 좋겠다는 생각도 해요, 저희 집 아이들은. 근데 저희 집 아이들뿐만 아니라 대부분 사람들이 그러더라고요. 근데 뭐 그들이 그렇게 생각할 수밖에 없다는 거는 당연히 이해는 가죠.

지금 새터민은 분명히 우리나라에 2만 명 넘는 숫자이기는 하지만, 그중에는 분명히 간첩도 있어요. 뭔가 지령을 받고 온 사람도 있겠죠. 근데, 흠-. 그들은 벌써 우리의 북한에서 온 사람들이 어디에 사는지 다 파악했다고 생각해요. 그것 때문에 통일을 무서워하고 싫어하는 사람들도 있어요.

근데 이제 단순히 향수에 젖어서 얘기할 때가 더 많죠. 아이들이 저에게 자주 그래요.

"우리 통일이 되면 꼭 손잡고 38선을 건너가요. 걸어서 건너가요."

어떤 애는 그래요.

"그럼, 우리 북한에 이사 가서 집 지어놓고 우리끼리 이렇게 살아요."

막 그런 얘기해요. 그러다 보면 자기네 동네에는 막 이런 게 있었다, 뭐 이런 게 있었다 하면서 그런 얘기는 많이 하죠. 그런 점에서는 저희 집 애들뿐만 아니라 대부분이 다 그럴 거 같아요, 모든 사람이. 향수는 뭐 동서양을 막론하고 남녀노소를 막론하고 누구나 가지고 있는 거니까. 고향에 대한 그리움 때문에 통일에 대해서 그렇게 생각하는 거 같아요.

아이들도 생각하기에, 김일성은 위대하신 수령님이고, 어버이고, 아버지이지만, 김정일은 아, 지독한 악마로 표현해요. 김일성 있을 때는 자기들은 굶지도 않았고, 정말 잘 살았대요. 근데 김정일이 되고 나서 힘들었다는 거죠. 그러니까 그렇잖아요. 사실 김정일이 되고 나서 그 이제 체제를 바꾸기 위해서 이제 그 시기에 90년도 말에 또 그거, 그 '고난의 행군' 뭐 그러면서 힘들었잖아요.

사실 그게 김정일 때문에 힘든 게 아니라 그 위에서 내려오고, 내려오고, 내려오다가 쌓여서 그때 터진 거잖아요. 근데 그들은 절대 그렇게 생각을 하지 않아요. 그러니까

'참, 학습이라는 게 정말 무섭다.'

라는 걸 저는 실감을 하죠. 가끔씩 그 북에서 오신 분들을 보면은,

'아, 이래서 학습이라는 게 무섭구나.'

라는 게, 정말 이렇게 주체사상에 이제 강요, 막 이런 학습이 참 잘 되어 있다고 생각이 드는 거죠. 김일성 어버이는 막 이제 막 사탕도 주고, 뭔가 고기 한 근도 주고, 뭔가 그때는 배급이 원활하게 잘 이루어졌으니까 참 잘 되었다고는 하지만, 김정일이 되고나서부터 이게 끊기고 이제 고난의 행군을 해야 한다고 하고 더더욱 선군정치에 매진하고 하다 보니까, 이들은 이제 삶이 힘들어지고 욕을 할 수밖에 없는 거죠. 근데 그거 참 무서운 거 같아요.

어떤 사람들은 저한테 물어봐요. 북에서 온 사람들과 여기에 있는 사람들은 뭐가 다르냐고 물어봐요. 저는 솔직히 제가 봤을 때 어떤 문화적인 뭐 이런 것들은 상당히 우리와 비슷하다고 생각해요. 대체로 문화, 문화적인 건 비슷하다고 생각을 해요. 우리 명절 때 가족들이, 친척들이 다 고스톱치고 하잖아요. 거기도 그런 거 다 해요. 약간은 이게 달라서 그렇지, 그런 것도 다하고, 우리랑 별로 다른 건 없어요. 사실 별 다를 건 없어요.

사실 체제에서 다를 뿐인데, 어떤 우리가 생각하는 것, 특히 민속신앙 같은 거 있잖아요. 그런 것도 우리랑 똑같아요. 다만 그거를 나라에서 제재를 하는 것뿐이지, 다 음성적으로 그늘에서는 다 점도 보고 뭐도 하고 다하더라고요. 어쨌든 우리는 같은 민족이고 살

다보니까 이렇게 갈라졌고, 그러고 나서부터 그 뒤로 새로 생겨난 어떤 이런 것들은 다를지언정, 예전부터 뭐 내려오고 있던 것은 다 같죠. 할머니들이 우리에게 막 구전동화들을 얘기해 주듯이, 우리에게 그대로 내려왔던 구전동화, 그 쪽에도 그대로 있어요. 또 그런 부분에서는 전 별다를 건 없다고 생각해요.

근데 분단 이후에 생겨난 어떤 것들이. 그리고 거기 체제에서 만들어진 이런 것들 때문에 힘들고 뭔가 그런 거지, 저는 사실 문화적으로는 크게 어렵지는 않다고 생각해요. 물론 다르기는 하지만, 뭐 그런 것들 때문에 사람들이 뭐 이렇다 저렇다 하지. 그러고 보면 우리나라도 참 학습에 잘 길들여진 나라라고 생각하는 게, 그냥 매스컴에서 보여 진 게 북한의 실상으로 뭔가 다 얘기를 해요. 사실 그게 맞다, 틀리다고 반박은 못하지만요.

예전에 어느 아주머니가 저희에게 집을 도와주신 아주머니가 있었는데, 저희 애들한테 막 이래요.

"하이구, 살기 참 좋지? 북한에서는 못 먹었을 거 아니야. 여기 살기 좋지?"

이렇게 얘기를 해요. 악의로 얘기하시는 건 아니에요. 연세가 많으신 분이예요. 그러니까 악의로는 얘기 안 하시지만, 그 얘기를 듣고 있는 저도 좀 약간 그런데, '참, 저희 집 아이들이 좀 컸다.'라는 게 옛날 같았으면 불편했을 텐데, 지금은 좀 컸다고 웃어요.

"아, 예, 예. 참 좋습니다. 오늘도 배불리 먹었습니다."

이렇게 생각하는 거 보면 '아이유, 이 능구렁이들. 벌써 이제 이렇게, 벌써.' 이게 사회성이라는 거죠, 그것도. '아, 벌써 이렇게, 이럴 때는 이렇게 잘 대처하는구나.' 하죠. 그렇게 뿌듯한데, 그렇게 다가오시는 분들이 참 많아서 문제예요.

"그래, 예전에는 못 먹었을 거 아니야. 참 잘 먹었지?"

그러면 옆에서 또 어떤 할머니는

"에이, 그런 거 말하는 거 아니야."

그러시고. 그게 이제 그 아이가 컨디션이 좋고 그럴 때는 막 이렇게 너스레 떨면서 괜찮아 하지만, 또 그게 아닐 때는 탁- 기분 상하는 거죠.

제가 체계적인 사람은 아니라서 그런 문제들에 대한 대안 마련을 매뉴얼화하지는 못해요. 그게 그냥 또 삶인데 어떻게 삶을 매뉴얼 한다는 게 말이 안 된다고 생각을 하거든요. 하여튼 모르겠어요. 그러니까 저는 살면서, '아, 이런 거 불편해. 이런 거 불편하다.'는 말은 할 수 있을지언정, 아, 그럼 이렇게 해서 매뉴얼해서 뭔가 아젠다로 말하기는 어려워요. 그렇게 아젠다 발표하는 사람도 있잖아요. 네, 저는 그런 사람은 못 돼요. 근데 살면서 이런 건 참 힘들더라고 얘기를 해 줄 수 있고, 어디에 도움을 청할지언정, 제가 스스로는 하지 못하기 때문에, 그러니까 그래서 그냥 지금 생각난 게 막 이런 것들 기록에 남으니까, 뭐 이런 것들도 뭐 얘기를 하는 거죠, 저는.

## 돈 대신, 직접 아이들과 함께 삼겹살이라도 드시러 오세요!

**[내용 요약]**

구술자는 그룹 홈이 개인시설이어서 복지 혜택을 받지 못한다는 애로사항을 이야기했다. 그는 스스로 여러 공모전을 통해 운영비를 마련해 왔다. 그리고 김장도 해 주시고, 쌀도 지원해 주는 등 많은 분들의 도움으로 버텨올 수 있었다고 했다. 정기적으로 후원금을 주겠다는 분도 계셨지만, 직접 오셔서 맛있는 음식을 사주시라고 권한다고 한다. 아이들이 커가고 부피도 커진 만큼, 보다 많은 비용이 필요해졌기 때문에, 사단법인을 꼭 해내겠다고 했다.

**[주제어]** 복지 혜택, 민간 후원, 김장, 쌀, 삼겹살, 사단법인

당연히 줘야 되는데, 계속 지원이 안 돼요. 올해도 국회에서는 날치기 예산 통과가 됐고, 복지예산이 자꾸 깎이는 거죠. 사실 저희 집 줄 돈은 있겠죠. 뭐, 말이 다른 국정사업으로 흘러간다 하지만은 사실 저희 집 하나 줄 예산이 없지는 않을 거예요. 근데 나라에서 안 주는 이유가, 우선 현 정부가 별로 탐탁지 않게 생각하고, 그 다음에 저희가 개인시설이다 보니까 허가는 받되, 지원은 어렵죠.

만약 저희 집이 사단이라든지, 어떤 이렇게 비영리단체의 법인이었을 경우, 분명히 지원금을 줄 거예요. 왜냐하면 단체니까. 근데 개인이었을 경우는 언제 어떻게 망하고 없어질지 모르니까 안 준다는 거죠. 그러니까 이게 참 어폐가 있는 거예요. 그런 단체나 그런 법인인 경우에는 사실 회원도 많고 재정능력이 되기 때문에 거기는 사실 지원 금액이 무의미하죠. 이런 집을 더 줘야 되지 않느냐는 겁니다. 하지만 공무원들은 아닌 거죠. 안정빵으로 가겠다는 거죠.

그럼에도 저희 집은 잘 꾸려 나가는 게, 참 이게, 이거는 제 자랑인거 같은데, 인복이 많아서 그런지, 주변에 도와주시는 분들이 참 많아요. 그래서 저희 친척들도 참 많이 도와주세요. 시골에서 쌀도 계속 보내주시고요. 한 번도 쌀을 사본 적이 없어요. 그래서 참 쌀도 많이 보내주시고. 그 다음에 주변에 저와 친하게 지내는 수녀님이 계세요. 그 수녀님이 학교에서 강의도 하시고, 그런 수녀님이세요. 그래서 제자들이 참 많아요. 그 제자 중 아줌마들이 모여서 저희 집 김치도 만들어다 주세요.

예전에 제가 막 김장을 조금씩 했어요. 근데 저는 제가 요리를 잘한다고 생각했는데, 아, 김치는 좀 어렵데요. 이게 참 그, 젓갈을 참 적절하게 잘 넣고 배합이 요건 좀 또 다른 문제더라고요. 그래서 배추김치 같은 거는 한 번 했더니 애들이 하지 말라고 해서 안 하고,

그래서 얼갈이 같은 거는 좀 했어요. 물김치나 얼갈이 같은 거는 가끔씩 하는데, 아, 근데 김치는 잘 안 되더라고요. 그래서 그러다가 이제 그 아주머니들이 막 김치를 해 주세요. 1년에 꼭 50포기씩 꼭 해 주세요, 50포기 이상씩. 그래서 김치 같은 경우도 다 그렇게 해서 저희 돈 나갈게 없고.

사실 이제 문제는 그거죠, 그 외에 나머지. 쌀과 김치로만 살 수는 없는 거니까, 교육이라는 것도 그렇고 많이 들어서. 그래서 공모사 업을 많이 해요. 왜냐면은 안 그러면 아이들 교육도 힘들어지니까. 여기저기 많은 곳에 지원을 해봐요. 아름다운 재단 같은 경우라든 지, 그 외에 대기업, 그러니까 사회적 기업으로는 대표적인 게 아름 다운 재단이고. 그 다음에 이제 대기업에서 운영하는 복지재단이 많잖아요. 아산이라든지, 삼성이라든지, 뭐 금호아시아나나…. 하여 튼 그런 곳의 공모사업에 많이 신청을 해요.

그래서 일 년에 10개를 신청하면은 한 2, 3개는 돼요. 그럼 그거 가지고 이제 뭐 인건비는, 인건비는 인건비대로 빼서, 그 다음에 뭐 애들의 교육하겠다고 해가지고, 그래서 아이들 학원비 빼고. 그렇 게 해서 생활을 하는 거죠. 그렇게 해서 1년에 한 3천정도 굴려요. 그렇게 해야지, 저희 집 아이들 학원비하고 운영비를 벌어 쓰는 거 죠. 근데 그게 꼭 3천이 되는 건 아니에요. 운이 안 좋으면 뭐, 계속 떨어지거나 안 좋으면 또 안 되는 거고.

그거 외에도 이제 또 다른 분들이 막 먹을 거를 많이 사 주세요.
"그래서 뭘 도와줄까요?"
그러면서, 정기적으로 돈을 넣어주겠다는 그런 사람도 많아요. 그 러면 이렇게 말해요.
"아, 그러면요, 그거 말고 차라리 먹을 것을 정기적으로 사 주세 요."
그게 저희에게는 더 좋고, 저도 편하고 그분도 사실 편하실 거 같아요. 그렇게 해 주는 게 더 좋겠다고. 그럼 그 분이 막 가끔씩 뭐 두 달에 한 번씩, 세 달에 한 번씩 오셔가지고 저희 집에다가 막 삼겹살 좍- 사주시고 가시고 그래요.

차라리 그게 더 나아요. 물론 금액적인 지원도 감사하기는 하지만, 아이들을 이렇게 해 주고 뭔가 도와주시려고 하는데, 그럼 당신이 직접 오셔서 아이들 얼굴도 보고 얘기도 하고 고기도 한 번 사주는 게, 그 분에게 더 뿌듯함이 다가올 거고, 우리도 맛있게 배불리 먹을 거고, 그러니까 그게 더 좋을 거 같아서 저는

"될 수 있으면 맛있는 것을 사 주세요."

라고 해요. 그리고 이 아이들은 제가 사 주면은

'아, 당연히 삼촌이 사주는 거니까.'

하겠지만, 그 분이 사주면

'아, 이렇게 고마운 사람들이 있구나.'

하고 또 그런 마음을 느끼는 거죠. 고마움이라는 것을 모르면 나중에 커서 베풀지도 못한다는 생각을 하거든요.

한번은 서울시에서 전화 왔어요. 돈을 받느냐고. 지원 못 받고 있다니까, 아니 뭐, 미안하다고 그러는데요. 그러고서도 그냥 지나가겠죠. 이미 3월인데요, 뭐. 줬으면 벌써 1월부터 얘기가 나왔지. 그래서 저의, 제 개인적인 숙제가 올해 저희 집을 '사단법인'으로 만들려고요. 너무 복잡해지는 것은 아니고요. 돈이 문제가 돼서요. 이제 아이들이 크고, 명수도 늘어서, 5천 이상 있어야 돼서요. 몇 년 전까지는 수월했는데, 지금은 막 힘들고, 어쨌든 해 보려고요.

# 엄마가 그리운 아이들

**[내용 요약]**
그룹 홈 청소년들은 주변에서 참한 아이들만 골라서 데리고 왔느냐고 할 정도로 아이들이 서로 다투지 않고 오붓하게 지낸다. 구술자는 그럼에도 아이들은 원천적으로 '엄마에 대한 그리움'이 있고, 그것은 잘 해결되지 않는다고 털어 놓았다.

**[주제어]** 엄마, 그리움

아이들이 고충이 왜 없겠어요. 특히 엄마가 그립죠. 진흙탕에 굴러도 '엄마'고, 어디서도 '엄마'라고 하는데. 저는 자기들끼리 싸우면 혼내죠. 근데 참 애들한테 고마운 게, 저희 집 애들은 싸우지는 않아요. 사람들이 그래요. 그런 애들만 그렇게 따로 골라 받았냐고. 아니, 그런 것도 아니거든요. 참 그런 거 같아요. 분위기라는 게, 기존의 원래 처음부터 있어서 잘 만들어진 분위기가 있잖아요. 보이지는 않지만 이 집안에 느껴지고 뭔가 그런 분위기라는 게 있잖아요. 그 분위기가 이 아이가 어떨지언정 이 집에 와서 그 안에 자연스럽게 흡수가 되는 거 같아요. 그래서 그 분위기로 인해서, 뭐 싸우고 그런 건 없고, 그냥 가끔씩 가끔씩 그런 얘기를 해요. 어느 날 저희 집 막내가 엄마랑도 살고 싶다는 얘기는 하더라고요. 왜 안 그러겠어요. 엄마가 있어야 최곤데.

# 탈북청소년이 그룹 홈의 품에 안겨지기까지 과정

**[내용 요약]**

구술자는 탈북청소년들이 그룹 홈에 들어오게 되는 보편적 경위들을 설명했다. 그룹 홈의 분위기를 아주 잘 알고 있는 인사들이 부탁하는 경우가 많았다. 북한에서부터 열악한 환경 속에서 한국으로 건너온 아이들이 추천되어 오는 경우가 대부분이며, 탈북 과정에서 브로커 비용을 채 해결하지 못했을 때는 급히 금전을 마련해야 할 때도 많다고 한다.

**[주제어]** 소개, 추천, 대안학교, 꽃제비, 브로커

요번에 저희 집에 또 한 명이 들어와요, 3월 24일부터. 예전에는 제가 개인적으로 활동하다 보니까, 그 주변에 북에서 오신 아주머니, 아저씨들이 나한테 이렇게 얘기를 하는 거예요.

"아후-. 저기 이렇게 도움이 필요한 집이 있는데 한 번 만나봐라, 만나봐라."

이렇게 얘기를 하시죠. 처음 시작도 그렇게 한 거고요. 지금은 하나원에서 저희한테 전화가 와요. 여기 이런 아이가 있는데, 이 아이가 선생님 집에 사는 게 어울릴 것 같다고. 그 분이 저희 집을 잘 알아요. 저희 집에 놀러도 오셔요, 개인적으로. 그래서 저희 집이 분위기가 어떻고, 아이들이 어떻게 살고, 이 집 성격이 어떻다는 걸 잘 아시죠. 제가 꾸려가는 방식이 어떻다는 것을 잘 아니까, 어떤 아이에게는 이 집이 참 좋을 것 같고 판단하고 보내시는 거죠. 하나원 선생님들도 밖의 이런 단체들의 상황을 수시로 정보를 얻으세요. 어디가 어떻다 정도. 이런 것들을 아시기 때문에 잘 안 맞는 곳으로는 가급적으로 아이들을 안 보내려고 하시죠. 그런 것들이 있어요.

이번에 오는 그 애도 혼자 온 아이예요. 걔는 부모, 북한에서부터 부모가 없었어요. 하나원에서 얘기를 해 주는 게, 그 아이는 어릴 적에 엄마, 아빠한테 버림을 받았고, 그래서 할머니, 할아버지가 키우시다가 두 분 다 돌아가셨대요. 그래서 아이가 혼자 꽃제비 생활을 하다가 우연히 이쪽으로 넘어온 거죠. 애도 좀 문제가 되는 게 브로커비가 또 걸려 있어요. 브로커가 막 뭐라고 하니까.

브로커들은 한국, 중국, 북한, 이렇게, 이렇게 연결이 다 되어 있어요. 그 브로커는 한국 사람이 아니라 같은 북한 사람이에요. 근데 꼭 줘야 되는 돈이에요. 청소년들에게 삼백만 원이라는 건 크죠. 브로커들은 빨리 달라고 하는 거고. 이 아이들은 어떻게 해요. 우선 제가 할 수 있는 대로 돈을 끌어다가 쓰는 거죠. 집도 운영해야 되니까, 이런 일들로 마이너스 통장도 만들고 별에 별걸 다 했어요. 빚이 참 많아요.

## 꽃제비 생활의 상처로 아직까지 얼어 있는 아이들

**[내용 요약]**

그룹 홈의 식구들 가운데는 꽃제비 생활을 오래 했던 친구도 있다. 구술자는 그 생활을 오래 했던 친구는 다른 사람들의 눈치를 많이 보거나, 어른들에게 쉽게 위축되는 등의 특징을 보인다고 했다. 그 영역 안에서도 알력과 횡포가 있는데, 잘 보이지 않으면 그나마의 숙식도 해결하지 못했기 때문에 무의식중에 그때의 상황이 박혀 있는 듯해 보인다고 한다.

**[주제어]** 꽃제비, 고아, 동냥, 위축, 트라우마

우리 집 애들 중에는 꽃제비 생활을 오래한 친구도 있고, 뜨문뜨문한 친구도 있고, 꽃제비 생활을 아예 안 한 애들도 있어요. 한 친구는 어머니한테 버림받고 고아가 돼서 3년간을 이렇게 기차역에서 생활을 했대요. 꽃제비들도 그것도 조직이잖아요? 대장, 우두머리가 있고. 동냥해 와서 막 이렇게 바쳐야 하는 것처럼 꽃제비들도 그렇게 조직적으로 돼 있대요.

제가 보기에 꽃제비 생활을 오래한 친구는 좀 그런 게 심한 게 뭐냐면요. 누구에게나 친절해요. 그러니까 어떤 의미로, 쌓였던 게 있는 거 같은데. 그런 생활을 했기 때문에, 누군가에게 잘 보이고 뭔가를 해 주어야만 자기가 역에서 쫓겨나지 않고 따뜻한 곳에서 잘 수 있었던 거예요. 음식을 조금이라도 먹을 수 있었고. 이런 생활이 쭉- 쌓인 거죠. 그래서 어느 새로운 집단에 들어가면요. 본능적으로 이 집단의 우두머리부터 찾아요. 그 우두머리한테 잘 보여야 되는 거예요. 이게 그러니까 무의식중에서 그렇게 하게 되는 거예요.

그래서 그 친구는 이 세상에서 가장 무서운 사람이 아빠, 그 다음에 저일 거예요. 제가 무섭게 대하지도 않는데 말이죠. 왜냐면 삼촌한테 잘못 보이면 자기는 이 집에 쫓겨날 수도 있다는 그런 생각들이 이 아이의 무의식중에 자리 잡히는 거죠.

저랑 얘기를 하면은요, 막 이렇게, 좀, 뭐라고 해야 되지? 얼어 있어요. 얼어 있고 자연스럽지가 못해요. 어렸을 때부터 생긴 트라우마가 많죠. 아직까지도 정확히 기억하더라고요. 아홉 살인가 여덟 살 때, 엄마에게 버림을 받았다고. 그 상황을 정확히 기억을 하더라고요. 엄마가 자기를 어디에 버리고, 자기 동생만 데리고 가버렸다고 정확히 기억해요.

# 그룹 홈에서 새 식구를 받아들일 때 아이들의 반응

**[내용 요약]**

그룹 홈 아이들은 새 식구가 온다고 하면, 삼촌의 관심과 애정이 분산되는 상황이 싫어서 거부하기도 하지만, 대체로 잘 받아들이는 편이라고 한다. 아이들은 그만큼 구술자의 애정과 관심에 의존하고 있는데, 애인이 생기는 것까지 아이들은 반대하는 농담을 하면서 지금 생활에 대한 변화를 조심스러워하는 반응을 보이기도 한다. 예민하게 반응하기도 하지만, 아이들도 그룹 홈이 어떤 공간인지 잘 알고 있기 때문에, 어렵게 들어온 새 식구를 잘 도와주고 수용한다.

**[주제어]** 새 식구, 관심과 애정, 결혼, 소개팅, 한글, 무학(無學)

처음에는 새 식구를 거부하다가도, 막상 아이들이 오고나면 잘해 줘요. 아이들이 오기까지 다들 반대가 심해요, 솔직히. 텃세는 아니고요. 그러니까 말로는 '제가 힘들다.'고 말하죠. 삼촌이 힘드니까 그만 받으라고. 호롱이가 제일 반대가 심해요. 왜냐면은 제가 처음 만난 아이가 호롱이였고, 걔 때문에 그렇게 살게 되었고요. 호롱이 같은 경우는 사실 그럴 수밖에 없는 게 저와 단 둘이 살았잖아요. 단 둘이 살면서 저는 그 아이에게 100% 올인해 줄 수 있었고. 호롱이는 참 초등학교 시절은요, 그때는 호롱이가 참 정말 부잣집 아들처럼 자랐어요. 부잣집 아들처럼 집에서 다 서포터해 주고, 학교에서도 인기도 많았고, 그래서 호롱이가 초등학교 때는 공부도 굉장히 잘했어요. 반에서 상위권이었고, 그래서 전교회장까지 출마도 했었고. 근데 선생님이 못하게 했죠. 얘는 북에서 왔다고 반대한 적도 있었어요. 하여튼 그랬는데. 그래서 그런지 호롱이가 그래서 제일 반대가 심해요.

　이번에 3월 24일에 오는 그 아이들은 제가 반대 했어요. 이제는 더 이상 안 받겠다고. 그러니까 자꾸 그쪽에서는 받아 달래요. 제가 세 번을 거절했는데, 네 번째 전화가 또 오는 거예요. 자꾸 받아달라고. 그러니까 이 선생님도 대단한 거죠.

　'정말 갈 데가 없나보다.'

　저도 이제 그 생각이 드니까, 이제 아이들이랑 얘기를 했어요. 아이들이 다 반대를 하는 거예요, 무조건. 저희 집에 누가 들어오는 건 제가 결정하는 게 아니라, 아이들이 결정하는 거거든요. 말은 아이들이 결정하지만 제가 받도록 유도를 하는 거 같기도 해요, 지금 생각해 보면. 근데 요번에도 애들은 다 반대를 하는 거예요.

　근데 저는 솔직히 두 명 정도는 찬성할 줄 알았어요. 근데 걔네들이 더 반대를 하는 거예요.

　"아, 싫다."

　"왜?"

　"우리, 우리도 왔는데 걔 오면 삼촌이 더 힘들제?"

이러는 거예요.

　"아니, 솔직히 말해봐. 지금 나 걱정해서 그러는 거야?"

그렇게 물으니, 가만히 있다가 솔직하게 말하면 걔가 들어오면 삼촌이 자기한테 더 소홀해질까봐 걱정이 된대요. 두 친구 같은 경우는 정말 이제야 가족, 집다운 집에서, 시설이 아닌 집다운 집에서 이렇게 자기가 이렇게 존중받고 사랑받고 살기 시작했는데… 자기가 뭘 하고 싶은 거에 대해서 삼촌이 다 지지해 주고, 후원해 주고, 그렇게 박수를 치주고 응원을 해 주는데, 그 애가 오면

　'조금 나한테 소홀해지지 않을까?'

하는 생각을 하는 거죠.

　번외 얘기이긴 하지만. 제가 얼마 전에 소개팅을 또 했었어요. 한

친구가 되게 싫어하는 거예요.(웃음) 왜 싫어 하냐니까.

"나 솔직히 말할게. 나 삼촌이 결혼하는 것도 싫고, 여자 만나는 것도 싫어요."

"삼촌 이렇게 독수공방할까?"

"그럼, 자기 이 집에서 나갈 때까지만."

사실 자기 마음은 그렇다는 거죠. 삼촌은 내가 삼촌을 봤을 때 삼촌은 분명히 여자를 만나면 여자한테 푹- 빠질 사람이라고. 그러면 자기들한테 등한시할 거래요.

"맞아. 삼촌은 한 번에 올인하면 거기에 올인을 하는 스타일이긴 하지만, 그렇다고 너희를 등한시하지는 않는다."

그러니까

"에이, 그건 알 수 없는 거예요. 근데 삼촌은 분명히 여자한테 빠져서 그 여자한테만 헤어나지 못할 거고, 거기에 이제 애까지 나으면, 완전 그 애만 물고 빨고 할 거라고."

애 생각은 그런 거예요. 그래서 자기가 이제 혼자 독립할 수 있을 때까지는 여자 만나지 않았으면 좋겠다고요. 그러면서도 또 그러더라고요.

"근데 이건 내 마음이지 뭐. 어떻게 그렇다고 내가 삼촌을 잡아두겠어. 만나고 싶으면 만나."

또 이러더라고요. 그래서 새로운 아이가 오는 것에 대해서도 그렇게 반대하는 거예요. 근데 또 어떤 아이는

"그래, 우리가 도와주자!"

이런 식으로 나오고. 또 다른 애는 막 얼굴이 빨개져서 막 굉장히 완강하게 거부를 하고. 그러니까 좀 그게 좀 심해요. 그러는 걸 보면 참 한 편으로는 미안도 해요. 근데 사실은 힘들어요. 이제는 저란 사람이 지금 제 품에 있는 아이들을 위해서, 제가 갖고 있는 걸 다 쏟아내야 하죠. 그런데 이 아이들에게만 쏟아내기에는, 제가 주변

에서 너무나 받은 것도 많기 때문에, 이밖에 일들에 대해서도 책임감이 들고 그래요. 그래야 하는데 아이들은 또 여러 가지가 걱정되는 거죠.

그런데 새 식구 문제에 대해서 찬성하는 결과가 나왔어요. 모두 새 식구를 받아들이기로 한 거예요. 그래서 새 아이들이 오기로 했어요. 저는 이러한 상황이 나쁘다는 게 아니라, 굉장히 지극히 건강하고 평범한 아이들의 생각이고 반응이라고 생각해요.

어떤 나이가 지긋한 할머니들은 애들 성교육을 하세요. 성교육은 알아서 따로 하고, 그냥 보통 아이들과 비슷하게 해도 되죠. 지극히 건강한 일이잖아요. 그러니까는 애들이 막 음란물 보고 그러면, 얘네들이 아니라, 보통 애들도 다 그렇잖아요.

"허어-. 그런 거 못 보게 해야 한다."
그런 말씀을 하시죠. 물론 못 보게는 해야죠. 보라고 열어두면 안되는 거죠. 하지만 못 보게 만들어놓은 그 틀 안에서 몰래 몰래 보는 그게 재미도 있지만, 그게 또 지극히 건강하기 때문에 거기로 눈을 돌리는 거라고 생각하거든요. 그게 보편적으로 다 이루어지는 과정인데, 근데 그걸 막 억제시키시려는 분들은 힘들어요. 그러니까 그거와 같은 맥락이라는 거죠.

요번에 새로 들어온 아이들을 '싫다'라고 얘기하고 하는 것도 그런 맥락으로 이해해야 해요. 그렇게 반대해도 뭐 결국 결과는 '또, 그래? 그럼 이제 어쨌든 그렇게 그 아이를 도와주자.' 이러는 거죠. 그럴 수 있는 환경은 우리 집밖에 없다고 생각해요, 이 아이들은. 자기들도 이렇게 살아보니까, 사실 그런 환경이 우리 집밖에 없다고 본인도 그렇게 생각을 하거든요. 왜냐면 다른 데를 또 겪어봤기 때문에 스스로 잘 아는 거죠.

"그래, 우리가 도와주자."
그렇기 때문에 결과가 그런 거죠.

이제 문제는 새로 오는 아이가 한글을 몰라요. 한글도 모르고, 구구단 2단까지 외운대요. 올해 17살이에요. 학교는 아예 무학이에요, 이 아이는. 정말 말 그대로 어렸을 때 버림받고, 할머니마저 돌아가셨기 때문에, 학교를 못 가고 꽃제비 생활을 한 거죠.

그래서 지금 하나원에서

"이 아이를 어떻게든지 학력인증을 받아서 초등학교 졸업까지 만들어 놓겠다."

고 했었어요. 그러면 저는

"그럼 그거만 해 달라. 그러면 중학교는 내가 알아서 하겠다."

고 한 거죠. 이 아이가 지능이 떨어지는 아이는 아니에요. 학교를 안 다닌 것뿐이지. 이제 학교를 보내면서, 학습지로 한글부터 쫙- 시켜야죠.


## 탈북대학생들의 동거 문제, 책임이 문제다

**[내용 요약]**

구술자는 탈북대학생들이 흔히 동거하는데, 동거 자체가 문제가 아니라, 임신이 되어버린 후 책임지는 과정이 문제라고 주장한다. 탈북민에 대한 지원이 한정적이어서, 정식으로 호적에 올리지 못하거나 여자의 호적에 올려 미혼모 지원을 도모하는 등 그러한 악순환 과정이 문제라고 지적한다. 가정과 부모가 있어 다시 돌아올 수 있는 여건이 있지 않은 한, 섣부른 동거는 이들에게 상처가 될 수 있다고 말한다.

**[주제어]** 탈북대학생, 동거, 임신, 탈북민 지원, 미혼모 지원, 생계비

여기에서 태어나서 쭉 자라 온 학생들은 동거를 하더라도 돌아올 수 있는 끈이 있어요. 부모가 있기 때문에. 그래서 동거를 한다 하더라도 그 책임져야 될 것들을 준비할 수 있죠. 책임지지 않아도 되게끔. 그렇지만 탈북민들은 돌아올 끈이 없어요. 그냥 그게 끝인 거죠. 그러기 때문에 자꾸 악순환이 되는 거예요. 그래서 학교도 졸업도 못하는 거고.

둘이 살다가 애를 덜컥 낳아 버리고, 서로 안 키우겠다고 하게 되죠. 그것이 문제가 되는 거지, 저는 동거 자체를 문제 삼는 건 아니에요. 그건 지극히 개인의 생활인데, 그걸 뭐라고 하면 안 되는 거죠. 결국엔 애를 낳아버리면, 그 다음엔 또 문제가 뭐냐면, 학교도 졸업 못할 뿐더러, 두 사람이 결혼하거나 이 아빠 이름에 호적을 못 올려요. 엄마 이름으로 올려요. 왜냐하면 아빠 이름으로 뭐 하려면요, 두 사람이 지원받는 생계비 지원이 합쳐지거든요. 그 다음에 이 아이에게 따로 떨어져 나오는 지원금도 다 합쳐져 버리니까 문제가 돼요.

만약에 저도 북한이탈주민이에요, 그리고 선생님도 북한이탈주민이에요. 우리 둘이 동거를 했어요. 근데 우리 둘이 동거를 하는데 애를 나았어요. 사실 낙태도 사실 안 좋잖아요. 어쨌든 근데 애를 낳았어요. 덜컥 낳아버렸어요. 그럼 이 아이는 제가 김씨니까, 김씨로 못 올려요. 올렸을 경우에는 엄마가 누구냐 뭐냐 해서는, 합쳐져서 이게 수급비가 확- 없어지죠. 이렇게 한 가족이 되어서, 한 사람 몫이 깎여버려 버리죠. 이 여자도 받아야 되고, 나도 받아야 되고. 그 다음에 이 아이는 또 북한이탈주민이 아니니까는 지원금이 안 나와요, 한국에 태어났으니까.

그럼 이 아이에 대한 생계비는 어떻게 하나? 그럼 안 되겠다. 그러면 또 이 엄마에게 올려서 한 부모 아동으로 해가지고, 이 아이에게 지원을 또 따로 받아야 하고. 대개 이렇게 해요. 정식으로 호적을 올리지 못하는 거죠. 지금 이 남자가 돈을 버는 것도 아니고, 그냥 어떻게 해서든 학교는 나와야지, 그렇다고 지금 학교를 그만두고 취업하기에는 자기가 분명히 들어가서 취업할 수 있는 반경은 뻔하죠. 그래서 탈북대학생들의 동거는 좀 신중해야 해요.

저는 동거하는 문제에 대해서 동거 자체를 문제 삼는 게 아니라, 그 다음으로 이어지는 책임에 대해서 문제를 삼고 싶은 거예요. 그런 어려움에 처한 학생들이 되게 많이 나와요. 결국에는 아기한테도 정말 안 좋은 거죠. 그 문제들 때문에 반대하는 거죠. 보통 사람들은 돌아올 끈이 있잖아요, 엄마 아빠 다 있으니까. 탈북대학생들은 신중해야 해요.

김원태 이야기

〈조사 상황〉

조 사 일: 2011년 3월 17일 목요일
조사시간: 오후 6~8시(2시간)
구 술 자: 김원태(가명, 남, 1992년생, 채록당시 19세)
조 사 자: 김종군, 이원영, 김명수, 황승업
조사장소: 서울특별시 광진구 능동로 120 건국대학교 문과대학
　　　　　교수연구동 611호
조사장비: 디지털 HD캠코더, 디지털 레코더, 디지털 카메라

　조사자는 2011년 2월에 그룹 홈 식구들과의 간담회에서 구술자
를 처음 만났다. 당시 그룹 홈에 8명 정도의 탈북청소년들이 생활하
고 있었는데, 그 가운데 가장 나이가 위였다. 그룹 홈을 책임지고
있는 김태영씨에게 누구를 먼저 구술조사하면 좋겠냐고 물었더니
구술자를 추천해 주었다. 구술자는 사람을 대할 때 잘 웃고, 말도
자연스럽게 해서 친화력이 있어 보였다. 밝은 성격으로 그룹 홈에
서도 분위기 메이커로 통한다고 했다. 그런 성격 때문에 자신은 개
그맨이 되어 보고 싶다는 농담도 던졌다.

　구술조사가 시작되면서 조사자가 조사의 취지를 구체적으로 설
명하니, 잘 알겠다고 하면서 자신의 살아온 이야기를 거침없이 풀
어 놓았다. 구술자는 현재 친동생과 함께 그룹 홈 생활을 하는데,
어머니도 한국에 들어와 있다고 했다. 형제가 학교생활을 해야 하
는데 어머니는 생계를 꾸리느라 아들들을 돌볼 겨를이 없어 그룹
홈에 들어오게 되었다고 했다. 그리고 방학 동안에 한 1주일 어머니
에게 다녀온다고 했다.

　구술자의 어머니는 북한의 경제가 어려워졌을 때 선철을 몰래 훔
쳐 팔다가 적발되어 동생을 데리고 먼저 탈북을 했다. 어머니의 탈

북 후 아버지는 재혼을 하고, 구술자는 새엄마와의 갈등으로 집을 나와 꽃제비 생활을 시작하게 되었다. 그런 중에 한국에 있는 어머니가 황해도에 있던 외삼촌에게 연락을 취해서 구술자를 찾아왔고, 그로부터 외할머니와 함께 생활하게 되었다. 그 후 어머니가 탈북을 권유해서 두만강을 건넜고, 한국에 들어오게 되었다. 처음 한국에 와서 동생을 만났는데, 한국에서 잘 먹고 자라서 형인 자기보다 훌쩍 키가 큰 동생이 좀 낯설었다고 했으며, 자신을 버리고 먼저 탈북한 어머니에게는 서운한 감정이 있었다고 했다.

구술자는 북한에서 생활하면서 겪었던 소소한 일상들을 구체적으로 구술하는 능력을 보였다. 북한의 일상들, 학교생활, 놀이문화, 속신 등에 대해 자세하게 설명하고 있다. 그리고 탈북의 과정과 입국 후 한국 적응의 상황들도 비교적 소상하게 그려내어 많은 정보를 얻을 수 있다.

# 구술 이야기 목록

# 북한에서 겪은 가족의 이산

[내용 요약]

김원태는 어린 나이에 가족이 뿔뿔이 흩어지는 것을 경험한다. 엄마와 동생은 먼저 탈북하고, 자신은 북한에 남게 되어 새엄마와 갈등을 겪으면서 가출하여 꽃제비 생활도 하게 된다. 외삼촌이 먼저 탈북한 엄마와 연락을 하고 있었고, 외삼촌의 주선으로 결국 여름에 혼자 두만강을 넘게 된다.

[주제어] 가족, 꽃제비, 돈, 외삼촌, 탈북

엄마랑 동생은 좀 먼저. 저보다 먼저 나왔어요. 제가 중학교 1학년, 한 2002년인가 2003년 그쯤에 두만강 건넜어요. 저는 아빠랑 같이 생활하다가, 세월이 흘러서 아버지가 새엄마를 얻게 됐어요. 그래서 새엄마랑 생활하다가, 제가 새엄마가 싫어서 집에서 나와 꽃제비 생활도 하고. 한 달에 집에 거의 세 번 들어가고, 거의 나머지는 밖에서 지냈어요. 친구 집에 가서 자든가, 아니면 밖에 남양역에서 자든가.

그때 어머니랑 2년간 서로 소식이 없었고, 2년이 지난 다음에 외삼촌이, 엄마 동생이 저를 데리러 왔어요. 제 생각인데 그때는 삼촌도 살기가 바빠서 대학 다니다가 돈 없어가지고 그만두고, 그래서 저 데리러 온 거 같아요. 삼촌은 황해도에서 살았어요. 자세하게는 모르겠는데 한국에 와서도 북한에 연락할 수 있는 방법이 있다고 해요. 연락을 해 주는 그런 사람한테 돈을 주고, 그러면 주소만 있으면 찾아 주나 봐요. 저희 외할머니가 함남도 군야에서 사는데, 그 주소만 있으면 그 사람한테 돈을 줘서 이 집에 찾아가서 이 사람이 시켜서 왔다 뭐 이렇게 한 거 같아요. 그렇게 해서 삼촌네 주소를 알아낸 것 같아요. 삼촌한테 연락이 온 거죠.

삼촌은 북한에 남고, 저 혼자 여름에 넘어왔어요. 두만강은 물이 넓고 깊은 데가 많은데 저희가 사는 거기, 한 500m~1,000m구간은 물이 얕고 물살이 조금 세요. 삼촌이 국경 수비대한테 돈을 좀 먹였던지 해서 넘었어요. 그렇게 하지 않으면 총에 맞을 수도 있고, 운 나쁘면 총에 맞을 수 있거나, 잡혀서 단련대나 그런 데를 갈 수도 있고 하니까.

## 어머니와 통화 후에 탈북을 결정하다

**[내용 요약]**
김원태는 외할머니의 집 안, 아버지의 호적에서 이름이 없어진다. 중국으로 갈 바에는 남는 가족들을 위해 피해를 주고 싶지 않은 마음이 있었다. 중국에서 어머니와 극적 통화 후, 지금껏 자기를 내버려둔 엄마를 미워해야겠다고 생각했지만, 막상 목소리를 듣고 탈북을 결정하는 계기가 된다.

**[주제어]** 족보(호적), 출생증, 함남도, 함북도, 초소 국경 지대, 여행증

제가 아버지랑 한 2년 정도 살다가 삼촌이 데리러 왔어요. 이제 외할머니네 집 남양에서 살던 적이 있잖아요. 할머니한테 적을 붙이려고 했어요. 아빠 쪽이 있잖아요, 족보(호적), 거기서 제 이름 떼가지고, 한마디로 말하면, 그 집이랑 볼 일 없는 그런 것처럼 했어요. 그래서 할머니 밑에 붙이러 갔는데, 그 적을 붙이는 게 안 된대요. 어차피 생각해 보면 그때 내가 중국 갈지 말지도 몰랐지만, 적을 안 붙이는 것이 어떻게 보면 더 좋을 것 같기도 해요. 왜냐하면 아빠

한테서 떼 왔으면, 만약 제가 없어졌을 때 아빠한테도 피해 안가고, 할머니한테도 안 붙였으면 할머니한테도 피해 안가고, 그런 상황이라 가지고. 저도 그것을 어디에다가 치워 놓는다고 했는데 잃어버렸어요, 그걸.

아무튼 그래서 할머니랑도 거의 2년. 할머니 집이랑 외삼촌네 집이랑 왔다 갔다 이렇게 살면서 거의 한 2년 가까이. 그러다가 엄마한테 전화 와가지고 삼촌이랑 해서 온 거지요. 저는 그 북한의 신분증이, 청소년들의 신분증이 출생증밖에 없어요. 그 출생증이 어떻게 보면 주민등록증 같은 그런 역할을 하는데, 삼촌은 함남도에서 태어났고, 저는 함북도에서 태어나서 국경을 자유롭게 왔다 갔다 할 수 있었어요. 삼촌은 국경이 아니고 다른 지방에서 왔으니까, 국경 들어갈 때 검사 다 받고 그랬어요. 그리고 여기는 차타고 세 시간이면 지방 아무데나 왔다 갔다 하잖아요. 북한은 그게 아니라 국경지대에 들어가면 들어갈수록 군대들이 서 있는 초소가 육로에도 있고, 그리고 기차에서 차표를 검사해요. 근데 차표뿐 아니라 여행증이라고, 또 발급받는 게 있어요. 그게 있어야 만이 들어올 수 있어요. 그거 없으면 못 들어가고 다시 고장으로 돌아가야 돼요. 그래서 여행증 떼 가지고 오다가 삼촌이 걸렸어요. 국경 지대에 온다는 건 밀수 같은 일로 돈을 벌려고 하니까 막 몸수색도 하고 그런 걸 많이 했어요. 저는 괜찮은데 삼촌이 걸려가지고 가끔씩 문제가 되었죠. 아무튼 무사히 들어왔어요. 그래서 회령. 다른 사람들 대부분 보면 무산으로 온 사람들도 있지만, 전 회령으로 왔는데. 회령에 대부분 전화, 그 중국 핸드폰을 가지고 있는 사람들이 있어요. 그래서 엄마랑 연락을 해서, 제가 결정을 했어요. 저 한국에 오는 거.

엄마랑 연락을 하는데, 그때 엄마 목소리를 듣고 되게(웃음) 되게…. 전화하기 전에는

'나쁜, 나 버리고 갔다.'

그런 마음이 막- 진짜 엄마 다시는 안 볼 것처럼 그랬었는데, 엄마 목소리 들으니까 되게 기분이, 기분이 되게 좋았어요. 왜냐하면 한때 중국에 가면은 팔려간다는 그런 소문이 자주 돌아가지고 혹시나 그런 걱정을 없지 않아 했거든요. 다행히도 엄마는 잘 있더라고요.

"한국에 와가지고 잘 살고 있다."

그렇게 해가지고. 엄마 목소리만 들어도 눈물이 계속 났어요.


## 재혼한 아버지, 새어머니가 싫어 친구 집으로

**[내용 요약]**

탈북 결정이 되고 김원태는 중국에서 석탄을 들여오는 화차를 타고 집으로 오게 된다. 사람들이 돈을 내지 않으려고 몰래 타다가 가끔 걸리면 벌금을 내야 하는데 김원태는 꽃제비 시절 당시 친구들을 사귀어 놓아 안전히 집에 올 수 있었다. 엄마가 약속한 대로 이웃집 아주머니가 자기를 데려올 것이라는 걸 알았지만, 잠시 군대에 간 아버지와 새어머니가 있는 집에는 도무지 가기가 싫었다고 했다.

**[주제어]** 객차, 화차, 보위대, 꽃제비, 훈련, 출생증


아무튼 그렇게 하고 삼촌은 바로 집에 갔어요. 저는 집에 가려면 회령에서 차를 타고 세 시간 더 가야 했어요, 기차 타고. 기차라고 하면은 여기랑 다른 게, 여기는 무궁화호든, 뭐든 열차잖아요. 무궁화호나, KTX 그러는데, 북한은 일단 객차가 따로 있어요. 이런 사람들 타고 다니는. 뭐 예전에는 한 3년, 4년 정도에는 '평양-온성'이라는, 그 열차 이름이 '평양-온성'이라고 있었는데, 그게 너무 오래되

고 좀 가동도 많이 안 되고 그래서, '사리원-라진'이라고 바꿨어요. 사리원에서부터 라진까지 가는 건데, 그 사이에 저희 집이 있어서 그거 타고. 그거 타려면 차표를 떼야 되요.

그거 말고는 청진에서부터 남양까지 가는 화차가 있어요. 그 중국에 선철을 들여다 주고, 또 그 선철을 들여다 주는 만큼 그 중국에서 석탄을 들여오는 화차예요. 청진에 용광로가 있으니까 쇠를 녹여야 되는 그런 데 사용하려고, 서로 물물교환하는 거예요. 그런 차를 타고 가면 돈은 안 내고 갈 수 있어요. 만약 그 기차에서 내리다가, 역 보위대라고, 그 사람들도 총 들고 다니는데, 거기에 걸리면 벌금을 내야 해요. 근데 저는 꽃제비 생활도 많이 하고, 그런 사람들하고 많이 친한 사람도 있고, 또 그럴 때에 어떻게 빠져나가는지 그런 방법을 많이 알아서 집에 잘 왔어요.

근데 집에 왔는데, 집에 들어가기가 싫어요. 아버지한테 가기가 싫은 거예요. 마침 아버지도 집에 안계셨어요. 북한에는 군대 갔다 온 사람들은 훈련을 다시 가요. 한 일 개월이나, 보름정도를 이렇게 가서 총으로 사격도 하다가 와요. 일 년에 한 번, 여기 예비군 훈련처럼. 여기는 몇 살까지 가는지 모르겠는데, 북한에는 좀 나이 많은 아저씨들도 많이 가고 그래요. 그때 마침 집에 아빠도 없었고, 집에는 새엄마가 있었어요. 그래서 들어가기 귀찮았어요. 원래 엄마랑 약속한 거는 그 남양에서 있는 저를 잘 아는 아줌마 있어요. 그 아줌마가 데리러 오면 같이 떠나면 되었는데, 집에 들어가기 싫어서 안 들어갔어요.

엄마한테 돈은 받았어요. 삼촌이 돈을 받아서 저한테 한 달 쓸 수 있는 돈을 주었어요. 집에 들어가기 너무 싫어서 친구네 집에 갔어요. 근데 마침 친구네 집에 갔는데, 친구밖에 없었어요. 친구 아빠는 그 역에서 일하시는데 차 타고 출장을 나가셨데요. 한 1개월 정도. 엄마는 뭐 좀 잘못해가지고 단련대에 간 그 상태에서 또 개 혼자 있으니까 잘 때 좀 무섭고 그러니까, 그래서 마침 잘 됐죠. 그래서 1개월 안 됐나?

나가서 돌아다니려고 해도 그때는 제가 공식적으로 들어온 게 아니라서 돌아다니다가 걸리면 좀 문제가 복잡하게 되니까요. 출생증만 있어도 괜찮았을 텐데. 적을 떼어가서, 좀 불리한 상태라서 사람들의 눈에 띄면 안 되겠다 싶었죠. 그리고 남양이라는 곳이 진짜 어떻게 보면 손바닥 만해요. 날 한 번 보면 30분 이내로 날 봤다는 소문이 그냥 바로 탁 퍼지니까. 그래서 안 되겠다 해가지고 자전거 타고 온성으로 친구랑 같이 갔어요. 장에 가서 바지랑, 위에 티셔츠랑, 와이셔츠 하나 사고. 모자 있잖아요, 그 야구모자 같은 거, 그런 모자를 하나 사서 푹 눌러쓰고 다녔어요. 저희는 아무래도 국경이니까 이런 옷 같은 거를 다른 지방보다 잘 입어요. 좀 좋은 옷을 입어요. 그때 돈도 좀 있겠다 해가지고, 그때는 솔직히 걱정이 없었어요. 돈을 이렇게 아껴 써야 된다는 그런 걱정을 못하고, 그냥 왕창 써댔어요. 그래서 옷도 비싼 거를 사 입었는데, 그렇게 모자를 푹 눌러쓰고 다녔어요. 그런데 절 만나야 하는 아줌마는 저를 못 알아봤어요. 저는 지나치면서 계속 봤는데, 그 아줌마는 절 한 번도 못 본 거예요. 막 머리도 많이 기르고, 모자도 푹 쓰고 다녀가지고.

## 두 번의 시도 끝에 탈북을 성공하다

### [내용 요약]

결국, 김원태를 데리러 가기로 했던 아주머니가 원태를 알아본다. 원태도 눈치를 채고 한 번 아주머니 앞에 가 있자, 아주머니가 왜 이제 왔냐고 묻는다. 이는 통상적인 보위부 사람들이 시험하는 수법이기도 해서 엄마가 알려 준 암호를 말했는데 그 아주머니가 맞았다. 첫 번째 탈북은 다소 어이없이 실패하고 두 번째 탈북을 기다리게 되는데 어느 날, 신호를 받고 두 번째 탈북을 준비한다. 비가 오는 바람에 오히려 군대는 땅굴 안에서 훈련을 하게 되고 비가 그친 후 바로 중국으로 넘어온다.

[주제어] 보위대, 단련대, 군대, 소낙비

한 번은 친구 집 앞에서 모자를 돌려쓰고 놀다가 그 아줌마가 본 거예요. 계속 눈짓으로 보고 있었어요. 정확하게 그 사람이 아니면 신고당하니까 눈치만 살핀 거죠. 아줌마도 계속 절 보면서, 왠지 '저 사람이다'라는 그 느낌이 확실하게 들은 거예요.

그렇게 놀다가 나중에 한 번 일부러 그 아줌마 집 앞에 가 있었어요. 근데 그 아줌마가 말하는 거예요.

"어디 갔다가 이제 왔냐?"

그러는 거예요.

근데 그런 일 할머니랑 살면서 많이 당해 봤거든요. 북한에 (앞에 사진을 가리키며) 그냥 일반 사람들처럼 보위부 그런 사람들이 많이 떠봐요. 제가 착각하고 넘어가면 바로 단련대로 가는 거죠. 그러기 때문에 정확하게 해야 되요. 아무튼 조금 의심이 갔어요. 그래서 엄마랑, 전화가 없으니까 통신이 잘 안 되가지고, 그 암호를 짰어요. 그 무슨 영화 보면, 이렇게 암호 같은 말하잖아요. 그런 것처럼 이렇게 하는데, 딱 맞는 거예요.

처음에 갔을 때는 실패했어요. 군대가 먼저 가버린 거예요. 제가 5분만 빨리 갔어도 같이 가서 넘어갈 수 있는데. 어떻게 보면 그것도 잘된 일인 거 같아요. 그때 못가서 지금 여기 올 수 있게 된 것 같아요. 그때 만약에 잡혔으면 큰일이니까.

두 번째는 또 걔네 집에 있다가, '나 간다.'라고 말도 안 하고 또 다른 데로 옮겨 갔어요. 왜냐면 그렇게 하다가 물어보면, 걔네도 피해 받고 그럴 거 같아서. 그 아줌마가 말해 주는 그 집에 가서 살려 했었는데, 그 집도 생활이 좀 어려운 집이에요. 어차피 계속 집구석에만 틀어박혀 있는 것보다, 그 아줌마가 가끔씩 장사를 하는데 땔감 구하러 산에 나무하러 갔어요. 산에 가면 운동도 될 겸, 산에는 사람 그렇게 많지 않으니까, 같이 가서 나무도 베어 오고. 나무 베어 왔는데 딱 소식이 왔어요. 오라고. 그래서 한 6시쯤인가. 저녁 6시쯤인가 아무도 못 볼 때 나와서, 진짜 그 집까지 진짜 전력질주해서 뛰어갔어요.

그렇게 가다가 친구들을 만났어요.(일동 웃음) 중학교 같이 다니던 반애들을 만났는데, 걔네가 좀 의심할 것 같아서 평상시에 하던 것처럼, 저도 진짜 한 2년 만에 만나는 거여서 되게 반가웠고요. 그러는 김에 거기서 한 시간 정도를 이말 저말하다가.(일동 웃음) 아무튼 갑자기 헤어지면 좀 그런 것 같아서 그렇게 하다가 한 시간 정도 지나갔어요.

아무튼 아무도 몰래 그 집에 가서, 그 집에 한 시간 정도 기다리는데, 군대가 온대요. 그 전에 갔으면 또 집에서 가만히 앉아 있어야 했는데, 뭐 어찌 보면 잘 됐다 생각하고 있다가, 군대가 온 거예요. 이동수단이 없어서 자전거를 많이 타고 다녀요. 저도 자전거를 타고 가는데, 소낙비가 막 내리는 거예요, 엄청 세게. 대게 군대들이 한 50m인가, 100m 사이로 땅굴 파고 잠복근무 그런 거 많이 하거든요. 그런데 비가 오면, 군인들이 거기에서 안 나오는 거예요. 마침 잘 되가지고, 일이 잘 풀려가지고. 비가 끊기자마자 바로 중국 넘어왔어요.

# 겨우 도착한 인천항, 그리고 새로운 시작

**[내용 요약]**

  길에 표시를 해놓고 자기를 데리러 올 브로커를 기다린다. 원래는 중국말을 해야 하는데 조선말을 해서 의심스러웠지만, 자기 이름을 부르니 따라간다. 그 후, 외삼촌이 자기를 찾아와 외삼촌을 따라 단동에서 배를 타고 인천으로 들어오게 된다. 그런데 북한보다 편하게 살고 있을 줄 짐작해 살도 찌고 더 예쁜 모습으로 볼 거라고 기대했던 어머니는 생각보다 수척하고 늙어 계셨다. 속으로 남한도 힘든가 하고 생각했는데 나중에 어머니가 원태가 탈북을 하는 동안에 어머니 또한 맘고생이 심했다는 걸 알게 된다. 또 북한에서는 학교가 끝나고 집에 가서 밥을 먹는데 여기서는 학교 자체에서 밥을 먹는 일이 적응하기 어려웠다고 한다. 등교 첫날, 아무도 모르는 상태에서 혼자 밥을 먹는데 너무 서러웠다.

  **[주제어]** 중국, 조선말, 단동, 브로커, 탈북자, 인천, 하나원, 국정원, 한겨레 학교

  중국에 도착했어요. 신발에 모래가 들어가서 신발 다 씻고 기다렸어요. 나무, 풀 꺾어서 길에다 놓으면 그 중국에서 기다리는 아저씨가 데리러 온대요. 그래서 나무랑 풀로 다 해놨는데, 마침 그 중국 아저씨가 오더라고요. 엄청 키도 크고, 뚱뚱한 아저씨가 지나가는 거예요.

  '저 아저씨인가 보다.'

했는데, 원래 중국사람 보면 중국말로 해야 되는데 한국말, 막 조선말로 하는 거예요. 막 북한 아줌마 목소리도 들리는 거 같기도 하고, 아닌 것 같기도 했는데, 와서 제 이름 부르기에 일단 갔어요. 그 아

저씨네 집에서 하룻밤 자고, 그 다음 날에 바로 엄마의 외삼촌이, 좀 먼 외삼촌인 것 같아요. 아, 그 중국에 연길인가? 거기 살고 계신 데요. 그 할아버지 따라 가서, 그 집에서 한 3일 있다가 바로 단동, 거기서 배 타고 왔어요. 브로커 집에서 한 이틀 있고 그 다음에 바로 큰 배 타고 인천으로 해서 들어왔어요. 브로커가 그러는데, 그 인천 항에서 '탈북자'라고 하면 데려간대요. 그래서 나와서 바로 탈북자 라고 말하고, 지금 여기 같은 방에 들어왔는데, 저랑 같이 온 누나들 이랑 같이 이렇게 들어갔어요.

같이 들어온 일행이 한 네 명인가, 다섯 명 있었어요. 엄마가 인천 항에 왔더라고요. 근데 저는 그때 상상한 게 한국은 잘 사니까, 엄마 가 북한에 있을 때보다 살도 좀 찌고 그랬을 줄 알았어요. 좀 편안하 게, 살도 좀 찌고. 그런 줄 알았는데 엄마가 더 늙어 보이고 그런 거예요.

그래서

'아, 이 나라 안 좋은가?'

(일동 웃음) 그런 생각도 많이 했어요. '여기 힘든 나라인가?' 그런 생각도 많이 하면서.

근데 나중에 알고 보니까 엄마가 저 데려오려고 새벽에 잠도 못 자고, 기도를 하면서 지냈데요. 오다가 제발 잡히지 말라고 그랬데 요. 알고 보니까, 그랬더라고요.

그리고 제일 깜짝 놀란 거는요, 하나원이라는 데 들어가잖아요. 맨 처음에 국정원에서 조사 받고, 하나원으로 가요. 국정원에서는 거의 다 아저씨들이고, 애들은 한 몇 명밖에 없어요. 그때는 별로 거리감이나 그런 거 없었는데, 하나원에서도 그런 거 별로 몰랐었 는데, 한겨레 학교라고, 안성에 있잖아요. 거기 갔는데 한국말 쓰는 애들도 있고, 또 북한말 많이 쓰는 애도 많고 그런데, 제일 어려웠던 게 밥 먹을 때예요. 식판에 받는 거는 하나원이나 국정원에서 익숙해지고 괜찮은데, 밥을 혼자 먹어야 했어요.

보통 북한에서는 밥 먹으러 집에 가요. 학교 끝나고 바로 집에 가서 밥 먹고, 한 30분 정도 쉬다가 바로 학교 오거든요. 거기서는 점심시간에 밥 받아서 친구들끼리 앉아서 먹는데, 그때 저는 첫날이라서 별로 아는 애들도 없어서 혼자 먹었어요. 혼자 먹을 때. 진짜 막, 진짜 외로웠어요. 그런 건 좀 안 좋은 것 같아요. 좀 학교 다니면서도 처음에, 일반 사회 나와서도 학교 다닐 때, 밥 먹을 때가 제일, 그게 지금 말하면 찐따처럼.(일동 웃음) 그런 게 제일 심했어요.


# 훌쩍 커 버려 낯선 내 동생

**[내용 요약]**
한국에 와 다시 만난 동생은 자기보다도 오히려 키가 훌쩍 커 있었다. 하나원에 있을 때, 한 달에 만 원씩 받던 용돈을 모으면서 동생에게 주려고 생각했었는데 막상 동생을 보니 그런 생각이 사라졌다. 북한에서는 형이 동생보다 더 커야 하고 뭔가 달라야 하는 고정관념이 있는데 여기서 동생은 나보다 공부를 잘하고 키도 커서 얼른 동생을 따라잡고 싶다는 생각이 든다.

**[주제어]** 하나원, 용돈, 키, 학원

제가 생각했던 동생은 있잖아요. 두 살 차이인 동생은. 제가 북한에서 본 동생은 저한테 (턱 가리키며) 여기까지 오고, 되게 어리고, 어리광이 많고, 뭐만 하면 막 징징 대고, 좀만 살짝만 건드려도 울고 그랬어요. 엄마랑, 태영 삼촌이랑, 동생이랑 하나원에 면회를 왔어요. 동생이 저보다 키가 한 이만큼, (손바닥으로 간격 벌리며) 한

20cm? 그 정도 더 큰 거예요. 그래서 저는 동생인 줄 몰랐어요. 그냥 화장실 들렸나보다 하고. 맨 처음에는 인사만 했어요.

"안녕하세요."

이렇게. 알고 보니까 제 동생인 거예요. 되게 키도 많이 크고. 많이 잘 자라줘 가지고, 한쪽으로는 '해 준 것도 없는데 대견하다.'는 생각도 많이 들었었어요.(일동 웃음) 그래서 진짜 어색했어요. 저는 동생이 그냥 아직도 요만하고 '내가 챙겨줘야겠구나.' 이런 생각을 많이 했었으니까요.

하나원에서 용돈을 줘요, 만 원씩. 이렇게 모아서 두 달 있으면 이만 원. 학교 필기도구 사면 돈이 얼마 안 남아요. 저는 만 원씩 저금해서, 이만 원을 저금해놨어요. 한국에 저보다 먼저 온 애들은 한국 사회에 거의 적응해가지고 용돈 같은 거 잘 알았지만, 저는 솔직히 용돈 그게 뭔지 몰랐어요. 하다 보니까 알게 되어서, 동생 줄려고 가방에 넣어놨거든요.

딱 동생을 보고나니까, 동생이 나보다 더 크고 '내가 안 챙겨줘도 되겠구나.' 그런 생각이 들더라고요.(일동 웃음) 그래가지고 용돈 안 줬어요.(일동 웃음) 나보다 키도 크고, 나보다 더 성숙해진 그런 느낌 들어가지고. 솔직히 내가 무조건 용돈 주겠다고 약속했는데, 동생을 보니까 갑자기 용돈 주고 싶은 생각이 사라졌어요. 지금 동생이 중3인데, 아무튼 좀 그런 재밌는 것들이 있었어요.

또 제가 태영 삼촌이랑 같이 살잖아요. 지금 저는 공부를 못하니까, 학원 같은데 안가고 집에서 그냥 허송세월 보내는데요. 동생이랑, 호룡이랑 이런 애들은 초등학교부터 다녔으니까, 좀 공부를 따라갈 만하니까 학원에 다녀요. 막 10시까지, 가끔 시험기간에는 11시, 그때 집에 오는 거예요. 불쌍해서 그때는 용돈 좀 만 원씩 챙겨줬는데. 근데 지금은 저도 바쁘고 하니까, 괜히 줬다는 생각도 많이 하고.(일동 웃음)

일단 제일 걱정인 것은 제가 동생보다 아직까지 한 5cm는 작아요.
'열심히 키 커서 동생보다 커야 되겠다.'
그런 생각해요. 그게 젤 꺼려요. 동생보다 작은 게. 솔직히 북한이라
는 곳이 고정관념이 되게 심하죠. 동생은 형보다 작아야 된다는 그
런 것들이 좀 있어요. 그게 아직은 좀 그래요. 동생은 지금도 저하고
함께 살고 있어요.

## 처음 가 본 놀이공원

**[내용 요약]**
원태는 놀이 공원에 처음 가보게 된다. 북한의 평양과는 아예 차
원이 다른 모습에 놀랐으며, 특히 놀이공원 안에 동물원이 있는 게
가장 신기했다고 한다. 친구들과 함께 다니는데 자기는 북극곰 같
은 동물은 TV에서조차 보지 못해서 30분이 넘게 서있느라 친구들
을 놓칠 뻔했다가, 깜짝 놀란 후 친구들을 놓치지 않으려고 그들
사이를 졸졸 쫓아다녀야 했다.

**[주제어]** 동물원, 놀이공원, 삭도(리프트), 북극곰, 펭귄

처음 여기에 왔을 때 한겨레 학교에서 같은 기수인 친구가 있어
요. 솔직히 한겨레 학교는 공부보다는 여행 같은 거를 많이 하는
것 같아요. 한겨레 학교에서는 한 2개월 있었는데, 저도 며칠만 빨
리 들어갔어도, 바닷가도 놀러가고 그랬을 거예요. 제가 있을 때는
여행을 한 번도 안 갔어요. 지금 제 친구는 계속 한겨레 학교 다니고
있는데, 여행을 되게 자주 가요. 근데 또 평생 거기 있는 건 아니잖
아요. 아무래도 거기 있을 때는 마음 편한데, 또 거기서 나오면 사회

생활 하는데 좀 문제가 없다고 말할 순 없어요. 그런 것들이 좀 있죠. 그런데 제 친구는 적응을 좀 잘하는 것 같아요. 걔는 혼자서도, 막 친구끼리 몇 명씩 놀이공원 같은 데 많이 가요.

그래서 저도 놀이공원에 갔어요. 맨 처음에 갔을 때는 그 에버랜드라는 곳에 갔는데, 되게 신기했어요. 북한 평양에 놀이공원이 있어요. 그거랑은 아예 차원이 하늘과 땅 차이에요. 되게 막 신기했어요. 제일 신기한 게. 북한에서 TV에서 보면 놀이기구, 롤러코스터 같은 거나, 그런 거는 많이 나와서 그런 건 신기한 거 없었어요. 그런데 거기에 동물원도 있고, 그런 게 제일 신기했어요. 평양에 가면 동물원이라는 곳이 따로 있는데, 동물원에 들어가야만 동물을 볼 수 있는데, 여기는 놀이동산에 가도 동물을 볼 수 있는 거잖아요. 제일 신기한 게 놀이공원 안에 동물원 있는 거였어요.(일동 웃음)

그리고 그 리프트인가? 타고 올라가는 거, 북한에선 그거 '삭도'라고 하거든요. 그게 제일 타보고 싶었던 거였는데, 타니까 그냥 그렇더라고요.(일동 웃음) 그게 놀이기구랑 달라서 천천히 가잖아요. 어떻게 보면 땅에 떠서 가니까, '저거 타면 진짜 기분 되게 좋겠구나' 이런 생각에 한 번 타봤는데. 그냥 걸어가는 게 더 빠른 것 같았어요.(웃음)

제일 신기한 거는 북극에서 사는 동물들. 북극곰이나, 펭귄 그런 게 제일 신기했어요. 다른 동물은 TV에서도 많이 볼 수 있잖아요. 근데 북극곰이나, 펭귄 같은 거는 많이 접할 수도 없는 동물이니까. 거기서 한 30분 동안이나 계속 서 있었어요. 신기해가지고. 거기 그렇게 있다 보면 나 혼자 남아 있게 되고. 처음 가서 길도 몰랐거든요. 다른 애들은 그전에 한두 번씩 와봤으니까 잘 알아서 돌아다니는데, 저는 친구들을 졸졸졸졸- 따라다니고 그랬어요.

# 게임하는 법을 모르는 중학생

**[내용 요약]**

북한에서는 전화만 하려고 해도 교환국에 전화를 먼저 해서 연결이 되면 할 수 있다. 하지만, 도청을 당할 수도 있는 게 북한의 현실. 반면, 한국에서는 사람들이 자기 통신장비를 들고 다니며 노래를 듣고, 메시지를 보내고 하는 것들이 매우 신기하게 느껴졌다. 특히, 게임을 못해서 처음에는 대여섯 살의 아이들이 하는 게임들을 하곤 했는데 동생이 그걸 보자, 알려주더라는 것이다. 그런데, 북한의 게임에 비해 너무 복잡하고 조잡해서 하도 못하니까 게임 하기가 싫었다고 한다.

**[주제어]** 집 전화, 교환, 오락, 게임

북한에서는 이렇게 전화가 집 전화 있잖아요, 집 전화. 좀 돈 있는 사람들은 집 전화를 사용할 수 있었어요. 저 어릴 때까지만 해도 번호를 눌러서 전화할 수 있었는데, 그전에는 교환 있잖아요. 교환 번호 이렇게 클릭하고, 그 교환에 전화해서, 또 집 전화번호 교환해서, 연결되고. 그런 거 하면 도청도 막 당하고 그랬어요.

전화라면 그런 것만 생각했는데, 여기서는 그냥 작은 거 들고 다니면서, 노래도 듣고, 게임도 하고, 메시지도 보내고, 주고받고 하는 게 제일 신기했어요. 북한에서 오락이라고 하면, 중국에서 나오는 오락기계, 건전지 두 개 넣고 하는 그런 거밖에 몰랐는데, 여기 오니까 핸드폰에 막 그런 게 있는 거예요. 되게 갖고 싶은 게 핸드폰이었어요. 그래서 나오자마자 핸드폰부터 샀어요. 그 게임이랑 되는 거로. 엄마가 쓰던, 예전에 쓰던 그런 거요.

처음에는 게임을 할 줄 모르니까 재미없어가지고 안 했어요. 그때 삭제했었거든요. 그때 삭제하고 한 1개월 지나니까, 괜히 삭제했다는 생각이 들더라고요.(웃음) 처음엔 내가 게임을 할 줄 모르니까, 내가 이거 계속하고 있겠냐는 그런 생각으로 지웠는데, 한 1개월 지나니까 게임하는 룰이나, 방법을 알게 돼서, 그래서 되게 아쉬웠어요.

동생이랑 만나면 직접 할 말은 없는데, 되게 보고 싶고 반갑고 그랬어요. 그런데 만나면 그냥 가만있어요. 저희 둘이 원래 그런 성질이 아니었거든요. 만나면 서로 막 물고 뜯고 싸우고 그랬는데…. 동생은 제가 열두 살인가, 열세 살 정도에 한국으로 나갔어요. 원정이가 그때 한 열한 살인가, 열 살. 그때는 한참 막, 되게 많이 싸우고 그랬었는데.

원정이는 태영 삼촌이랑 같이 있고, 저는 엄마랑 같이 한 달 동안 있었어요. 저도 태영 삼촌이랑 같이 살려고 했었는데, 아마 그때 안산에서 정릉으로 이사 올 때여서 안 갔었거든요. 그때 제가 엄마랑 한 달 동안 같이 살았었는데, 컴퓨터도 가르쳐주었는데, 뭘 알아야 그걸 배우잖아요. 몰라가지고 그냥, 네이버에 '게임'이라고 치면 나오는 조작방법을 읽었어요. 그런 게 있어서 집에서도 게임하고, 제 동생이 집으로 오면 넷마블 게임 그런 거 하는데, 저는 신기하죠. 저는 네이버에서 알아내서, 다섯 살짜리 애들이 하는 그런 게임 하고.

그러면 동생이 막 웃으면서 그래요.

"이런 게임을 어떻게 하냐?"

게임 같은 것도 동생은 알려 준다고 하는데 저에게 이렇게 한다고 잘 설명해 줘야 되는데, 그냥 말로만 해 주니까 어렵죠. 제가 처음에 컴퓨터를 한 것도 얼마 안 되었고. 북한에서는 컴퓨터 수업이 있긴 있어요. 거기는 컴퓨터가 많지가 않으니까, 나무로 이렇게 건반을 만들어서, 용수철이나 양철판을 구부려서, 누르면 이렇게 다시 올라오는 그런 식으로 만들었는데. 거기 자판, 그 키보드는 용어가 안 써져 있고, 그냥 ㄱ, ㄴ, ㄷ 그런 것밖에 없었어요. 한글로밖에 안 배웠는데 s, a, 알파벳을 누르라니까 정신이 없는 거예요.

근데 엄마네 아파트 같이 사는 4호집 형이, 그 형이 아니구나, 동생이 가르쳐줬는데 되게 잘 가르쳐주는 거예요. 걔가 하는 건 잘 알 수 있는데… 동생이 알려 줄 때는 '이렇게, 이렇게 해.' 대충 하니까, 뭐 어쩔 줄 모르겠는 거예요. 걔는 잘 가르쳐주는데, 동생은 못 가르쳐주었어요. 그게 서로 엉켜가지고, 한 한 달 동안 게임 안 하면서 타자 연습했어요. 게임 안 하면서, 그 컴퓨터 꺼진 상태로 타자 연습했어요. 이렇게 이렇게 키보드를 누르면서 했어요. 제가 이제는 그게 나왔어요, 주민등록번호. 그게 있으면 그 게임할 수 있대요. 그래서 가입해가지고 게임하는데, 처음에 되게 싫었어요. 입장하자마자 바로 죽고.(일동 웃음)


## 한겨레 학교에서 만난 동네 누나

**[내용 요약]**

김원태는 한겨레 학교에서 북에서 온 친구들과 기숙사 생활을 하며 편하게 지내다가 익숙한 얼굴을 발견한다. 그러다가 그 사람이 먼저 원태의 이름을 부르고, 북한에서 한 수업도 같이 들었던 자기의 동네 누나라는 것을 알게 된다. 누나와 북한의 동네 얘기를 하며, 친구들을 떠올리고 군대에 갈 나이의 친구들이 다 한 번에 여기로 오면 좋겠다는 생각을 하게 된다.

**[주제어]** 한겨레 학교, 누나, 태권도 수업, 군대, 친구들

처음에 하나원에서 한겨레 학교로 보내서, 그 한겨레 학교에서 먹고 자고 했어요. 기숙사 생활을 한 거죠. 거기 친구들은 모두 북에서 온 친구들이라서 엄청 편했어요. 네, 되게. 근데 뜻밖에 제가 다니던 학교 선배랑, 후배가 거기 있는 거예요.

'분명히 내가 저 사람 어디서 봤는데.'

생각이 안 나는 거예요. 설마 그 누나들이랑 동생이 왔을지는 상상도 못했죠. 그런데 그 누나가 지나가다가 내 이름 부르는 거예요. 그래서 저는 저희 기수 누나가 부른 줄 알고 그냥 쓱- 올라갔어요.

저희 예비반이라고 교실 따로 있고, 그 다음 거기 본교 학생들 따로 있어요. 거기에 가물가물한 사람이 들어오는 거예요. 근데 절 찾는 거예요. 알고 보니까 되게 가깝게 알고 지내던 누나가 온 거예요. 저희랑 바로 한 학년 누난데, 그 누나랑 북한 학교에서 운영하는 태권도를 같이 다녔었어요. 선생님한테 계속 꾸중 들었던 그런 누나에요.

'아, 이렇게 만나는 일도 있구나.'

그런 마음에 되게 기뻤어요.

그리고 그 누나는 엄마가 있고, 또 누나는 형제가 세 명이에요. 근데 다 여자에요. 제일 큰누나도 저희 학교 졸업생이고, 그 다음에 둘째누나가 저랑 한 살 위고, 그 다음에 한 명은 저랑 한 살 아래였어요. 그런 되게 가까웠던 사이였는데, 제가 한국에 와서 한 일 년, 일 년 몇 개월 지났나? 그렇게 만난 거죠. 또 아버지랑 그 누나네 엄마랑 같은 직장 다녔어요. 그러면서 친했던 사이예요. 저희 아버지는 도시 경영이라고, 한마디로 말하면, 집 돌아다니면서 망가지면 그런 집 수리해 주는 그런 일 했는데, 그 누나네 엄마가 같이 직장을 다녔어요. 그래서 되게 가까이 지냈던 누나가 온 거죠. 제가 한국에 와서 한 6개월, 1년 6개월 정도 지났나? 근데 그 누나가 또 오고, 그 누나 동생도 왔다는 소식도 들었어요.

그때 전 이런 생각도 했어요.

'내 친구들, 한 번에 다 와라.'

그런 생각을 많이 했어요. 그 누나랑 한 세 시간 동안 앉아서 북한에 대한 막 이런저런 얘기를 했어요. 그때 당시 제 친구들이 군대 나갈 시기였거든요. 친구들 얘기 물어보면서, 누구누구는 군대 나갔냐고 하니까, 뭐 나가고 어쩌고. 친구들 소식도 많이 듣고 해서, 되게 만족했었어요.


## 진짜 한국의 땅에 발을 내딛다

**[내용 요약]**

김원태는 처음에 한겨레 학교에 머물고 싶었다고 한다. 하지만, 어머니의 반대에 부딪히고 서울에 한 번 가보게 되는데 세상이 크고 넓음에 놀란다. 어차피 한국에서 살 거라면 한국 사람들과 만나야 되고 친해져야 되니 서울의 학교에 가기로 마음을 먹는다. 막상, 학교에 들어가서는 한국의 학생들이 집에 컴퓨터를 가지고 있고, 또 컴퓨터 게임에 빠져 있는 것을 보면서 북한과 다름을 느낀다. 처음에는 PC방에 내는 돈이 너무 아까워서 한심하게 생각했는데, 한 달이 지나고 보니 자기도 함께 다니고 있었다고 한다.

**[주제어]** 산골, 서울, 학교, 컴퓨터 게임, PC방


처음에 저는 솔직히 한겨레 학교가 너무 좋은 거예요, 편하고. 그래서 엄마한테 거기 있겠다고 한 번 말씀 드려봤어요. 근데 엄마가 미쳤냐고 하시더라고요. 거기는 산골이에요. 공기는 진짜 좋아요. 산에 딱 학교가 하나 있는데 진짜 공기가 좋아요.

"여기 공기도 좋고, 친한 애들도 엄청 많고, 여기서 먹고 자고 할 수도 있어서 좋아."

그러니까, 엄마가 막, 진짜 별 욕을 다하면서 뭐라고 했어요.

"거기 뭐 산 구석에 틀어박혀서 뭐가 좋냐!"

그때 당시에는 밤에 차타고 이동해서, 서울은 그냥 불만 번쩍번쩍한 곳이었어요. 불빛밖에 안 보이니까, 밤이어서 건물 같은 거 안 보였어요. 간판에만 불 켜고, 건물에는 다 끄잖아요, 새벽에는. 그래서 그냥 그런 줄 알았는데, 서울에 오면 '세상이 되게 크고 넓다'고 그러는 거예요, 서울이. 그게 도대체가 믿기지가 않는 거예요. 못 봐가지고.

아무튼 그러다가 생각해 보니까, 여기서 나가면 또 한국 친구들 만나야 되고 그래서 일단 결정을 내렸어요. 그렇게 나와서 고대부중에 들어갔는데, 애새끼들이 막 다 컴퓨터 게임에만 정신이 빠져 있는 거예요. 그리고 학교 끝나고는 친구들이랑 별로 많이 안 놀고, 그게 참 특이했어요.

솔직히 북한에는 컴퓨터가 그렇게 많지가 않아서, 컴퓨터 있는 집이 한 몇몇밖에 안 되요. 저희 반에는 한 다섯 집 있었거든요. 아빠가 세관이나 통검이거나, 중국 왔다 갔다 하는데 물건 검사하는 그런 세관 같은 일 하셔가지고 돈 많이 벌어서 컴퓨터를 놓는 집이 있어요. 근데 인터넷이 안 되는 것들이에요. 북한에도 요즘 최첨단 그런 거라고 컴퓨터를 들여 놓는데, 돈 많은 집들은 그런 거 놓거든요. 그러면 그게 막 컴퓨터 이용하는데 쓰이는 게 아니라, CD에 저장된 영화나 드라마를 봐요. 중국, 다른 외국영화 같은 거 볼 수 있는 거 있거든요. 컴퓨터에 CD 넣고 보는.

몇몇 없으니까 애들은 많이 우르르 몰려다니고, 컴퓨터가 없으면 나가서 농구도 하고 축구도 하고 그럴 텐데…. 아무튼 거기는 그런 게 발전이 안 되가지고 차라리 밖에 나가서 즐길 수 있는 게 엄청 많아요. 근데 여기오니까 애들이 다 그 PC방이라는 데 가가지고, 게임만 하고 그러는 거예요. 저도 맨 처음에 PC방 많이 갔어요. 제 동생도 PC방 진짜 잘 가요.

"그딴 데 왜 가냐? 돈 아깝게. 나 같으면 차라리 그거 모아 가지고, 맛있는 거나 사먹던가, 옷이라도 사 입겠다."

뭐 이런 말 많이 했거든요. 근데 그게.(웃음) 학교 다니면서 한 달도 안 되서 저도 PC방 가는 거예요. 아, 그래서 한국 사회라는 게 이런 사회였구나.(일동 웃음)


# 나의 비밀을 아는 몇 명의 친구들

**[내용 요약]**

한국 학교로 전학을 와서 김원태는 자기의 고향이 강원도라고 말한다. 그때는 원태의 사투리가 지금보다 훨씬 심했을 때여서 그중 몇 명의 친구들이 눈치를 채고 북한에서 왔냐고 묻고 북한에 대해 궁금해 하며, 학교생활의 어려움이 있을 때마다 원태를 도와준다. 원태도 마음을 열고 다가오는 친구들에게는 북한에서 왔다고 말해서 한 다섯 명의 친구와는 친하게 지냈다고 한다. 그리고 이제는 그때의 좋은 기억으로 성숙한 친구들에게는 북한에서 왔다고 말할 수 있을 것 같다고 한다.

**[주제어]** 전학, 사투리, 친구들

처음 학교에 갈 때, 전학을 가서 소개할 때 정확히 한겨레 학교에서 왔다고 안 했어요. 저한텐 처음에 학교 들어갔을 때 제일 좋았던 게 자기소개 안 하는 거였어요. 왜냐면 그때 전 사투리도 되게 심했거든요. 한겨레 학교에서 나온 지 바로 일 개월 만에 일반 학교에 들어갔어요. 그래가지고 북한 사투리가 막 나오고 해서….

솔직히 저는 한국말, 표준어 쓴다고 하는데, 옆에서 주위 사람들이 들으면 아니라고 해요. 한국말한다고 나름 하면, 같이 사는 애들이나 태영 삼촌이랑 아직도 사투리 나온다고, 심하다고 그래요. 그래서 학교에서는 수업시간에 책 읽을 때 빼고 말 안 했어요.

그러다가 짝꿍이랑 좀 친해졌어요. 착한 애들이 많은 거예요. 제일 친한 애한테는 털어 놓았어요.

"어디서 왔어?"

그렇게 묻는데, 제가 말할 때 사투리가 나오니까, 맨 처음에는 강원도에서 왔다고 했어요.

"솔직히 근데 북한에서 왔지?"

딱 이러는 거예요. 그래서 아, 애도 '뭐 좀 아는구나' 하고 털어 놓았어요. 제 생각에는 북한에서 왔으면 놀리고 그럴 줄 알았거든요? 근데 북한에서 왔다고 하니까, 애가 막 신기해하고, 북한에 대해 되게 궁금해 했어요. 놀 때 제가 할 줄 모르면 같이 챙겨주고 이러는 거예요.

'아, 이젠 밝혀도 나한테 그렇게 해 되는 건 없구나.'

그런 생각을 했어요. 그래서 중학교 때 제일 친한 친구들 다섯 명 있거든요. 다섯 명은 다 알아요. 전체는 모르고.

생각이 좀 깊은 애들은 어디서 왔냐고 물으면, 말해 줘도 '아, 그렇구나.' 이러고 말아요. 좀 그런 애들 있잖아요, 학교마다. 그런 애들한테는 그냥 안 말하고, 마음이 통하는 친구들한테 말하고 그래요. 마음이 좀 성장된 아이들한테는 말해도 그렇게 별 상관은 없겠다 싶어서, 이제는 북한에서 왔다는 걸 밝혀요. 처음엔 되게 숨기고 싶었는데, 걔네 때문에 이제 대놓고 말해도 될 것 같아요.

# 안녕하세요, 저는 함경북도에서 왔습니다

**[내용 요약]**

고등학교에 온 김원태는 친구들에게 당당하게 북한에서 왔다는 사실을 이야기한다. 북한에 대해 물어보는 친구들에게 서슴없이 이야기해 주었다. 사적인 이야기도 서슴없이 하고 동아리도 들어가며 본격적인 고등학교의 생활을 시작한다. 학교에 가면 내 집 같은 편안함을 느낀다는 원태는 자기의 친구들과 반이 너무 좋다고 했다.

**[주제어]** 고등학교, 사투리, 함경북도, 동아리, 반

제가 고등학교를 올라왔잖아요. 오리엔테이션 갔는데, 애들이 서로 어디서 왔냐고, 어느 학교에서 왔냐고 묻더라고요. 그때까지는 저도 모르게 가끔 북한 단어가 나와요. 저희 반에도 사투리 쓰는 애들이 한두 명 있거든요. '근데 넌 고향이 어디야? 어디야?' 이렇게 해가지고 저는 당당하게 말했어요.

"함경북도에서 왔다."

처음에는 북한에서 왔다고 하면 좀 그럴 것 같아서, 함경북도에서 왔다고 했거든요. 그러니까 애들이 '어디라고?' 한 세 번 반복해서 묻는 거예요.(일동 웃음) 진짜 북한에서 왔냐고, 근데 북한에서 왔는데 왜 북한말 안 쓰고 한국말 쓰냐고, 거짓말인 줄 아는 거예요. 진짜라고 하면서. 애들이랑 그래서 되게 빨리 친해졌어요.

그때 오리엔테이션 때 애들을 처음 봤거든요. 저 여행 다니느라고 학교를 못 나갔었어요, 방학 때. 오리엔테이션 하러 가서 처음 애들을 봤는데, 진짜 그렇게 친구를 빨리 사겨본 적 없었던 것 같아요. 그냥 그렇게 솔직하게 말하니까, 애들이 되게 신기했어요. 고등학교라서 그런지 애들이 좀 대하는 태도가 중학교 때랑 많이 다른

것 같았어요. 그래서 마음 편하게 대했어요. 뭐, 북한에서 뭐 이러이러한 것을 물어보는 친구들이 있기는 한데, 또 어떤 애들은 잘못된 편견이 있잖아요. 그럼 그거는 절대 아니라고 말해 줘요.

북한에서는 아직도 한국이 못 사는 것으로 생각하느냐고 그런 것을 물어 보기에, 저는 몇 년 전까지는 그런 줄 알았다고 했어요. 아무래도 저희는 국경지대에 살다 보니까, 가끔씩 일요일 같은 때는, 중국에서 나오는 중계 전파가 엄청 세요. 아무리 북한 중계가 한다고 해도 가끔씩 그 중계가 세니까 중국 것이 계속 왔다 갔다 해요. 그러면 그걸 보고 싶은 생각이 많이 들어요. 그래서 사람들 없을 때, 조금씩 보다가 한국에 대한 것도 많이 봤어요. 그런데 그게 대다수가 그런 건 아니에요. 저희는 솔직히 2km? 2km도 안 되잖아요, 거리가. 그러니까 그게 잘 잡혀서.

근데 또 재밌는 이야기도 하고, 또 남고니까 애들이 또 남자애들만 하는 그런 거 있잖아요.(웃음) 그런 말하면서 새벽 3시까지 안자고. 좀 많이, 되게 많이 친해졌고, 지금도 뭐.

중학교 때는 방송반 들어가는 친구가 없었는데, 고등학교 올라오니까 애들도 좀 그런 것 같아서 '동아리 하나 해야겠다.' 하는 생각도 들었어요. 그때 친구들이랑 많이 어울리고 그랬어요. 되게 편해요, 요즘에. 중학교 때보다 엄청, 엄청 많이 편해요. 집에 온 느낌. 학교 가면 집에 온 느낌 들어요. 애들이 되게 착해요.

저희 학급은 '일진' 같은 그런 게 없어요. (고개 저으며) 근데 신기한 건요, 저희 학급, 제가 들어가는 반마다 단합이 잘 되는 반이에요. 이번에도 오리엔테이션 갔을 때도, 경기 같은 거 하잖아요. 다 일등 했어요, 애들이 딱 뭉쳐가지고. 그게 제일 좋았어요.

# 앓는 몸으로 장사하시던 어머니와 벌이가 시원치 않았던 아버지

**[내용 요약]**

김원태는 북한에서의 아버지와 어머니 사이는 나쁘지 않았다고 말한다. 하지만 작은 갈등으로 돈의 문제가 있었다고 한다. 엄마는 아픈 몸을 이끌고도 돈을 벌고 싶어 했는데, 아버지는 직장을 다니면서도 돈벌이를 못했다고 한다. 그러다가 아는 사람이 회사를 차려서 들어가서 일을 하며 배급을 받아 타먹어서 괜찮은 삶을 유지했는데, 뇌물을 주지 않고 배짱 있게 버티던 탓에 회사가 망했다고 한다. 그리고 아버지는 회사를 다시 옮긴다.

**[주제어]** 돈벌이, 장사, 포도당 회사, 소나무, 금산봉 회사, 국제련합(국제연합), 배급, 물 검사

북한에서 엄마와 아버지 사이가 그렇게 나쁘지는 또 않았어요. 북한에서 아버지가 직장 다니는데 돈 돈벌이를 못하는 거예요. 엄마도 앓는 몸에 장사를 하는데, 시장에 앉아서 하는 장사가 아니에요. 청진이나 회령 같은 데서 물건을 싸게 야매해요. 엄마는 시장에서 사온 물건으로 조금 돈을 불려서 시장에 넘기고, 시장에 소매를 해서 가격을 더 붙여가지고 팔리거든요. 그런데 엄마가 한 달에 두 번 정도는 해야 돈을 좀 벌 수 있었어요. 엄마는 아프면서도 그렇게 하는데, 아버지는 직장에서 아무것도 못하셨어요. 직장에 아침 7시에 나가면 저녁 10시에 들어오고, 아무 돈도, 월급도 안주는데 일만 그렇게 한단 말이에요.

그때 포도당 회사라고, 링겔 같은 거 있잖아요. 그 회사가 새로 생겼어요. 그 사장이 저희 아버지가 원래 살던, 저희 친할아버지네

랑 같은 동네에 살던 사람이에요. 그러니까 아버지보단 동생이에요, 여자에요. 아무튼 그 집 할아버지랑 저희할아버지가 되게 친하고 그랬어요. 북한에 있을 때 저희 할아버지가 군관이니까, 여기로 말하면 장교에요. 장교니까 TV가 있었어요. 김정일인가, 김일성인가 선물해 준 그런 TV가 있었어요, 소나무라는 TV가. 한국에서 보내주면 북한에서 조립하는 그런 TV가 저희 친할아버지네 집에 있었어요. 동네에선 하나도 없었거든요. 그 TV 나오는 시간이면 저희 할아버지 집에 TV 보러 오는 사람 중에 한 명이었는데, 그 사람이 회사를 차렸어요. 아버지가 그 회사에 들어갔어요. 그 회사가 망할 거라는 생각은 못했거든요. '금산봉회사'나 '국제련합'이라는 그런 회사가 있었거든요. 그런 회사들은 망할 정도는 아니고 그냥 잘 되는 회사예요. '거기가 괜찮겠다.' 해서 엄마가, 엄마도 잘 알아요, 그 사장이 언니라고 잘 따르고 그랬어요. 그래서 엄마가 말해가지고 저희 아버지를 받아줬어요.

저희 아버지는 보일러 있잖아요, 불 때는 보일러. 북한에 특이한 거는 김정일이랑, 김일성 연구실이 따로 있어요. 초상들 모시고 거기다 뭐 걸어놓고 온도조절 하면서. 보일러 하면서 그런 불을 때는 거예요, 아버지. 포도당을 끓이려면 그거(불이) 있어야 되잖아요.

그래서 저희 아버지가 그 일을 했는데, 한 명 가지고는 모자라잖아요. 그래서 한 다섯 명을 더 받았어요. 아무래도 친분이 있으니까. 아버지는 반장을 하고, 다른 사람들은 직원으로 해가지고. 솔직히 아버지가 일 안 하고 시켜먹는 그런 걸 좀 했어요. 거기는 월급은 안 줘도 배급은 나왔거든요. 본사가 중국에 있어서 중국에서 기계 다 들여오고 검사까지 하고, 거기서 한 달에 배급은 쌀로 20Kg씩은 받았거든요. 그렇게 받았는데 아무튼 되게 좋았어요.

그런데 그 회사가 망해버렸어요. 검사 어쩌고 해가지고. 북한은 검열 내려온 사람들한테 담배도 보루 째로 고이고, 돈도 고이고 하면 괜찮은데. 사장이 저희랑 잘 알았어요. 저희도 이모라고 따라다니던 그런 사람이었는데, 좀 성격이 되게 막 쿨한 시원시원한 사람이고, 그런 거 안 해도 된다고 그런 사람들 오면 '당신들이 뭔데 남에 회사에 와서 그런 걸 하냐.'고 하는 배짱이 있는 이모에요. 그러다 그 회사가 망했어요. 그래서 아버지가 '국제 연합'이라는 회사로 또다시 옮겼어요.

## 어머니의 탈북 동기

**[내용 요약]**

김원태의 엄마는 육백이라는 회사에서 사람들이 훔친 철을 모아둔 것을 싸게 샀다. 그리고 그것을 다시 중국에 되팔기 위해 그것들을 마당에 숨겨 놓았다. 하지만 아빠가 예전의 자기의 선생님에게 사실을 말해버리고 신고를 당한다. 이런 사건이 있을 경우, 평양에서는 소위 '암행어사'라고 하는 사람들이 내려와 검열을 하고, 감옥에 3년 정도 가게 된다. 그래서 김원태의 엄마는 원태의 동생 원정이를 데리고 중국으로 도망간다.

**[주제어]** 선철, 검열, 감옥, 중국

그땐 이미 엄마가 중국으로 갔어요. 왜냐하면 엄마가 나쁜 일, 아니, 나쁘진 않죠, 먹고 사는 일인데. 엄마가 선철이라는 것을 중국에 들여보내는 일을 했어요. 초창기에는 그걸 여기에서만 몇 Kg씩 떠가지고 파는 그런 일밖에 안 했는데, 회사가 하나 생기면서 달라졌어요. 육백이라는 회사는 그런 철을 가공해가지고, 중국에 들여보내는 그런 회사에요. 사람들이 그걸 훔쳐보니, 그게 돈이 되는 거예요. 그게 하나에 25kg짜리인데, 두 개 연결하면 50kg예요. 잘 나가면 막 80kg 그런 것도 있는데, 그런 걸 훔쳐다가 개인 집에다가 파는 거예요. 그러면 그 집에서 그걸 싸게 사요. 1kg에 250, 300, 비싸면 400이거든요. 25kg만 벌어도 하루 먹고 살 돈은 되요.

그런 걸 이제 싸게 돈 받고 사가지고, 엄마가 한두 톤인가, 한 톤 반인가를 받아 두었어요. 그 포도당 회사가 망하기 전에 마당이 있으니까, 회사에 그것을 쌓아놓았어요. 거기서 나는 석탄재로 덮어놓고, 거기는 눈이 많이 오잖아요. 눈이 한 이 만큼 왔을 때 덮어졌어요. 검열 나왔을 때 석탄이 많으니까 석탄재인 줄 알았는데….

저희 아빠의 선생님, 스승이죠. 남양중학교 아빠도 그 중학교 나왔다고 하는데. 어차피 그 선생님도 교원 그만하고 집에서 할 일 없고 하니까, 그 회사 경비원으로 지냈어요. 그냥 선생님 겸 배급도 조금 주면서 하니까 서로 좋잖아요. 그런데 그 선생님이, 아버지의 선생님이 그걸 말해버렸어요. 윗집에서 그거 몰래 한다고 말해버렸어요. 그래서 그걸 다 뺏겼어요, 그걸. 그걸 사서 다음날 트럭이 와서 싣고 가야하는데. 그걸 말해 버려가지고.

아빠가 그 선생님한테 담배 한 갑이라도 주면서 말하지 말라고 했으면 괜찮을 것 같은데, 그것 때문에…. 그런데 저희 아빠가 그런 걸 되게 싫어해요. 남한테 막 가서 아첨피우고, 그런 짓을 되게 싫어해요. 엄마도 아빠가 그런 걸 안 했다고 좀 많이 다투고 그랬어요. 평양에서 직접 내려와서, 옛날로 말하면, 암행어사 같은 그런 계급을 가지고 있는 사람들이 검사 내려오거든요. 그런데 운 나쁘게 잡히면 감옥에 한 3년을 갔다 와요. 거기 3년 동안 갔다 오면 거지되잖아요. 그래서 엄마가 중국에 도망갈 생각해가지고, 동생 원정이 데리고 중국 왔어요.

# 아버지에 대한 작은 마음의 응어리

**[내용 요약]**

김원태의 아버지는 북한에서 나올 생각이 아예 없다고 했다. 아버지는 젊은 시절 조선노동당의 당원으로 활동했기 때문에 사상이 견고하다고 했다. 한국에 와서 1년 정도 지나고 아버지와 통화를 할 수 있게 되었는데, 별로 할 얘기가 없었고 동생 원정이가 많은 시간을 얘기했다. 한국에서 아버지처럼 일을 하면 북한보다 훨씬 돈을 많이 벌 수 있기 때문에, 엄마도 아버지를 데려오고 싶어 하셨다. 하지만 아버지는 이미 북한에서 새장가를 가서 아이를 낳고 살고 있었다.

**[주제어]** 조선노동당, 당원, 생활총화, 전화, 새장가

아버지는 탈북할 생각을 안 했어요. 아버지가 북한에 있을 때 스물두 살에 조선노동당에 들어갔어요. 당원이어서 27세 그때쯤에 학교 졸업해서 4년만인가? 군대 가서 바로 당에 들어갔어요. 그렇게 해서 아무래도 사상을 많이 갖고 있었죠. 거기는 생활총화라는 것도 매달 이삼 주하거든요. 생활총화도 하고, 당 총회도 하고 그런 게 많으니까. 아무래도 그런 인식이 많이 꽉 차 있어가지고 그럴지도 모르죠.

제가 왔을 때 와서 한 1년? 그때 아빠하고 전화통화 했어요. 사람 시켜가지고, 돈 주고. 한국에서 돈을 붙여요. 중국 사람한테 계좌로 붙이면 그 중국 사람이 또 북한에 전화기 가지고 있는 화교 있잖아요. 중국에도 집 있고, 북한에도 집 있고 그런 사람 있잖아요. 그 사람한테 돈 주고 전화했어요. 저는 솔직히 아빠에 대해서 좋은 기억이 그렇게 많이 없어요. 전 별로 싫어하는데. 그런데 제 동생 때문

에…. 아빠랑 그렇게 좋은 기억은 없어서, 통화가 되도 그냥 말 많이 안 했어요. 동생만 말 많이 했어요.

엄마도 아버지 데려오고 싶은 생각은 많이 해요. 아버지가 부지런하고, 일 열심히 하고. 북한에서 피땀 흘리며 일해도 배급 하나 쌀 하나 안주는데. 여기 와서 아버지만큼 일하면은 적어도 200은 벌 수 있어요. 되게 열심히 일하고 성실하게 일하는 타입이라서 많이 벌 꺼예요. 술도 잘 마시셔서 회사 같은 데 취직하면 돈 많이 벌 것 같아요. 왜 회사 같은데서 술 잘 마시면 친구들 많이 늘어나잖아요. 전화 했을 때 물어보지는 않았지만, 아버지는 북한을 나올 생각이 없어요. 새엄마랑 결혼해서 아이까지 낳았다는 소식을 들었어요. 기분이 좋지는 않았어요.

북에서도 엄마랑, 저랑 동생이 나온 거를 다 알아요. 이제, 엄마가 동생이랑 왔을 때는 불이익이 좀 있었어요. 근데 거기서는 남편이나 아내가 나가서 3년 동안 안 돌아오거나, 도주해서 안 돌아오면 자동 이혼이 되요. 저는 그 집, 아버지네 집 족보(호적)에서 제 적을 뗐어요. 그러니까 저는 와도 상관이 없죠. 그래서 피해가 덜 가요. 근데 대신에 저희 외할머니네 집은 온다고 해서, 외할머니도 중국에서 10년 살다가 한국으로 오려는데, 오다가 잡혀가지고 지금은 감시대상이에요.

## 할머니와 함께 했던 탈북 시도와 당의 감시

**[내용 요약]**

김원태는 할머니 집에 있을 때, 집에서 자꾸 이상한 것들을 발견하게 된다. 여자만 사는 집에 보위부 옷을 입고 있는 남자가 있는 것을 보거나, 집에서 그전에 있지 않던 구멍들이 생기는 것을 보게 된다. 그리고 시장이나 동네에서도 누군가가 자꾸 따라다니는 것을 눈치 챈다. 할머니는 손자의 말을 잘 믿지 않고 무리한 탈북 시도를 하게 되는데, 결국 붙잡히고 만다.

[주제어] 개털 슈바, 낙동캐, 보위부, 도청장치, 지프차

한 번은 할머니랑 저랑 한 번 시도를 했었어요. 근데 잡혀가지고. 그게 제가 할머니 고집을 꺾을 수 있었으면, 그때 꺾었으면 저희 안 잡힌 거거든요. 할머니 고집이 장난이 아니에요. 그때 오려면 엄마네서 받은 글이나 전화번호나 주소를 다 태워버리잖아요.

북한의 문이 나무로 이렇게 툭툭- 해가지고 옹지구멍(옹이구멍)이 있어요. 제가 모르고 푹 쳤는데, 빠졌어요. 바람이 숭숭 나오고. 그 구멍을 가끔씩 그냥 장난삼아 내다보는데, 할머니네 그 쪽 주택은 한 동에 두 세대밖에 없어요. 축축축- 두 집씩 있는데, 쭉 내다봤는데, 그 앞집에는 남편이 청진에 낙지 잡으러 갔다가 실종됐어요. 그 집에 시어머니랑 며느리밖에 안 살거든요. 근데 남자가 있는 거예요. 창문에 이렇게 개털, 북한에 보위 군대 장교들이 입는 개털 슈바가 보이는 거예요. 그때까지는 눈치를 못 챘어요. 근데 문 열고 나가려고 했는데 그게 없어진 거예요. 어, 이상하다 분명 봤는데, 내가 잘못 봤나 했죠.

이렇게 문이 있으면 집 옆에 화장실이 있어요, 밖에. 뒤에 가면 감나무 있고, 불태울 수 있거든요. 조금 막아놨는데, 거기도 제가 뽑아가지고 구멍을 만들었어요. 삭- 봤는데, 되게 이상한 거예요. 일단 다 태웠어요. 태우고 일부러 발자국소리를 크게 냈거든요. 그리고 할머니한테 가서,

"할머니 집에 도청장치가 있는 것 같아요. 저희가 말한 걸 동네사람들이 다 알아요."

글로 썼어요, 글로. 그래서 북한에서 노는 카드 있어요. 한국에서는 뭐라 그러지? 낙동캐라고 불리는 북한에서 노는 카드놀이가 있는데 거기(앞집) 가서 그거나 좀 하고 계시라고. 왠지 느낌이 이상해서, 내가 할머니 안 와서 배고파서 밥 먹자고 데리러 가는 것처럼 하면, 개가 짖으면, 거기 아랫방, 윗방 있어요. 거기 올라가서 보겠다고 했는데 근데 그게 마침 계획적으로 된 거예요.

근데 진짜 그 집에 들어갔는데, 할머니가 중국에 와있으면서 머리 미용하는 거 있잖아요. 그런 기술도 배워서, 동네 애들 다른 데 나가 머리 깎으러 나가면 500원씩 받거든요? 할머니는 200원씩 받고 그렇게 머리도 깎아 주고. 사탕도 팔고, 껌도 팔고 그랬어요. 그런데 제가 가서 할머니한테 그런 거라도 좀 하면 할머니가 심심하지가 않았어요. 저희 쪽에는 그런 게 되게 많거든요. 그런데 아닌 게 아니라 애들이 많으니까 그게 잘 팔리는 거예요. 담배도 갖다놓으면 여기는 갑 채로 팔잖아요. 거기는 한 개피 두 개피 이렇게 팔수도 있어요. 그런 것도 제가 말을 할머니한테 말씀드려가지고, 이런 것도 하면은 되게 심심하지도 않고 돈 벌 수 있다고 말해가지고, 할머니가 조금씩 했는데 담배는 안 팔았어요. 제가 훔쳐 필까봐.(일동 웃음) 담배는 안 팔고.

하여튼 그 집에 딱 갔어요. 할머니가 갔는데 한 30분 지나서 한 12시쯤 되가지고 제가 배가 고프다는 핑계를 대고 딱 들어갔는데 그게 담배냄새가 나는 거예요. 남자가 없는 집인데. 할머니도 그게 이상하게 느껴지면서 아무튼. 들어가서 그런 말을 했대요.

"며느리의 남동생이 왔다 갔다."

그런가 보다 하고 그 집에 신발 벗고 들어가는 순간 개가 짖어요. 할머니네 집에 개를 키웠거든요. 개가 짖는 거예요. 할머니가 사탕도 팔고 미용도 하니까 그거 사러 온 사람이에요. '누가 왔나?' 하고 윗방 올라가서 내다보고 뒤를 딱 돌아봤는데, 그 사람이 구석에 있잖아요. 옷걸이가 이렇게 거는 옷걸이 작은 거 있잖아요. (몸을 웅크리며) 이러고 있는 거예요.(일동 웃음) 제 판단이 맞은 거예요. 평상시에 이렇게 하고 있으면 모르겠는데, 숨으려니 발뒤축을 들고 있는 거예요. 얼마나 다리에 쥐가 오겠어요. 어쩌는지 보려고 10분 동안 거기 안에 있었거든요. 그랬더니 꼼지락 꼼지락 하는 거예요. 모르는 척 했죠.(웃음)

"아, 이 집에 개털 슈바도 있네."

그 사람이 들으라고 말했어요. 솔직히 우리는 그때 갈 마음이 있었긴 했는데 그렇게 확실치는 않았어요. 왜냐면 가다 또 잡히면, 또 미행 붙고 하니까. 그런데 가기도 전에, 시도하기도 전에 미행이 붙은 거예요. 도청장치가 있으니까, 저희 집에서 말하는 게 들려가지고 그 다음날에 온 거예요. 그래서 괘씸해서 (눈 부릅뜨며) 이렇게 그대로 있었어요. 아까운 시간 보내기도 그렇고 해서, 할머니한테 나가서 밥 먹자고 했어요. 집에 들어가서 말하면 도청되거든요. 할머니랑 밖에 가면서 미행 붙었다고, 저 안에 사람 있다고, 내가 봤다고 하니까, 할머니가 안 믿는 거예요.

그 사람을 어떻게 또 봤냐 하면요, 할머니랑 나랑 가기 전에 시장에 갔다 왔어요. 저녁에 반찬거리도 없고 해서 시장에 갔다 왔는데, 북한에 가면 영흥강이라고 강이 하나 있고 또 있어요. 거기에 초소가 있거든요. 쭉- 갔는데 그 개털 슈바 입고 키도 그만하고 얼굴 생김새도 그런 아저씨랑 담당 보위지도원이랑 같이 세 명이 서 있는 거예요. 근데 한 사람이 키 작고 얼굴 좀 작으면서 동그란 사람이 낯이 익는 거예요. 개털 슈바 입고. 옷이라도 바꿔 입었으면 그냥 지나치겠는데, 그게 어딘가 모르게 계속 찔리는 거예요.

가면서 할머니한테 나 저 사람 봤다고, 아까 그 앞집에 봤던 사람이라고 했는데, 거기에서 뒤돌아보면 좀 그렇잖아요. 그런가보다 하고 갔다가 오는데, 그때도 거기 있는 거예요. 저 사람이라고 할머니에게 보라고 막 했어요. 그리고 일단 집에 들어가서 이상한 말막 했어요. 집에 방 쓸고, 일부러 평상시처럼 할머니 잔소리 막 해대고. 일부로 들으라고, 도청되고 있으니까 그랬어요.

그러다가 한 아홉 시쯤에 문 잠그고 나왔어요. 그렇게 나와서 버스를 탔는데, 여기서는 지프차 있잖아요. 북한에는 그런 사람들이 지프차 아직도 타고 다니는 사람이 많거든요. 이렇게 쭉 가고 있는데 학교주변이에요. 골목에서 그렇게 쭉 가고 있는데 갑자기 뒤에서 앞질러 지프차가 쭉 지나가는 거예요. 그런데 그거면 무조건 군대아니면, 보위부사람들이에요.

설마 거기까지 따라오겠냐고 생각을 안 했거든요. 근데 제가 함흥역까지 버스를 타고 갔어요. 갔는데 그 사람이 또 거기 있는 거예요. 일단 그 아저씨를 만났어요. 역 대합실에서 어느 좌석에 앉아있는데 그 아저씨한테 미행 붙었으니까,

"아저씨 가."

그렇게 말했어요. 그때 마침 달도 없고 시커먼 밤이었어요. 그 사람들이 그 사람 얼굴을 못 봤어요, 보위부 사람들이 그 사람을 추격전했어요, 그 사람들이랑 저랑. 일단 대합실을 나와서, 시커머니까 그 사람은 안에서 나오자마자 바로 밖이 잘 안보이잖아요. 한 10m밖에 나왔는데 그 사람들이 또 나오는 거예요. 이쪽은 거의 다 골목이거든요. 골목인데 이쪽으로 들어갔다 이쪽으로 들어갔다 했는데 왠지 수상한 거예요. 그러다가 식당 거기는 저녁 늦게까지 하거든요. 식당 들어가서 밥 먹고 나오는데 스타렉스 같은 그런 봉고차 있잖아요. 그 뒤에 머리 같은 게 있는 거예요.

제가 가면서도 계속 이렇게(힐끔힐끔 보는 척) 했거든요. 일단 '그 아저씨를 무조건 보내야 겠다.' 해서 무조건 보냈어요. 미행 붙었으니까 못 떠나잖아요. 금양 다시 갈려고 버스에 탔는데, 그 아저씨가 잡으러 온 거예요, 7시에. 같이 갈 데가 있다고. 그래서 그때 마침 또 2월

16일인가, 4월 14일인가 됐거든요. 그 전 전날에 잡혀서 갔어요.


## 뻔한 수법의 자백 권유, 순진했던 할머니

**[내용 요약]**

할머니와 붙잡혀 간 김원태는 조사를 받으며 그들이 영화에서나 나오는 뻔한 수법으로 자기에게 진실을 말하게 하려는 것을 눈치 챈다. 그래서 휘둘리지 않고 끝까지 아무 말도 하지 않고 모르쇠로 일관하지만, 순진했던 할머니는 모든 걸 얘기한다. 그때 떠나지만 않았어도 할머니와 함께 나왔을 수 있었다는 아쉬움을 토로한다.

**[주제어]** 조사, 심리, 자백, 고깃국, 비디오


근데 맛있는 거 많이 사주는 거예요, 그 사람들이. 그 사람들이 맛있는 거 사주는 이유는 한 가지예요. 조사 그거 불라고. 맛있는 거 사주면 그런 의미예요. 제가 영화를 러시아영화나, 중국영화를 많이 봐가지고(웃음) 그런 거를 많이 알거든요. 계속 그렇게 하는 거예요. 솔직히 그런 거 초등학생이나 그런 애들한테나 해야 먹히는데 그거를 그렇게 하는 거예요. 러시아 영화나 중국 영화나 딱 보면, 잡혔어요, 두 명이에요, 그러면 이 사람한테,

"저 사람 불었으니까 니만 불면 나간다."

이런 수법이 많아요. 근데 그런 수법을 쓰고 있는 거예요. 영화에서나 나오는.

그래가지고 거기 들어가서 족쇄는, 수갑은 안채우고 일단 가서 보위부 안에서 할머니랑 저랑 방 떨어뜨리고 조사하는 거예요. 종이에다 쓰래요. 함흥 거기 왜 갔냐고. 근데 가기 전에 다 짰어요. 할머니

가 제가 장사하라는 이유도 그거거든요. 물건 그거 해가지고. 그래서 그거(물건) 사러 갔는데 '왠지 누가 뒤에 따라 붙는 거 같아서 그냥 돈 그때 뺏길까봐 할머니 돈 30만 원을 다 뺏길까봐 왔다' 그렇게 완벽하게 말을 했어요. 그때 돈 다 뺏겼어요. 거기서 돈 다 뺏거든요. 지네가 다 저녁에 술 사먹고 막 다 써버려요. 담배 사피고.

하루 지났는데 계속 그 말만 하는 거예요. 또 지나는데 그 말만 하는 거예요. 근데 이제 더 이상 조사할 그런 건더기가 없으니까 나가는 날에 이런 수법 쓰는 거예요.

"네 할머니가 다 불었으니까 너만 말하면 나갈 수 있다."

그때 명절이라고 밥이랑 고깃국 끓여주는 거예요. 그냥 맛있게 먹었어요. 그랬더니,

"너 여기서 이렇게 맛있는 것도 주는데 안 부냐?"

"아니, 불 게 있어야 불지 않나?"

그랬더니 북한에는 그런 게 있다는 거예요. 거짓말(탐지기) 그런 거 있다는 거예요.

"그럼 그거 해라. 그거 하면 될 거 아니냐."

그런데 그게 사람의 심리 그런 거잖아요. 그게 절대적으로 진실한 것은 아니잖아요. 중국 영화나 러시아 영화 그런 거 보면 다 나오거든요.(일동 웃음) 근데 그게 진짜가 아니니까 그거를 실행을 못하는 거예요.

그런데 할머니는 늙었고, 연세가 좀 있으니까 할머니한테 이 방법을 쓴 거예요. 제가 불었으니까 할머니만 말하면 나간다고. 할머니가 말한 거예요. 그래가지고 하루 더 있어가지고. 그냥 어쩔 수 없이,

"그 사람이 돈 준다고 해서 만났다"

그렇게 또 거짓말 쳤어요. 진짜인 줄 알고 믿는 거예요. 할머니가 나오자마자,

"이런 미친놈, (손가락으로 가리키면서) 그런 걸 말하면 어쩌냐!"
난 어이가 없어가지고,

"할머니가 그렇게 말한 거지, 난 절대로 말 안 했다."

할머니한테 CD플레이어가 있어요, 그거 사놓고 (있다는 게 아니고 있다고 가정하는 맥락) 할머니한테 러시아영화나 중국영화 빌려가지고 보여 주겠다고 그랬거든요. 그걸 산다 산다 했는데 못 샀어요. 그때 자전거도 엄마가 보내준 돈으로 일본자전거, 이 가름대 없는, 여자들이 타고 다니는 거 있잖아요. 그런 게 좀 유행이었거든요, 있어 보이고. 16만 원주고 샀는데 4만 원 주고 팔았어요, 진짜 아깝게. 가지도 못하고. 아무튼 할머니 때문에, 할머니 고집 때문에 힘든 일이 재밌으면서 힘든 일이 좀 많았어요.

저희는 국경이라서 가끔씩 못 보게 되는 비디오 같은 것들 많이 접해요. 공식적으로 보게 된 것은 중국의 형사들 그런 영화나, 정신적으로 법 같은 거를 심어주기 위해 많이 하거든요. 그런데 거기에서 그런 게 나와요. 만약 두 명이 잡히면, 만약 도둑놈이 잡혔어요. 은행 털다가 이런 도둑놈이 잡혔는데, '재는 불었는데 너만 불면 나간다.'는 이런 수법이 너무 많은 거예요. 그래서 초등학교 애들은 그런 영화에서 나오는 거 따라하고 그런 것도 많이 하거든요.

아무튼 북한에서 정지된 그런 비디오나 이런 거 많이 보면, 저희 쪽에는 몰래 볼 수 있는데 가끔씩 안전원들도 보거든요. 같이 보고 하는데 함경남도나 국경이랑 좀 멀리 떨어진 데는 그게 진짜 줄 알고 그걸 믿는대요, 아직도. 아직 완전하게 개방이 안 되가지고.

그때 그것만 아니었어도, 그때 안 떠나고 그 다음 다음날에 떠났었어도 잡힐 일은 없었을 것 같은데, 할머니랑 같이 나왔을 수 있었을 텐데.

# 외삼촌이 알려 준 북한 가족 소식

**[내용 요약]**

김원태의 할머니는 김원태가 탈북한 후, 북한의 정치범수용소 중에서도 가장 악덕중의 악덕인 여덕수용소에 들어갔다고 한다. 가끔 삼촌으로부터 북한의 소식을 듣고는 하는데 알코올 중독이었던 할아버지는 아편을 먹고 사망했다는 이야기를 듣는다.

**[주제어]** 정치범 수용소, 여덕수용소, 알코올중독, 아편

지금은 할머니가 제가 와서 여덕수용소에 들어갔다고 하던데요. 여덕수용소 있잖아요. 거기 함흥에 있는 정치범들이 들어가는 수용소 중에 여덕수용소가 제일 세거든요. 할머니네 있는 그 쪽에는 여덕수용소가 그거랑 하나 또 있는데, 정확히 잘 모르겠는데…. 겁주려고 그러는 건지, 아니면 진짜 여덕수용소에 들어갔는지, 아님 다른 수용소에 들어갔는지 그건 정확히 모르겠는데, 아무튼 그런 수용소에 들어갔대요.

엄마가 북한에 삼촌이 계시잖아요. 삼촌이 북한 정세 가끔씩 알려주고 그래요. 외할아버지도 사망했다고. 살기가 되게 힘들고 할아버지가 알코올중독이에요. 술을 좀 많이 마시다 보니까, 술을 조금만 못 마셔도 손 떨고 되게 힘드니까. 그 할아버지가 아편을 먹고 사망했다고. 그런데 그때 제가 분명히 제가 아편을 숨겨놨거든요. 할아버지가 집에서 아편농사를 집에서 한 열 대 정도를 해요. 그러면 진 이렇게 모아가지고 요만한 약 있잖아요, 주사 넣고 쭉 수액 넣고 그런 통에 이만큼 있었는데 분명히 숨겨놨는데, 그걸 어디서 찾았는지 모르겠어요. 외삼촌이 그러는데 아편 먹고 돌아가셨다고.

# 북한의 마약 이야기

**[내용 요약]**

김원태는 북한에서 마약은 개인이 팔 목적이 아닌, 소량으로 하는 것은 묵인하는 눈치라고 했다. 북한에서는 또 아편농장이 따로 있는데 개인은 금지지만, 다른 나라에 팔기도 한다고 했다. 뼁드, 돌비닐이라고 하는 것도 있는데, 어른들은 밀수를 하며 돈을 버는 것 같다고 얘기했다. 그러면서 점차 국가에 대한 충성도가 낮아지고 있다는 생각도 말했다.

**[주제어]** 마약, 아편, 뼁드, 함흥 의대, 돌비닐, 밀수

팥 있잖아요. 작은 빨간 팥 조만한 거. 그거보다 반해서(반 잘라서) 되게 피곤하거나 속이 안 좋을 때 약으로 쓰는데. 과복용 시는 사망하는 것 같아요. 여름에는 거의 장마가 많이 오고 하니까, 사람이 왜, 북한은 대부분 상추나 배추나 식물 같은 거 심어서 먹거든요. 그거 먹으면 비 많이 맞고 그러면 안 좋잖아요, 아무리 씻어서 먹는다 해도. 그러면은 아편 10대정도 심어요. 이파리 뜯어서 쌈 싸먹는 게 그런 거죠.

근데 저희 쪽에서는 잡아가는데, 개인집에서 5대나 10대 하는 거는 봐주는 것 같아요. 근데 저희 할아버지 동네는 거의 다. 북한에는 아편농장이 또 따로 있어요. 아편농장 봤는데 엄청 되게 많아요. 흰 꽃이 쫙 펴가지고. 그거로 돈 버는 거 같아요, 북한은. 그게 뭐 다른 나라에 팔고 그러면서 개인은 마약 못하게 막아.

그 있잖아요, 펑든가 하얀색. 북한에서 뼁드라고도 하기도 하고, 얼음이라고도 하거든요. 하얀색인데 투명한 그런 성질이 있어요. 얼음이라고 하기도 해요. 얼음처럼 그렇게 해서. (코로 부는 시늉) 그

이렇게 홈. 그거를 중국에다가 많이 파는 경우가 있어요. 북한서 직접 복용하는 사람도 가끔 있고 제가 봤어요. 그거 하면 기분 되게 좋대요. 속이 안 좋고 할 때 그거 하면은 약 효과가 있긴 한데 많이 하면은 마약이라고. 마약보다는 좀 아니고, 약이라고 하기에는 좀 아닌.

함흥 의대 다니는 사람이 만들어냈대요. 그게 함흥에서 쫙 퍼져 가지고, 평양에서 사는 사람도 그거 하는 사람도 있고요, 청진 쪽에 들여와서 중국에 파는 사람도 있고요. 그런 사람 많이 있어요. 이런 돌비닐 같은 거 있잖아요. 돌비닐이 뭐냐면 변압기 만들면 감는 합선이 안 되게, 전기 안통하게 하는 그거. 그런데 올려놓고 밑에 라이터불 올려놓고 녹으면 그 연기 이렇게 코로도 하고 입으로도 하고. 저 한 번 해 보겠다고 하니까 키 안 큰다고.(일동 웃음)

어른들이 밀수를 많이 하는 것 같아요. 어른들이. 팔면서 한 요만큼씩. 그걸 녹여가지고 진짠지 가짠지도 알아보고. 그렇게 막 꼭 김정일한테 충성한다는 그런 개념은 점점 사라지는 것 같아요. 점점 밀수하는 사람도 늘어나고 있어요.


## 북한에서도 외국의 문화를 접할 수 있다

[내용 요약]

공식적으로 외국만화 같은 것은 더빙이 되어 접할 수 있다. 국경지대에 사는 사람들 중에는 중국의 컴퓨터를 다룰 수 있는 사람이 많아 공식적으로는 금지인 영화들을 자막을 가지고 볼 수 있다. 반면, 김원태는 함경남도의 할머니 댁에 갔을 때, 사람들이 CD플레이어가 뜨거워지는 게 무서워 3시간만 되도 꺼버리는 것을 보며 두 지역의 차이를 느낀다. 가끔 한국의 기사들이 바람에 날려 오기도 하는데 불법이기 때문에 몰래 봐야 한다.

김원태는 북한의 학교에서 한국은 못 사는 나라고 도와줘야 한다고 배웠다. 그런데 TV에서 우연히 한국 드라마를 보게 된다. 멋진 빌딩과 차가 많았고, 같은 언어를 쓰지만, 다르게 생긴 사람들을 보면서 신기함을 느낀다. 북한에서는 대한민국이라는 말을 안 쓰고 남조선이라고 부르는데 예전에 노란 쌀 포대에 대한민국이라고 쓰여 있던 것을 기억하고 북한이 한국으로부터 도움을 받고 있다는 사실을 알게 되었다고 한다. 그리고 가끔 친구들이 중국 TV에 대해 살짝 언급하는 것을 보면서 다들 몰래 외국의 문물을 접하고 있다는 것도 눈치 채게 된다.

[주제어] 하나전자, 목란, 조선영화사, 외국영화, 외국잡지, 남양, 한국 TV, 교육, 방송국, 미우나 고우나, 노란 쌀 포대, 조선중앙채널, 007

아, 그거 공식적으로 보게 된 것들 많아요. 자막으로. 그런 것들이 TV로도 나오는데 하나전자나 목란이나 이런 영화, 조선영화사 그런데서 외국만화나 신데렐라나 이솝이야기 그런 거를 더빙하는 것도 있어요. 더빙도 있고 영화 같은 거는 더빙 하는 거도 있어요. 자막 좀 대부분 많아요. 근데 그게 중국에서 도문시는 조선말도 쓰고 중국어도 쓰잖아요. 밀수하는 사람들은 중국 컴퓨터할 줄 아는 사람이 많으니까 그런데서 아무래도 중국 영화나 러시아 영화나, 북한에서 공식적으로 볼 수 없는 그런 영화들은 자막이라든가 그런 거 해가지고 볼 수 있죠.

근데 제가 함(경)남도에 갔는데 저희는 아무래도 국경지대니까 많이 보고 하는데 그런데 가니까, CD플레이어 있는 집도 많지도 않고 즐겨보는 사람도 없고. 저희 같은 경우에는 하나 영화가 새로 나왔다 하면 1부부터 몇 십 회까지 있다 하면 밤새면서 며칠 동안 보거든요. 할머니네 쪽에 가니까, 그게 끝나면 어디서 듣긴 들었는지 CD기 열 받으면 안 좋다고 해가지고 열 받으면 끄고 막.(웃음) 근데 어른들만 그러는 게 아니고 애들도 막 그러는 거예요. 아무리 이틀 동안 봐도 고장이 없는데 세 시간 켰다고 이제 그만 봐야 된다고, 그런 게 좀. 그래서 '우리 쪽에서 사는 사람들이 여기 들어와서 이런 거 가르쳐 주면 되게 좋겠다.'는 생각도 많이 들었어요.

그쪽에서 잡지는 못 보고요. 신문 같은 건 중국신문인데 한 면은 중국어로 써 있고 한 면은 조선어로 써 있고. 한국기사 같은 것들. 바람에 날려 오는 것들이 있어요. 그런데 그런 거 보다가 걸리면 좀. 대부분은 사람들이 안 보려고. 몰래 가져와서 집에서 혼자 있을 때나 보고. 제가 남양에 있을 때는 한국에 대한 그런 거는 못 봤어요. 근데 함남도, 할머니네 집인 금양에서는 한국통로가 잡히는 거예요. KBS랑 MBC가 잡혀요. 그래서 '6시 내 고향'도 보고 '전국노래자랑'도 보고 '동물의 왕국'도 보고. 그때 한참 유행했던 드라마는 여덟시 반에 하는 MBC인가? '미우나 고우나' 그거 보고, 그 다음에 저녁에는 대하드라마 '대조영'인가? 10시, 12시.

그때 제가 제일 신기한 게 그거였어요. 중학교 올라간 지 얼마 안됐어요. 초등학교에서 배우는 거는 한국은 못사는 나라고 저희가 도와줘야 된다고 하는 시가 있어요. '뛰뛰빵빵 내 동생 기차를 타고 어디로 가나요, 남녘땅에 가지요.' 하는, '흰 쌀 가득' 하는 그런 시가 있어요. 근데 그게 어릴 때, 1학년부터 교육 되어서 안 외우려고 해도 그게 머릿속에 있는 거예요.

그런데 어떻게 하다가 보니까, 거기가 바다가 있어요. 국경이니까 돌리면 중국 거 보는 재미가 있거든요. 혹시나 나오는가 해가지고 돌렸는데 중국 거가 안 나오고, 같은 말인데 북한의 이미지랑 다른 거예요. 건물도 되게 멋있고 그런 거예요. 아, '같은 말인데 어디지?'

여자들도 이쁜 여자들도 나오고, 북한에서 입지 않는 옷도 입고 그런 거예요. KBS1이라고 쓰고, MBC라고 쓰는데. 할머니한테 물어보니까 방송국 이름이라고 해가지고. 할머니가 중국에서 10년 정도 살아가지고 그런 건 아시거든요. 거기에 '15' 그런 거 뜨잖아요? 제가 14살인가 그랬는데 '15세' 저거는 열다섯 살 위만 본다고. '미우나 고우나'. 근데 다 봤어요, 이불(덮고) 자는 척 하면서 다 봤어요.

제일 신기한 게 옷 입는 거랑, 차가 너무 많아요, 드라마에서 볼 때도. 저희가 배운 건 도와줘야 된다고 했는데, 오히려 도움 받는 그런 것들. 근데 그때 대한민국이라는 말을 거기서 들었거든요. 근데 그때 생각나는 게 대한민국이라고 노란 쌀 포대 있잖아요. 저희는 국경이니까 그게 많아요. 흰색이랑 노란색이랑. 북한에서는 그게 UN에서 오는 거라고 말하거든요. 대한민국이라고 하는데 대한민국이 남조선인가? 생각나는 게 대한민국이라고 쓴 쌀 포대. 그래서 한국, 한국 하는구나 하고. 한국이라고 잘 안 하거든요. 그냥 남조선이라고 하는 게 제일 편해요. 한국이라고 하면 왠지 편드는 그런 형상을 많이 가지고 있어요. '아 그래서 대한민국이라 써 있었구나' 하고. 그런데 그거 봤다는 거 알면 잡혀가거든요. 저만 봤다는 거 알고. 저 마대, 쌀 지대를 보면 '한국 거구나.' 그런 마음이 많이 들어요. 실제로 '우리가 도움 받고 있구나.' 그런 걸 느꼈었어요.

다른 사람들 채널이 고정되어가지고 조선중앙채널이라고 5채널에 딱 고정되어 있거든요. 그런데 가끔 저희는 돌리면 중국 것도 나오고 그래가지고. 그 통로 돌리는 거 보면 안에 그거 있어요. (뽑는 시늉) 그거 뽑으면 안 나오고 그거 넣으면 나오거든요. 그래서 할머니네 가서 넣고 돌려봤는데 한국 TV 나와 가지구. 이름을 잘 모르겠는데 007있잖아요, 미국 영화. 그것도 몰래 애들이랑 북한에서 봤거든요. 북한 가요제 성인가요제 옛날 노래 나오고 하는. 이것도 몰래 한 번 엄마가 중국 그 전에 한 번 들어갔다 나왔어요. 그거 CD 노래

랑 ,영화 무슨 싸움영화 007이랑 하나 뭐 또 있어요. 저희 반 친구
애들 몽땅 다 모여가지고 한 번 봤어요. 근데 이런 중국 같은 건
애들이 많이 보는 것 같아요. 안 본다고 하지만 왠지 느낌이 보는
그런 느낌. 가끔씩 하다 보면 진짜 친한 애들끼리 모이면 중국 TV
얘기가 가끔 나오거든요. 그러면서 '쟤네 보는구나.' 하는 느낌 받을
때가 많아요.

## 북한의 속신, 액막이 돈을 줍다

**[내용 요약]**

김원태는 가끔 두만강에 가면 외국돈을 주울 수 있다고 한다. 한
국 돈도 한 번 주워본 경험이 있는데 가지고 있다가 걸리면 잡혀
바로 버렸다고 한다. 또, 달러를 주면 북한 돈으로 바꿔주기도 한다
고 했다. 북한에서는 액막이라는 것을 한다. 한 번 길에서 액막이용
방토로 추정되는 것을 주운 적이 있는데 어머니는 가지고 있으면
부정을 탄다는 이야기를 하며 찢어 버린다. 한 번은 사람이 많이
다니는 길목에서 방토를 우연히 또 줍게 되는데 같이 있던 친구는
거기에 들어 있는 돈을 쓰지 않으면 그 부정이 너에게로 온다며 겁
을 준다. 그래서 친구와 같이 그 돈으로 술을 사먹고 부정을 떨치려
노력한다. 다음 날, 다리에 있어 늘 성가시게 굴던 종기가 다 터져
있는 것을 발견한 원태는 방토가 자기의 종기를 없애주었다는 느낌
을 받는다. 하지만, 불법이기도 하고 미신적이기도 해서 보통 원태
는 방토를 피하고 싶었다고 얘기한다.

**[주제어]** 방토, 규격지, 달러, 칼, 종기, 술, 액막이, 무당, 한국 돈,
두만강, 세관, 검사, 조선중앙은행, 한국은행, 달러

아, 그리고 북한에서 한국 돈 100원 주워봤어요. 저희 두만강 있 잖아요. 거기 둑이 있거든요. 가끔씩 다리가 있는데 중국 사람들이 세관이 검사하니까 가끔씩 화나가지고,

"지네 나라 사람 도와주겠다고 하는데 왜 이런 검사하냐?"
그러면서 그 짐을 다리 밑에다 버릴 때가 있거든요. 중국 사람들이. 다시는 여기 안 나온다고. 그렇게 해서 된 건 모르겠는데 북한에서 돈 줍는다는 일이 운 좋으면 가끔씩 주울 때 있는데, 되게 경제가 점점 어려워지면서 돈 줍는 일이 되게 진짜 득템이에요.(운이 완전 좋은 거예요)

돈이 있는 거예요. 돈이 이따 만한 게 있는 거예요. 숫자 100원이 라 써져 있고.

'아싸, 돈 주웠다'
하고 딱 봤는데 아저씨가 갓 쓰고 있는.(일동 웃음) 북한 거면 조선중 앙은행이라고 써져 있는데, 한국은행이라고 써져 있어 가지고, 땅 에 너무 오래 있어가지고 시퍼렇게 곰팡이도 끼고, 버렸어요. 그런 거 가지고 있다가 걸리면 잡히고 그러니까. 그게 어떻게 돼서 거기 에 있는지 잘 모르겠어요. 달러 같은 건 좀 있거든요. 근데 한국 돈 은 그때 처음 봤어요.

달러 같은 돈은 중국에서 들어와요. 북한에서는 가끔 달러주면은 100달러 주면은 30만 원, 아니구나, 90만 원인가? 아니 북한 돈 30만 원이랑 100달러 이렇게 교환해 주고.

저도 길가다가 그때가 시험기간이에요. 북한에는 가끔 시험지를 가져가야 되거든요. A4용지를. 시험 치기 전날에 시장가서 사야 되 요. 학교에서 큰 시험 본다 하면은 이따만한데 학교 도장이 찍힌 종이를 줘요. 문제는 없어요. 문제를 다 불러줘요. 칠판에 적어서요. 그럼 그걸 다 외우고, 문제를 써서 그 답을 다 서술해서 써요. 여기 서처럼 이런 객관식이 없어요. 수업시간에 배운 내용이 안 들고, 수

업시간의 설명이 시험 칠 때 잠깐 요만큼씩은 떠오르는 거예요. 그러면 거기에 정확한 답을 안 쓰고 제 생각 있잖아요, 생각을 막 써서. 일단 시험지를 백지내면 안 돼요. 백지 내면 창피하고 그러니까. 일단 꽉 채워요. 그러면

'저 새끼 공부 많이 했구나.'

시험지 결과 나오면. 그 생각을 쓰는데, 그게 유치원 때부터 들은 김일성 김정일 그런 얘기라서 생각을, 생각을 써도 반 정도는 맞거든요.

"열심히 공부했구나."

운 좋으면 그런 소리도 많이 들어요.

하루는 가다가 A4용지가 없는 거예요. 그런데 땅에 보니까 A4용지가 북한에서는 규격지라고 하거든요. 재서 나온다고 규격지라고. 규격지가 꾸겨 있는 거예요. '아, 차라리 잘됐다.' 하고 들고 오는데, 이렇게 꼬깃꼬깃 해가지고 있나 하고 풀어봤는데 100달러가 있는 거예요. 그게 시장에서 보는 거는 새 거 빨락빨락한 그런 건데, 이건 돈이 좀 오래된 그런 거 에요. 아버지한테 가서

"나 이거 주웠는데 이거 쓰는 거냐?"

고 물어보니까 아버지는 그런 거 몰라요. 시장가서 아버지랑 아버지 친구의 동생, 아버지 제일 친한 친구의 동생이 그런 걸 좀 해요. 못 쓰는 거라고 가짜 달러라고 그래가지고 버렸어요. 제 생각인데 그거 방토 있잖아요, 그런 거 같아요. 액맥이한다고. 그게 새 돈이 아니에요. 오래되고 헌 보풀지고, 근데 그거 못 쓴다는데요. 근데 거기에다 버린 게 아니고. 저도 가끔 그런 엄마도 그런 걱정이 많아가지고 찢어가지고 물 있는데다가 버렸어요.

그리고 한 번은 제가 여기, 종기 있잖아요. 종기가 갑자기 났어요. 여기 살다가 여기 가서 물갈이 하면서 나고 여기서 살다가 적응이 되면 또 여기에 가서 살고 해가지고, (종아리 가르키면서) 여기에 난

것은 흉터가 있거든요. 여기랑 여기에 큰 종기가 이따 만한 게 난거예요.

북한은 집에서 토끼를 많이 길러요. 최소 세 마리 많으면 다섯 여섯 마리 기르는데, 토끼가 콩잎 있잖아요, 두부콩 그거 잘 먹거든요. 친구네 집에서 살 때 심심해가지고 토끼풀도 없고 해가지고 콩잎파리를 다 뜯어가지고 쌀자루에 꽁꽁 밟아가지고 오다가, 종이가 이렇게 말려 있는 거예요.

그런데 그게 우동(국수) 있잖아요, 중국에서 기계로 짠 약한 우동. 그게 요즘 북한, 그때 당시 유행이었거든요. 가격도 900원이어서 한 식구가 세 명이면 그 세 명이 한 끼를 때울 수 있는 양이에요. 거기는 시장 보러 갔던 사람들이 잘 지나가는 길이거든요.

"누가 이걸 떨궜네."

하고 주웠어요. 줍는데 느낌이 쌀이 아니고 딱딱해요. 그걸 풀었는데 갑자기 칼이 있잖아요, 그게 딱 나오는 거예요. 깜짝 놀라서 버렸어요. 100원짜리 있잖아요, 100원짜리였나? 하여튼 그게 세워 있는 거예요. 그게 그거에요, 액맥이 터느라고, 누가 그렇게. 콩밭에 있을 때 누가 왔다 갔어요. 혹시 그게 농장원이면 저희 잡히면 욕먹고 그러거든요. 주웠는데 그 생각이 나는 거예요.

북한에서도 안 그러면서도 그런 거(액막이) 좀 많이 하거든요. 던졌는데, 갑자기 친구가

"야, 그거 액맥이야, 그거 니 돈 안 써버리면 그거 죄 만나."

그러는 거예요. 칼이랑 돈이랑 200원짜린가 아무튼 거의 한 2000원 정도가 됐어요. 그러면 '이 칼은 왜 있냐'고, 돈이 있으면 이해가 되는데 칼이 있어가지고.

"야, 너 그거 죽으라고 있는 거야."

농담으로. 그래서 '뭔데' 하고 칼은 던졌어요, 어디 푹 떨어지고. 그걸 가지고 식당에 갔어요. 근데

"이거 빨리 먹고 빨리 소변으로 내보내는 그런 방법밖에 없다."
고 그러는 거예요.(웃음) 그래가지고 1000원어치로 술을 샀어요. 술 사가지고 친구랑 둘이

"야, 이거 니도 봤으니까 니도 먹어야 돼."
해서 친구는 한 이정도 주고 그냥 들이키고. 걔네 집으로 갔는데, 쥔 사람은 화장실 들어갔다가 와야 돼요. 그 칼을 쥔 사람은. 걔네 집 가서 화장실 막 가는데, 그냥 들어갔다만 나오면 된대요. 그래서 들어갔다가 나왔는데, 근데 그게 몸속에 들어가면 밖으로 나와야 된대요. 물 엄청 많이 먹고 계속 오줌 싸러 갔어요.(웃음)

제가 그때 종기가 났거든요. 그냥 잤어요. 술 먹고 취해가지고 그냥 자는데 더운 거예요. 여름에 술 먹고 머리도 아프고, 막 태질을 하면서 잤는데, 아침에 일어나니까 종기가 다 터져가지고, 안에 고름이 다 나와 가지고.

"야, 그런데 나 어제 그거 먹었는데 도리어 액맥이가 복을 불러왔어."
막 이러면서. 그 덕에 나았어요.(웃음) 그렇게 해서 나았을지 모르겠는데 왠지 그 생각이 많이 들어요.

그래서 그 다음부터는 그런 거 바닥에 종이 그런 거 있거든요. 두부콩, 옥수수, 쌀, 팥, 녹두 이런 것도 그런 거도 있거든요. 그러면 그걸 안 본 척하고 이러고 있어요. 액맥이로. 근데 그게 이만큼 놓는 게 아니라 요만큼씩. 짝수면 짝수 홀수면 홀수 이렇게. 그러면 이러고 (쳐다보는 시늉) 지나가고.

거기서 미신 보는 그런 사람들이 좀 있긴 있어요. 이상한 사람들이, 정신이 좀 이상한 사람들이. 무당처럼 신기가 있는 사람들이 있어요. 어떤 사람은 전문 낚시꾼인데 낚시를 하러 가야되는데, 친구에요. 낚시하러 간다고 말했더니,

"내일 비 온다"

북한에서 날씨를 알아야 좋은데 비 온다고 말한 거예요.

"그런 소리 하냐. 낚시하기 전에 방정맞게 재수 없는 소리 하냐." 고 그랬는데 저녁에 비 온다고 해가지고. 가끔씩 그 할아버지한테 가서 물어보는데 계속 맞히는 게 아니라 그런 맞히는 날이 따로 있대요.(웃음) 좀 똑똑한 사람들이 이런 거해요. 방토 그런 거 하라고. 똑똑한 사람들이 돈 벌려고 방토 이런 거 하라고 해요. 사람이 심리적으로 이런 거 하면 마음 편안해진다고 그런 느낌이 있잖아요. 그런 거 때문에 좀 더 가고 싶고, 그런 사람들도 있어요. 그런 사람들이 동네마다 있는 게 아니고 가끔가다가 머리 좋은 사람들, 대학 나온 사람들이. 그런 사람들이 좀 있어요.

그런데 공개화하면 안돼요. 잡혀가요. 공식적으로는 할 수 없는데, 몰래. 진짜 친한 사람들. 이 사람이 했어요, 그럼 이 사람(다른 사람) 믿을 만하다 하면 추천해 줘요. 그렇게 해가지고 하나 둘 모르게 사람이 늘어가는 거죠. 제가 제일 무서운 게 (방토 같은 것) 있으면 안보고 그래요.

중국 돈이 많아요. 중국 돈 주면 3만 원 정도. 가격대에 따라서 가끔씩은 3만 5천 원도 되고, 달러 가격으로. 몇 대 몇 할 때는 3만 원도 되고, 아무튼 그런 거 있잖아요, 돈 때 비율 따져가지고. 100원 주면 3만 원 줄 때도 있고, 3만 5천 원 줄 때도 있고. 환율 따라서. 그렇다고 대놓고 써먹는 게 아니라 중국 돈이랑 북한 돈 바꿔주는 사람이 장마당에 한 다서 여섯 명 있어요.

그럼 그 사람들이 그렇게 해서, 저희는 인수도라고 중국 사람들이 북한에 와서 일보는 그런 수하물 같은 거 보는 그런 거 있어요. 그럼 그 사람들이 북한 돈 있잖아요. 북한 돈이랑 한국 돈 바꿔주고 달러 바꿔주고 이렇게. 그러면 그 사람들은 중국에 가서 쓰고, 또 밀수꾼들은 거기서 돈 벌어서 한국에서 돈 바꿔주고 돌려서 쓰고. 그런 게 좀 있어요.

# 북한의 아이들이 노는 방법

**[내용 요약]**

김원태는 아이들의 놀이에 있어서 북한이 최고인 것 같다고 얘기한다. 한국에도 술래잡기, 숨바꼭질, 얼음땡 이런 것은 흔하지만, 북한에서는 제기차기를 정말 많이 한다고 얘기했다. 딱지치기는 겨울, 봄에 하곤 한다. 그때 땔감이 필요해서 나무를 해야 하는데 손이 다 터서 나무를 하기 싫을 때, 아이들은 땔감을 놓고 또 다른 놀이를 하기도 한다.

**[주제어]** 놀이, 제기차기, 딱지치기, 못치기, 땔감, 라이터

일단 아이들 노는 놀이는 북한이 최고인 것 같아요. 아이들이 놀때. 밖에서 그렇게 놀이하고, 아이들이 노는 여러 가지 놀이가 있어요. 여기도 술래잡기, 숨바꼭질 이런 게 있잖아요. 거기에도 그런 게 있으면서 덧붙여진 여러 가지 놀이가 있어요. 근데 그게 설명하기가, 모르는 사람들은 이해를 못해요. 가르쳐 주면서 하면 이해가 되요.

한국이랑 북한에 공통되는 놀이는 술래잡기, 숨바꼭질, 얼음땡이런 거. 그게 공통점이고, 북한은 제기차기 이런 거 많이 해요. 한국은 제기차기 많이 안 하잖아요. 운동회할 때나 제기차기 하는데 북한은 그게. 저는 제기를 많이 못 차요.

강철용이가 잘 차요. 걔는 제기만 차다가 온 것 같아요.(일동 웃음) 근데 그게 제기 차는 그 소질이 있어야 하는 것 같아요. 저는 많이차야 삼십 개밖에 못 차요. 그런데 강철용이는 100개도 넘게 차요. (웃음) 제기 차는 게 제기 차는 개수로만 하는 게 아니라 제기 차는 그 방법, 종류가 다양하고. 여기는 축구공으로 왕따 하잖아요, 거기는 제기로 하는 왕따. 한 명한테 뺏어가는. 가운데 두고 둘러싼 다음

에 공을 패스하면서 가운데 사람이 공을 뺏는 놀이. 사람이 많으면 많을수록 좋은 아무데서나 놀 수 있는 그런 놀이.

그리고 딱지치기 철이 있어요. 직접 접어서 하는. 여기는 종이 푹 푹 찍어서 팔잖아요. 북한가면 그런 거 안 해요. 직접 만들어서, 넘 기는 달력 그런 거로 만들어서. 애들이 담배 갑 보루 이런 거 있잖아요, 애들이 그런 걸로 하다가 머리가 돈 거예요. 이제 딱지를 만들어서 물에다가 불켜요(불려요). 불큰 다음에 말려요. 말린 다음에 두들겨요. 두들긴 다음에 한 번 더 물에다 넣어요. 그리고 연 있잖아요, 제기에 다는 그런 거. 그걸 끝에다가 어느 정도 크기로 해가지고 네 각에다가 딱 넣어요. 그걸 끝에다가 조그맣게 넣어요. 그걸 물에 또 넣어서 요 같은데 싸서 두들겨요. 그래서 말리면, 아무리 쳐도 안 넘어가요. 왜냐면은 무게가 양쪽 귀에 다 있어가지고. 공책이나 찢어서 노는. 지금 애들은 거의 다 그렇게 하고, 딱지를 연결을 시켜 요 열 개를 그걸 번지는 거. 그런데 그게 진짜 안 넘어가요. 애들이 좀 그런 거 많이 해요.

딱지치기가 겨울 아니면 봄에 딱 하거든요. 그러면 손이 다 터 가지고 손이 갈라져서 피나고. 저희 쪽에는 나무가 많으니까 산에 나무하러가기가 싫은 거예요. 애들이 나무를 자기가 칠 수 있도록 도끼로 깎아서 이렇게 만들어요. 그런 다음에 금을 그어요, 못치기 하는 것처럼. 못치기도 하고.

라이터 있잖아요. 라이터 다 쓴 거 재미로 하거든요. 불이 진짜 잘 붙어요. 불쏘시개로 그거 하려고 그거 하려면 좀 어렵거든요. 그 럼 애들이 못 쓰는 라이터를 이따 만큼씩 가지고 나와요. 그걸 치게 해서 금 밖으로 내보내면 내 거 말고 상대방 거 금 밖으로 나가면 그건 내 거예요. 그걸로 시작해가지고 나무를 토막 내서 하는 거예 요. 진짜 운 좋으면 나무 이만큼 벌어가고. 그 라이터를 보면 다방 그런 거 적혀 있고, '아리랑 다방'이라고. 거기서 제일 많이 본 건

아리랑 다방이라고 쓰여 있는 것들. 틀에 탁탁. 라이터 원래 있는 틀 있잖아요. 거기 박스 있잖아요, 250원인가, 500원인가.


## 북한의 학교는 한국과 많이 다르다

**[내용 요약]**

북한의 학교는 초등학교, 중학교로 나뉜다. 초등학교에서는 한국과 주 과목은 비슷하지만, 나머지 과목 중에 김일성, 김정일의 어린 시절부터 쭉 배우는 수업이 있다. 중학교는 세부과목들이 늘고 추가적으로 김정숙에 대한 과목, 김정일과 김일성에 대한 심화적인 수업이 추가된다. 그 책은 오히려 국어책보다 훨씬 두껍다고 한다. 그리고 영어 과목 같은 경우, 잘 사는 집에서는 선생님을 구해 과외를 하기도 한다.

**[주제어]** 국민학교, 중학교, 경사, 금수산기념궁전 연설, 영어 과외

북한에서는 국민학교, 중학교로 되어 있어요. 주로 주 과목은 어디나 다 국어, 수학 이런 거는 필수로 다. 초등학교에서는 국어랑 수학 주과목이랑 음악이랑 체육이랑 하고 그 다음 나머지는 미술 그렇게 빼고, 도덕인가? 도덕 이렇게. 초등학교는 국어, 수학, 미술, 체육, 도덕, 음악 이런 게 있어요. 그 나머지는 김일성, 김정일 어린 시절부터 쫙 배우는 거예요. '친애하는 지도자 김정일 장군님의 어린 시절'인가? '김일성 수령님의 어린 시절'인가. 애들이 북한 애들도 그걸 기니까 그걸 좀 줄여요. '경사'라고. 아-. 아무튼 줄이기는 두 글자로 줄여요. 오래되어가지고 생각이 안나요.

중학교 들어오면 또 영어가 한 과목 늘어나요. 물리가 늘어나요.

화학이 늘어나고, 두 과목 늘어나고, 조선역사가 늘어나고. 2학년 올라가면 세계역사, 조선역사 있고. 그 다음에 김정숙 어머님의 어린 시절이라고 그게 또 있어요. 그 다음 나머지 김일성, 김정일 초등학교 때 어린 시절에 배웠던 건 조금 조금씩 배우면서, 광복의 천릿길 그런 게 있어요. 아무튼 거의 대부분 그걸 많이 시험 봐요. '항일혁명 유격대' 그런 것들. 제목은 똑같은데 '위대한 영도자 김정일의 어린 시절' 그런 아무튼. 무슨 책이 이따 만큼 두꺼워요. 국어책보다 두꺼워요. 금수산기념궁전연설 이런 거 들어본 적은 있어요. 가끔씩 TV로도. 그리고 중학교 올라가서는 위대한 영도자가 그게 바뀌어가지고 '혁명역사'라고 김일성, 김정일 다 나오는, 항일 전투라 하면서 그런 거 하고.

영어, 영어가 나오는데, 북한에서는 영어 잘하는 애들이 그렇게 많지가 않아요. 잘하는 애들은, 돈 좀 많은 애들은 이제 영어 단어장이라고 북한에서 나오는 거 있거든요. 그런 거 사서 돈 있으면 영어 선생님한테 가서 과외처럼 애들 몇 명 이렇게 돈 주고 배울 수 있는. 발음도 여기랑 많이 다르죠.

박혁수 이야기

## 〈조사 상황〉

조 사 일: 2011년 5월 3일 화요일

조사시간: 오후 7~8시 30분(1시간 30분)

구 술 자: 박혁수(가명, 남, 1993년생, 채록당시 19세)

조 사 자: 김종군, 나지영

조사장소: 서울특별시 광진구 능동로 120 건국대학교 문과대학
　　　　　교수연구동 611호

조사장비: 디지털 HD캠코더, 디지털 레코더, 디지털 카메라

　구술자는 그룹 홈 가족의 구성원으로 알게 되었다. 여느 친구들과 달리 말하는 것과 행동에 눈이 갔다. 그룹 홈의 김태영 씨가 학교 수업을 마치고 보낸다고 했는데 약속한 시간이 한참 지났는데도 나타나지 않았다. 휴대폰 통화를 계속 시도했지만 불통 상태였다. 1시간을 헤매다 어렵게 만나 왜 전화가 안 되냐고 묻자 요금을 못 내 서비스가 끊어졌다고 했다. 그날 밤 귀가를 확인하기 위해 김태영 씨와 통화를 하면서 "요금을 못 내서 전화가 불통이라더라." 하니, "그 얘기만 해요? 지난 달 요금이 수십만 원 나온 거는 이야기 안 하고요?" 했다.

　다소 엉뚱한 이야기를 하고, 조사자가 무엇을 원하는지 눈치를 보면서 정해진 정답을 말하려는 경향이 특징이었다. 수녀원에서 상담치료를 받으면서 답변한 내용을 그대로 구술하는 경향을 보였다.

　구술 내용을 듣는 과정에서 이런 특이점의 이유를 어느 정도 파악할 수 있었다. 구술자의 이야기는 주로 어머니에게서 버림 받은 상황, 꽃제비 생활을 하면서 굶주리고 맞은 기억, 아버지로부터 지속적으로 가해진 폭력에 집중되었다. 아무렇지도 않게 아버지의 무자비한 폭력 사실을 이야기하면서, 아버지의 마음도 이해가 된다는

말에서 조사자는 감정이 격해져 "너희 아빠는 차라리 함께 오지 않는 편이 나을 뻔했다."고 내뱉고 말았다. 여섯 살 어린 나이에 부모로부터 버림 받아 꽃제비 생활을 하면서 폭력에 시달리고, 아버지를 만나 탈북 후에도 가정 폭력에서 벗어나지 못하는 상황이 너무나 안타까웠다. 구술 내용 중에 트라우마의 징후들을 곳곳에서 발견할 수 있었다.

통일이 되어서 지금은 소식이 끊어진 엄마와 여동생을 찾아 아빠와 네 가족이 행복하게 사는 것이 꿈이라는 말에 조사자들은 숙연해졌다.

## 구술 이야기 목록

· 얼어붙은 두만강을 건너 중국으로
· 중국에서의 두부밥 장사 생활을 거쳐, 몽골을 통해 한국으로 오다
· 굶주림에 시달려 죽을 뻔했던 꽃제비 생활
· 엄마를 찾아 북에 갔던 아버지, 매만 맞고 돌아오다
· 6.25 때 북으로 넘어온 할머니, 이제는 남에서 자식들과 살다
· 다시 함께 하고 싶은 가족
· 초등학교 때 종교 영화를 보고 천주교에 관심을 가지다
· 돈 때문에 그만두려 한 태권도, 관장님의 도움으로 계속하다
· 한국 학교에서 만난 친구들에게 감동 받은 사연
· 좋아하는 과목과 어려운 과목
· 대학 진학의 꿈으로 이어진 역사 공부에 대한 관심
· 자신감이 없던 소년이 만난 여자친구
· 대통령을 비판했다는 이유로 같은 반 친구에게 간첩 신고를 당하다

# 얼어붙은 두만강을 건너 중국으로

**[내용 요약]**

북한에서 가족과 함께 살던 곳은 회령의 한 시골마을이었다. 고모, 사촌누나, 할머니, 아버지가 먼저 중국에 가 있다가 고모와 사촌누나가 먼저 남한으로 들어왔다. 아버지와 할머니는 구술자를 구하러 다시 북한으로 넘어갔다. 할머니는 무산에 사는 친구 집에 있었고, 구술자와 아버지는 탈출에 성공해 그 집에 머물다가, 셋이 함께 군인들과 얼어붙은 두만강을 건넜다. 박혁수의 할머니는 그때 당뇨병이 생겼다고 한다.

**[주제어]** 회령, 가족, 중국, 무산, 두만강, 군인

북한에서 살던 곳은 시골이었어요. 거기가 어디인지 지금은 기억이 나질 않는데 하여튼 회령 지역이었어요. 거기서 엄마, 아빠, 여동생이랑 함께 살았었어요. 그러다가 고모하고 할머니가 먼저 중국에 나가계셨고, 아버지는 계속 중국 왕래를 했어요.

처음에는 엄마랑 아빠랑 같이 생활하시다가, 이제 할머니랑 고모랑 먼저 중국에 가계셨다가, 고모랑 누나랑 먼저 오시고. 그 다음에 아빠랑 할머니는 중국에 남아 있다가, 저를 이제 구하려고 북한에 오셨다가, 아빠는 혼자서 넘어오셨었어요. 아빠는 한 열 번 넘게 계속 잡혀 들어가시고, 탈출하시고. 한 열한 다섯 번 정도 그러셨어요. 할머니는 그때 무산 쪽에 있었어요. 무산, 계속 친구 집에 계시고. 아빠랑 저는 탈출 성공해갖고 그 집에 한 4일 정도 있다가 이제 두만강을 넘게 됐어요. 그런데 겨울이었어요. 그때 눈이 많이 와가지고, 어-. 그땐 저도 키가 작았고, 할머니는 한 이 정도(손으로 키 표시하며) 되더라고요. 할머니는 그때 당뇨병이 생겼고, 병이 생겼고. 그

렇게 해서 중국에 갔어요.

그때 두만강이 얼어 있었어요. 그래서 밤중에 걸어서 건넜어요. 중국 군인들한테 돈을 좀 썼던 것 같아요. 그 군인들이 한두 명 정도 옆에 계셔가지고 괜찮았어요.

## 중국에서의 두부밥 장사 생활을 거쳐, 몽골을 통해 한국으로 오다

**[내용 요약]**

중국 연변에 있을 때 고모와 두부밥 장사를 했다. 고모와 사촌누나는 한국에 먼저 갔고 구술자와 할머니, 아버지는 2기, 3기에 몽골을 통해서 왔다. 브로커도 없이 안전하게 몽골 국경을 넘었고 이후 한국 브로커를 만나 비행기를 타고 한국으로 왔다. 한국 국정원에서 세 달 정도 조사를 받고 하나원으로 갔다. 이후 하나원에서 나와 고모를 만났는데, 고모는 현재 일본인과 결혼하여 일본에 살고 있다.

**[주제어]** 고모, 두부밥, 중국 연변, 몽골 울란바토르, 브로커, 국정
원, 하나원

중국에 나와 있을 때는 고모가 조금씩 보태주는 걸로 살았어요. 고모는 처음에 중국에서 저랑 있을 때 두부밥 장사를 했어요. 두부가 이렇게 네모나잖아요. 그거를 이제 삼각형으로 해놓고 그걸 이래 잘라놓고 기름에 튀긴 다음에 밥 넣고. 한국에서는 그걸 유부라고 하는데 북한은 두부밥이라고 해요. 그게 중국에서 되게 인기가 많았어요. 그걸 하나에 한, 얼만지는 잘 기억 안 나는데, 되게 맛있었고 많이 팔렸었어요. 연변에서 그게 많이 팔려갖고 이제 고모랑

누나는 그때 바로 한국으로 오셨고 저흰 한 2긴가? 3기 정도에 왔어요.

저는 이제 할머니하고 아버지하고 같이 한국으로 왔는데, 몽골로 왔어요. 몽골 울란바토르 쪽으로. 중국이랑 몽골 이렇게 국경이 있어요. 국경 길에 보면 이제 막 못을 박아놓은 철조망 같은 게 깔려 있어요. 국경지역에요. 이렇게 넘는데요. 거기 올라가갖고 거기 한번 밟히면 거의 걷지도 못합니다. 그런데 저희는 다행히 모든 사람들이 다 죽지 않고, 공안도 따라오지도 않았고. 브로커도 없이 저희가 차 타고 국경에 가서 넘었어요.

몽골국가에서 하룻밤 묵고 이제, 거기 모기가 무서웠어요. 하룻밤 자고 나니까 잠을 못자겠더라고요. 눈이 이렇게 팅팅 부어갖고. 그래갖고 다음날 브로커가 오셔서, 거기서 무슨 숙소 같은데, 7일 정도 묵다가 한국 브로커가 또 이제 오셔갖고, 비행기타고 국정원으로 옮겨 주셔서 거기서 세 달 동안 조사를 받고, 하나원으로 갔는데 하나원에서는 이제 자유롭더라고요. 국정원에서는 뭐 나가지도 못하고 그랬는데 하나원에 오니까 되게 좋더라고요. 저는 이제 아빠랑. 아빠는 혼자 좀 늦게 나오셨고요. 저는 할머니랑 같이 하나원에서 한 한 달 정도 빨리 나왔어요.

그래서 이제 처음에 나와서 고모를 보는 순간 울었어요. 너무 배고프고 그래서. 고모가 밥부터 먹자고. 고모가 저를 제일 귀여워 해주고 어릴 때부터 그랬어요, 고모가 최고로. 지금은 일본에 계시고. 고모는 일본으로 시집가셔서 거기서 계세요. 원래 중국 가기 전에는 고모부가 계셨는데 북에서 고모부가 돌아가셨어요.

# 굶주림에 시달려 죽을 뻔했던 꽃제비 생활

**[내용 요약]**

어렸을 때 북한에서 꽃제비 생활을 하면서 여러 번의 죽을 고비를 넘겼다. 어렸을 때 부모님이 이혼했고, 현재 어머니의 소식은 알지 못한다고 했다. 박혁수가 꽃제비 생활을 할 당시에 고모와 할머니, 아버지는 중국에 가 있었는데 자신은 알지 못했다. 당시 꽃제비 구조소인 청진여관에서 지냈는데, 나중에는 배가 고파서 도망 나와서 밥을 빌어먹고 살았다. 너무 심하게 굶주려 죽을 뻔했는데, 다행히 그때 아버지가 데리러 왔다. 이후 아버지와 함께 회령에서 살다가 생활이 힘들어 청진의 고모 집에 가서 살다 결국 흩어졌다.

**[주제어]** 꽃제비, 청진여관, 옥수수죽, 굶주림

처음에는 고모랑 사촌누나가 먼저 오셨고요, 여기로. 저는 그때 유치원 다니고 있다가 여기말로 하면 노숙자 생활을 했어요. 그 꽃제비라고 하는 거요. 3년 동안을 그렇게 살았어요. 죽기로 결심하다가 죽을 고비도 많이 넘기고, 자살도 많이 시도했었어요. 그런데 죽는 것도 쉽게 죽지는 않더라고요. 여러 가지 일도 있었어요. 그러다가 엄마랑 아빠랑 한 번씩, 두 달에 한 번씩, 세 달에 한 번씩 오셔가지고 뭐 사주시고 가시고 그랬어요.

그런데 제가 꽃제비할 때는 일단 고모랑 할머니랑 아빠가 중국에 들어간 건 잘 몰랐고, 그땐 어렸으니까 엄마랑 아빠는 헤어졌어요, 헤어졌고. 이제 엄마는 지금은 찾지 못하는데, 제가 그때 꽃제비 생활을 할 때는 한 여덟 번인가? 오셨어요, 엄마가. 찾으러 온 건 아니고요. 뭐 간식거리 그런 거 조금씩 사주고 가셨는데, 마지막으로 본 게 제 옷을 찾으러 큰아버지 집에 갔다 온다고 하고 그 후로 못 만났

어요, 못 만났고. 그리고 아빠가 절 데리러 오셨고. 처음에는 회령에서 살다가 저희가 살기도 이제 역부족해가지고 고모집으로 왔어요, 청진에. 그때 고모도 일하고 계셨고. 거기서 살다가 다 뿔뿔이 흩어졌어요.

꽃제비 구조소라고요. 이제 꽃제비들만 모아놓은 데 있는데요. 청진여관이라고. 나라에서 운영하는 곳이에요. 그런데 거기도 이렇게 좋진 않아요, 좋진 않고. 주는 것도 이렇게 옥수수 이렇게 갈아갖고 죽으로 해 주는데, 죽을 한 그릇 먹는다고 해도 그건 그냥 물이니까, 그런 거는 소변 한 번 보면 끝나잖아요. 그런 건 먹어도 별로 배부르지 않으니까 도망을 많이 치죠. 나오면 이제 뭐 사람들이 먹던 거 훔쳐서 먹거나 빌어서 먹거나 그렇게 했어요. 땅에 떨어진 거 먹거나. 저는 훔치는 건 못 하겠더라고요, 무섭고 그래서. 그냥 빌어먹었어요. 사람들한테 먹을 것 좀 달라고 그러고. 어떻게 해서든 살아남으려고 했어요.

처음에는 혼자였는데 한 6개월? 중국에 아빠가 데리러 오기 전에, 큰아버지 아들이 있어요, 아들이 있는데, 저한테는 사촌동생이죠. 그런데 걔도 이제 힘드니까, 아빠랑 엄마랑 다 떨어져 있었나 봐요. 저랑 같이 꽃제비 생활을 하다가 걔랑 헤어졌고, 다시 찾으러 가니까 못 찾겠더라고요. 정말 아쉽고 그래요. 지금은 사촌누나와 가끔 연락이 된대요.

꽃제비 생활을 하면서 많이 맞았어요. 그니까 여기에서 어떤 아이가 뚱뚱하잖아요. 뚱뚱한 애들이 북한에 가면 한 이틀도 안 돼서 진짜 뼈다귀만 남아서 돌아올 거예요. 이렇게 몰매 맞고. 이제 그게 진짜 말할 수 없을 정도로 되게 열악해요. 먹을 것도 별로 안줘요. 간식 같은 것도 없고요. 뭐, 김정일 생일이나 김일성 생일날에 그때 뭐 선물 봉다리를 주는데요. 선물 그런 거는 먹어도 별로 뭐 배가 차진 않고. 이제 여기 뚱뚱한 애가 북한에 간다면 진짜 이 3일 만에

진짜 배때기가 쭉-. 아 진짜.(웃음)

하여튼 엄청 맞고 엄청 굶었어요. 그런데 살이 없으니까 힘도 없어지잖아요. 힘을 못 쓰니까 돈은 줄어들고. 이제 겨울이 되면 움직이기도 싫으니까, 거기서 다 동상 걸려갖고 다리를 절단하고 다니는 애들도 많아요. 그럼 그런 애들을 보면 이런 생각이 들어요.

'나도 있다가 저렇게도 되겠구나.'

한번은 진짜 죽고 싶은 마음도 들었는데, 여관 아저씨들이 제가 굶주려갖구 잘 먹지도 못하니까, 그 다음날에 죽겠다고 그렇게 말을 했대요. 아빠가 빨리 와서 다행이죠. 하루만 더 늦게 왔어도 제가 죽어서 저를 찾지도 못했겠죠. 그때 다른 사람들이 저를 보면 그런 말을 했어요.

"넌 진짜 하늘이 돕는구나."

라고요.


# 엄마를 찾아 북에 갔던 아버지, 매만 맞고 돌아오다

**[내용 요약]**

아홉 살 쯤에 아버지와 함께 중국에 가서 3년 정도 숨어 살았다. 탈북 당시 아버지는 잡혀 북송되어 매를 맞아 허리를 다쳤다. 아버지는 엄마를 데리러 북한에 여러 번 왕래했지만 결국 찾지 못했다. 한국에서 하나원을 나온 이후로 아버지는 일을 한 적이 없고 할머니와 작은아버지와 함께 살고 있다. 아버지는 무서운 가장이었고, 할머니와 박혁수에게 화풀이를 많이 해서 예전에는 원망도 하고 고모네 집으로 가출도 했지만 지금은 그런 아버지를 다 이해한다.

**[주제어]** 중국, 탈북, 아버지, 북송, 가출, 정착금

아홉 살 쯤에 중국에 와서 한 3년 정도 살았어요. 중국에서는 몰래 숨어 살았어요, 공안들 때문에. 그때 아버지는 탈북을 하다가 잡혀서 북송 돼가지고 거기 끌려나가갖고 매를 맞잖아요. 그래가지고 허리를 많이 다치셨나 봐요. 그래서 일 같은 건 못하셨어요. 아버지가 올해로 마흔일곱이신데, 한국에 와서 일을 한두 달 정도 하다가 그만두셨어요. 그래서 지금 집에 계세요. 할머니랑, 작은삼촌도 거기 계시고요.

저희 집안에서 이제 아빠가 제일 우두머리였죠. 아빠가 저희 집에 호랑이 같이 우두머리고요. 그렇게 생활을 하는데 아버지가 이렇게 일을 못하시니까 사업도 안 되고, 그러니까 화도 많이 나고 스트레스도 많이 받죠. 그러니까 이제 화풀이할 데가 없으니까 저하고 할머니한테 화풀이를 하시는 거예요. 술 안 먹고도 맨 정신으로 많이 때려요. 저는 그것 때문에 막 스트레스도 많이 쌓이고, 중국에서도 그랬었어요. 많이 그랬고, 다 이해를 하죠, 저는. 처음에는 원망도 했는데 이제는 뭐 원망 같은 거 안 해요.

많이 맞고, 가출도 많이 했었어요, 제가. 중학교 때 한 2학년 때, 아, 1학년 땐가, 그때 가출을 많이 했는데, 거의 한 달 동안 집에 안 갔어요. 가출해서는 남산 주변 고모집이 있는데, 그 집 그쪽 주변에 있었어요, 아빠 모르게. 그래가지고 한 1주일에서 2주일 있다가 집에 들어가서 맞고, 또 학교 다니다가 또 그렇게 되고 계속 그렇게 많이 했는데요. 지금도 술을 많이 드세요.

한국 오면서 아빠는 따로 집을 받았었어요. 부천에다가. 그런데 핸드폰 때문에 신용불량자가 돼갖고, 집을 파셨어요. 이제 고모집으로 오게 됐는데, 지금 같이 할머니랑 다 같이 사시고. 사촌누나는 이제 학교도 다녀야 하니까, 집에 거기 있을 순 없고 따로 저기 종암 그쪽에다가 집을 받아갖고 살고 계세요.

아버지는 중국에 나갔다가 잡혀서 북송된 일이 많았고, 할머니도 한 네 번인가 있었대요. 고모가 먼저 탈출하셨고. 중국에서는 제가 아버지를 믿지 않았어요. 그때 북한 나간다면서 엄마를 데려오겠다고 하셔갖고 나가셨는데, 그러고 들어올 때마다 뼈밖에 안 남고 들어오는 거예요, 아빠가요. 3년 동안 저랑 같이 있었잖아요, 할머니랑 같이. 그때 이제 엄마 데리러 잠깐 나갔다 들어오면서, 맞은 자국들도 많고 뼈밖에 안 남고 들어오더라고요. 결국 엄마를 못 찾으셨어요, 못 찾았고. 그러다가 아빠랑 한국으로 오게 됐어요.

아버지가 걷는 거는 하시는데, 무거운 걸 들 수도 없고. 그래서 남한에서 직장을 한 번도 안 가져봤어요. 아마 하나원 나오셔서 직장을 한 번도 안 가지신 거 같아요. 나라에서 정착금이란 게 나오잖아요. 삼십만 원씩 나오는 거 하고, 이제 할머니 정착금하고, 제 것도 나와요. 저는 어리니까 십오만 원씩 정도 나오고. 그래서 아빠한테 사십오만 원씩 나와요. 그게 마지막으로 줄 때는 오천만 원 정도 줬는데, 그걸 중국 갔다 오면서 다 써 버리고. 아버지가 중국에 왜 갔는지는 모르겠는데, 엄마를 찾으러 간 건 아닌 거 같아요. 사업을 하러 간 건지는 모르겠는데, 마지막으로 갔다 올 땐 백두산 갔다 왔더라고요.

# 6.25 때 북으로 넘어온 할머니, 이제는 남에서 자식들과 살다

### [내용 요약]

할머니는 원래 남한사람이었는데 6.25 때 북한으로 넘어갔다. 할아버지는 1996년쯤 북한에서 죽었다고 했다. 아버지의 형제는 여자형제 하나에 남자가 셋인데, 일본에 간 고모 말고는 모두 한국에 있다. 현재 할머니는 몸이 좋지 않고, 작은아버지도 일을 그만두어 고모가 일본에서 보내주는 돈으로 생활을 하고 있다.

**[주제어]** 할머니, 할아버지, 아버지 형제들, 생활비

중국에서 국경 넘을 때도 할머니는 천주교를 믿고 있었어요. 아무도 몰래 믿고 있었고. 그니까 할머니가 천주교를 믿는 걸 아무도 몰랐어요. 아빠조차도 몰랐고 저희 가족조차도 몰랐어요. 저희 할머니는 남한 출신으로 6.25 때 북한으로 넘어오신 거고. 이건 저도 몰랐던 사실이었어요. 할아버지는 북한에서, 제가 할아버지가 돌아가시는 것도 다 봤어요. 제가 그때 한 세 살인가 그쯤 됐는데. 그때 생각이 잘 생각이 나요. 치매 걸리셔갖고 돌아가셨어요.

아버지 형제는 여자 형제 하나에 남자가 셋이에요. 큰아빠 계시고, 작은아빠 계시고, 고모 계시고. 작은아버지는 한국에 오셨고, 숙모랑 사촌형은 아직 북에 있어요.

할머니도 많이 아프시고 이제 걷는 것조차 힘들어하시니까. 고모가 생활비를 보태주고 계세요. 일본에서 돈을 보내주고 계셔서 아버지랑, 할머니랑 그렇게 살아요. 삼촌은 일하시다가 찻값을 못 내갖고 일은 그만두셨대요. 그만두셔갖고 지금 집에서 같이 있는데. 제가 없으니까 싸우지도 않고 잘 계시는 거 같아요. 원래 제가 있으면 싸움도 많이 일어나고. 왠지는 모르지만 제가 있으면 꼭 싸움이 많이 일어나요. 그런데 또 제가 없으면 할머니가 또 고생을 하시니까. 그러면 또 제가 마음이 아프죠. 할머니가 살림을 다하시고. 또 할머니가 솜씨는 좋아요. 아빠도, 저희 가족이 다 요리솜씨가 좋아요. 뭐 할머니가 없어도, 아빠 혼자서 잘해 드시니까.

# 다시 함께 하고 싶은 가족

**[내용 요약]**

북한에 있을 때 아버지는 곡식을 배달하는 일을 했다. 어렸을 때 어머니와 아버지가 이혼을 하면서 어머니가 여동생을 데리고 갔기 때문에, 어머니와 여동생의 얼굴은 기억나지 않는다. 네 가족이 함께 살던 시절이 가장 행복했었고, 통일이 되면 북으로 가서 어머니에게 죄송하다고 하고 다 같이 살고 싶다. 중학교 때 베네딕트 수녀원에서 수녀님과 상담을 하면서 마음이 많이 풀렸다.

**[주제어]** 어머니, 아버지, 여동생, 가족, 통일, 상담

북에 있을 때 아빠는 트럭에다가 물건을 나르는 그런 일 했었어요. 무슨 배달 같은 거. 이렇게 차에다가 곡식 같은 거를 날라요. 그런 거 했어요. 엄마에 대한 기억은 안 나요. 아마 엄마를 마지막으로 본 게 그때 헤어지기 8개월 전인 거 같아요. 네 살 정도. 아, 나오기 전이니까 일곱 살, 여덟 살 정도 그때. 그래서 엄마에 대한 생각도 안 나고, 좀 모습이 떠오르지가 않아요.

동생 얼굴은 생각은 안 나는데, 동생이 입었던 옷은 생각나요. 적갈색이었어요. 적갈색으로 위, 아래였는데 따뜻한 옷이었어요. 항상 제가 업고 다녔고, 제가 동생을 워낙 좋아해갖고, 항상 동생을 업고 다녔던 생각이 나요. 강가에 나가서 같이 모래장난도 하고, 들판에서 많이 뒹굴고. 지금 엄마나 여동생은 전혀 연락이 안 되고 있어요. 여동생이 저랑 두 살 차이니까 지금은 한 열여섯 열일곱 되었겠네요. 북에 있을 때 엄마랑 아버지가 헤어지면서, 엄마가 여동생을 데리고 갔고, 저는 그때부터 꽃제비 생활을 했어요.

가장 행복했던 때를 말하라면 가족, 아빠랑 엄마 동생과 저 이렇

게 같이 넷이 있는 것이 제일 행복할 때였어요. 엄마랑 동생은 지금 못 보지만. 꼭 통일이 된다면, 지금 살아 있으면, 살아 있으면, 통일이 돼서 제가 북한으로 가 만나서 죄송하다고 하고 같이 살려고 해요. 엄마를 두고 온 것도 죄송하고. 다 일이 있었던 거니까.

엄마, 아빠를 원망한 적도 많았어요. 오기 전에도 많이 했고, 와서도 많이 했고. 지금은 그런 건 뭐 없어졌어요. 그래도 아빠니까, 아빠의 아들이니까, 그래도 내가 커서 돈 많이 벌어서 호강을 시켜 드리고 싶어요. 만약 엄마를 찾는다면, 엄마도 저를 용서해 주셨으면 좋겠어요. 저도 엄마를 용서했어요. 전 처음에 엄마가 저를 버렸다고 생각했는데, 그게 아니라 잠깐 무슨 일이 있었던 거고. 음. 저를 따로 남겼던 이유도 있었겠죠. 다 용서해요. 다시 한 번 가족이 힘을 합쳐서 하루라도 같이 살고 싶은 마음이에요.

요즘은 안 하는데, 고등학교 올라와서 못하는데, 중학교 때는 상담을 받았어요. 삼촌이 아는 베네딕트 수녀원이라고 있어요. 거기에 수녀님이 있는데, 그 수녀님이 오랫동안 치료를 했던 분이셔서, 거기서 매주 월요일에 상담을 했어요. 어떤 생각이 드는지, 북한에서 어떤 생활을 했는지, 그런 것부터 얘기도 하고. 뭐 1주일 동안 뭐했는지, 영화, 드라마 그런 건 뭘 봤는지, 얘기하면서 마음이 많이 풀렸어요. 이제는 아빠의 건강 좀 많이 회복되셨으면 하고, 회복이 된다면 저는 다시 아빠한테 가고 싶어요. 가서 아빠 말도 잘 듣고 공부도 잘하고 같이 살고 싶어요. 지금 아버지가 척추가 많이 안 좋아요. 북에서 많이 맞아서.

# 초등학교 때 종교 영화를 보고 천주교에 관심을 가지다

**[내용 요약]**

하나원에 살 때 태영 삼촌을 만났다. 그곳에 살면서 초등학교를 다녔고, 주말이면 삼촌과 캠프활동을 하면서 여러 친구들과 어울렸다. 하나원에서 나와 태영 삼촌 집에서 살게 된 지는 2년 6개월 정도 됐다. 초등학교 4학년 때 담임선생님이 보여 준 애니메이션 영화 〈이집트의 왕자〉의 내용을 자세히 기억난다. 우연히 평화방송에서 예수에 대한 영화를 보고 종교가 재미있다고 느꼈다. 그는 유다의 악행과 그와 같은 행동을 하는 사람들이 늘어나는 세태가 안타깝다고 하였다.

**[주제어]** 하나원, 초등학교, 캠프, 중학교, 천주교, 성당, 이집트 왕자, 예수님, 하느님

태영이 삼촌은 하나원에서부터 만났어요. 제가 하나원에서 왔죠. 하나원에서는 초등학교 다녔고, 삼촌을 만나서 캠프 같은 그런 활동도 하면서 주말이면 거기 애들하고 어울리고 그랬어요. 태영 삼촌 집으로 옮긴 지는 지금 이제 2년 6개월 정도 돼요. 학교는 중학교 2학년 2학기 9월 정도에 들어갔고요.

삼촌이랑 저희 집에 있는 친구들 모두 성당에 다녀요. 저는 지금 판공성사를 받았어요. 학교에서 그래서 이제 지금 계속가고. 뭐, 다른 애들은 아직 뭐 뜨문뜨문 갈 때도 있고 그래요. 저도 4학년 때, 이제 담임선생님이 천주교 분이셨어요. 학교 끝나고 종례한 후 성경책을 한 장씩 읽어주시고, 하느님은 이런 분이시다 하고 저희한테 다 알려주셨고. 그때부터 종교에도 관심 있었고, 담임선생님이 어떤 분이신지 그런 것도 궁금했고요.

그러다가 한 영상을 보여 주게 됐는데, 그게 뜻밖에 재밌더라고

요. 〈이집트의 왕자〉라고 애니메이션인데 거기에 모세가 나와요. 모세가 나오는데 어릴 때 옛날에 아들을 낳으면 다 죽이라고, 그런 거였는데, 모세는 어머님이 돌아가시고 바구니에 담아 강물로 흘려보냈다가 이집트 왕 부인한테 발견되어서 같이 자라게 됐는데, 이집트 왕자 파라오잖아요. 파라오랑 같이 크게 됐는데, 마지막에 커서 모세가 거기 사람을 한 명 죽여요. 그래 가지고 도망을 치다가, 어떤 양치기 한 명 있고요. 그 호렙산이라고 있는데 거기서 무슨 떨기나무 같은 걸 봐요. 거기에 불붙었는데, 거기 불이 붙어서 떨기나무가 타지 않으니까, 거기에다가 손을 넣었다 뺐다 해요. 하느님이 이제 그때 목소리를 내죠.

"모세야, 모세야."

이러면서 모세한테 그래요. 대화를 해요.

"너는 지금 가서 나의 이스라엘 백성들을 구해 와라."

이러는 거예요. 그러면 이제 모세가 자기가 사람 죽였으니까 다시는 못가잖아요. 그런데 하느님은 그래요.

"그럼 내가 너의 편이 되어주겠다. 너는 가서 백성들을 구하고 내 말을 따르라."

지팡이를 하나 들고 가는데요. 거기서 이제 십계명을 내려요. 열 개의 재앙을 내려요. 열 개의 재앙을 내려서, 마침내 이스라엘 백성을 구해요. 첫 번째 재앙이 강물에다가 지팡이를 치면 피가 돼요. 피가 돼갖고 물을 못 마시게 하고. 두 번째로 이제 메뚜기를 보내갖고 쌀을 다 못 먹게 해요, 못 먹게. 세 번째는 개구리를 보내고 등등 이렇게 했는데.

이스라엘 백성을 구할 때 바다를 건너야 되는데 바다를 못 건너요. 하느님이 지팡이를 또 치라고 해요. 바다가 쫙 갈리는 거예요. 거기에 길이 나요. 그런 장면에서 멋있었어요. 이스라엘 백성이 다 지나간 다음에 다시 한 번 치니까 바다가 쫙- 합쳐지고. 이제 파라오 병사들이 다 물에 빠져죽고. 이스라엘 백성들 데리고 이제 어-그게, 하느님인가, 누군가 와요. 와서 하느님이 모세한테 십계명을 내려요. 그래서 십계명을 받아갖고 내려오는데, 거기까지밖에 못 봤어요. 그걸 4학년 때 봤어요. 그런데 기억에 남아서 이번에도 봤어요.

제가 5학년 땐가 그때 한번 할머니랑 단둘이 집에 있었어요. 아빠는 잠깐 놀러나가셨는데, 하도 재밌는 게 없어서 평화방송을 찾았어요. 평화방송을 틀었는데, 미사가 끝나고 이제 무슨 영화를 하더라고요. 그게 한 예수님에 대한 영화였는데, 예수님이 이렇게 그거, 못이 있잖아요. 못 같은 것에, 십자가에 못 박히고 돌아가셨는데, 그런 거 보면서 참 슬펐어요. 어떻게 사람들이 그런 짓을 할 수 있을지. 진짜 너무 무자비하고, 사람들이 참 무섭다는 생각도 들고. 그런데 또 3일 뒤에, 3일 뒤에 구하고 하셨잖아요. 부활하시고. 이제 예수님이 또 사람들의 죄를 다 용서해 주셨고, 하느님이 진짜 세상의 신이라고 믿는 사람도 있는 한편, 안 믿는 사람도 있죠.

어떻게 사람들은 하느님의 아들을 그렇게 할 수 있을지. 저라면, 저라면 진짜 그때 있었다면 진짜 믿었을 거예요. 여기 천사도 나와요. 천사도. 베드로가 있는데 제가 베드로에요, 세례명이. 베드로가 예수님 죽기 전까지 예수님 곁에 있어요. 있어서 돌아가시는 것까지 모시고, 성모 마리아님이 이제 아들을 안고 십자가를 다 내려놓으시고 관 속에 넣는 것까지 다 보고요. 3일 뒤에 다른 사람이 관을 여니까 예수님이 없다고 말하고, 성모마리아님은 다 알고 있었죠. 3일 뒤에 부활하실 거라고. 종교도 참 재밌는 거 같아요.

또 유다가 있어요, 유다. 유다가 있는데 유다가 열두 제자 중에 제일 악행을 제일 잘한 제자인데, 한마디로 하느님을 노예로 팔았던, 아니 예수님을 노예로 팔았던 거예요. 팔아서 노예 취급을 해서, 이제 자기는 돈을 막 벌죠. 떵떵거리며 살 줄 알았는데 그게 아닌 거죠. 만약 그런 사람이 있다면 용서를 빌었으면 좋겠는데. 그런 사람이 많이 늘어나니까.

## 돈 때문에 그만두려 한 태권도, 관장님의 도움으로 계속하다

**[내용 요약]**

한국에 와서 친구를 사귀었는데 그 친구를 따라 태권도를 시작했다. 기억력이 좋아 남들보다 빨리 단증을 땄고, 힘이 세서 친구들 사이에서 인기가 좋았다. 그러나 태권도장 회비가 계속 올라가서 끊고 이후에 다른 도장에 들어갔다. 거기는 회비도 오르지 않고 관장님이 공짜로 시범단도 하게 해 주고 돈도 주는 등 정말 잘해 줘서 재미있게 태권도를 했다.

**[주제어]** 친구, 태권도, 회비, 관장님, 메달

여기 나와서 두 달 동안은 진짜 한국말만 열심히 공부했어요. 사투리를 고치고 싶어서. 2학기 때 학교를 들어갔는데 친구를 사귀었어요. 근데 친구가 태권도를 하는 거예요. 태권도 하는 걸 보니까 재밌고, 저도 이제 할 게 없으니까 태권도를 좀 배우고 싶고 해서, 할머니가 허락은 해 주셨어요. 할머닌 처음에 안 된다고, 나중에 조금 더 있어보라고 그러더라고요. 계속 기다렸다가 태권도를 들어갔어요.

음. 제가 파란 띠 때, 제가 암기력이 좋아요. 그래서 태극 8장까지 외워서 빨간 띠를 따서 이제 국기원에 갔어요. 가서 품띠를 땄는데 품띠가 단이에요. 1단 따고, 그렇게 제가 한 8개월 만에 땄는데요. 원래 품띠를 따려면 1년 반 정도는 걸려요. 진짜 제가 빨리 본거죠.

애들이 많이 놀라고, 제가 할 때마다 반에서 힘이 세니까 애들이 최고라고 막 그랬죠. 그런데 거기 태권도 회비가 한 달에 만 원씩 올라가더라고요.

'아. 월급도 별로 못 받는데, 회비가 올라가면 태권도는 못 다니겠다.'

그래서 끊었어요. 이제 초등학교 다니면서 다른 태권도를 다니다가 또 나왔어요. 항상 옮겨서 다니다가, 이제 거기서 3년 했어요. 거기서 제가 너무 열심히 하는 모습을 보여 주니까, 시범단을 공짜로 해 주셨어요. 시범단에서 제가 거의 한 3등 정도, 삼등 정도. 일, 이, 삼등이 있어요. 거의 혼자서 1위를 두 번 정도 했고요. 품새하고, 겨루기도 1등을 했고. 그리고 금메달을 두 개 정도 땄고요. 호신술 같은 거 나가서 은메달 하나 땄고, 동메달 하나 땄어요.

그때 관장님한테도 되게 고마워요. 1등을 하거나 뭐 꼴등을 해도 안 좋은 모습은 안 보여 주셨어요. 되게 잘했다고 칭찬 많이 해 주셨고, 끝나면 저희가 낸 회비를 다시 2만 원씩 돌려주고 뭐 사먹으라고 그러셨어요. 그런 분은 제가 만난 사람 중에 좋은 분이었어요. 음, 중학교 담임선생님처럼 최고였어요. 신정동에 있을 때는 그렇게 태권도가 재미있었어요. 지금은 학교에서 체육시간에 태권도가 한 시간밖에 없어요. 태권도를 하긴 하지만, 지금은 이제 다 알고 있는 입장이라서, 제가 다 아는 거니까 별로 재미없어요.(웃음)

## 한국 학교에서 만난 친구들에게 감동 받은 사연

**[내용 요약]**

하나원에 있을 때 한글을 깨우치고 초등학교에 3학년 2학기로 들어갔다. 자신이 북한에서 왔다는 것을 친구들에게 굳이 숨기고 싶지 않았지만, 나이가 많은 것은 말하고 싶지 않았다. 이후 중학교

3학년 때 지금 학교로 전학을 와서 아이들이 진짜 나이를 알게 되었지만 별로 상관하지 않았다. 자신에게 잘 대해 주는 친구 두 명이 있었는데 그 친구들에게 감동을 받았다.

[주제어] 한글, 초등학교, 친구, 나이, 중학교

한글은 하나원에 6개월 있을 때 깨우쳤어요. 하나원이 하는 초등학교에 다녔어요. 이제 하나원 생활 마치고 나오면서 초등학교 3학년 2학기로 나왔어요. 2학년 들어가려 했는데요. 2학년으로는 제가 너무 키가 컸고 맞지가 않아서 3학년으로 들어갔어요. 이제 학교로 갔는데 애들이 처음에는 관심을 많이 가졌어요. 4학년 올라갈수록 애들이 호기심 그런 게 없고요. 잘 친하게 되더라고요. 제가 북한에서 왔다고 말도 했고요. 저는 숨기고 그런 게 좀. 뭐 숨기더라도, 이제 뻔한 사실인데 뭐 말하고 다녀도 괜찮다고 생각했어요. 그런데 나이는 공개하고 싶진 않았어요.

중학교 3학년 때 이제 전학 와서 애들이 제 주민등록 번호를 봤어요. 그래서 제 나이를 알았는데. 뭐 알아도 상관없었어요. 그냥 자연스럽게 묻어가는 거니까. 뭐, 장난으로 오빠 오빠하고, 형, 형하고 그러더라고요. 야, 야 하다가 그런 말 들으니까 좀 쑥스럽더라고요. 그냥 친구처럼 대해 주는 게 최고인 거 같아요.

중3때 저에게 제일 호기심을 많이 갖고, 잘 대해 주는 친구가 2명 정도 있었어요. 도덕시간에 '칭찬합시다'를 하거든요. 그때 할 때마다 한두 번씩 제 이름을 말해 주었어요. 너무 감동 깊게 썼더라고요.

"앞으로 뭐 사회 나가서도, 다른 북한사람 만나더라도 너처럼 대해 주겠다."

그러더라고요. 정말 그런 애들은 고마워요. 나쁜 애들 있는 한편, 진짜 잘해 주는 친구도 있어요.

# 좋아하는 과목과 어려운 과목

**[내용 요약]**
학교에서 배우는 수업은 대체로 잘 따라가지만 영어가 어렵다. 또 국어를 싫어하고 역사를 가장 좋아한다. 초등학교 때는 발표하는 것이 쑥스러웠지만 고등학생이 된 지금은 괜찮다. 수학도 어려운데, 학교 수학선생님의 성격이 특이하다.

**[주제어]** 학교 수업, 과목, 발표, 수학선생님

학교 수업은 잘 따라가는데, 역사가 가장 좋고요, 영어가 많이 어려워요. 국어도 좀 싫어해요. 발표하는 건 잘해요. 제가 초등학교 때까진 발표하는 것도 쑥스러워 했어요. 교탁 있잖아요. 교탁 앞에 나가서 연설해야 되니까, 그런 거 때문에 힘들었고요. 애들 얼굴 보면서 해야 되니까, 그 한 명 한 명 보다 보니까, 이게 막 이상해지고 그런 게 좀 그랬는데, 이번에는 남자고등학교라서 괜찮더라고요.
수학은 어렵고요. 초등학교 때부터 했더라면 꾸준히 따라 갔을 텐데. 잘 따라가지 못하고 또 선생님이 욕을 되게 잘해요. 수학선생님이 욕을 잘하고 화도 많이 내고 그러니까. 선생님이 야구를 좋아하시는데, LG를 좋아하세요. LG가 질 때마다 학교에 와서 저희들한테 욕을 하는 거예요. 화를 내고. 저희가 막 좀 떠들거나, 그러면 막 분위기를 다운을 시키는 거예요. 애들을 주눅을 들게 만드는 거예요. 욕을 막하고, 참 여러 가지 욕을 막 퍼부어요.(웃음) 아주 가지 가지로 퍼붓고, 이제 그 다음날에 LG가 또 이기면 웃고, 진짜 잘해 주시고…. 어떤 면에서 보면 좀 재밌는 분인 거 같기도 하고, 어떤 면에서 보면 이게 막 성격이 말릴 수 없을 정도로 쎈 거 같아요.

# 대학 진학의 꿈으로 이어진 역사 공부에 대한 관심

**[내용 요약]**

고등학교에 진학하면서 책을 많이 읽었다. 특히 역사에 대한 관심이 많다. 그래서 대학에 진학하면 역사 관련 전공을 가지고 싶다. 원래 체육에만 관심이 있었는데, 역사에 관심을 가진 이후로 삼촌이 소개해 준 누나의 도움을 받아 역사 공부를 열심히 하고 있다. 역사 공부를 열심히 하는 것을 보고 학교 선생님들이 잘 대해 주려고 하는 것이 좋다.

**[주제어]** 고등학교, 역사 공부, 대학교, 한국사, 현대사, 선생님

이번 고등학교 올라와서 책도 많이 읽고, 야자시간에 시간도 많으니까 숙제도 하고, 책도 많이 읽어요. 역사에 대한 그런 것도 많이 읽고 또 역사적인 거에 대해서 관심이 많아요. 그래서 대학을 역사 관련 학과를 전공으로 한번 가보고 싶고요. 뭐 그런 걸 하려면 이제 일단 인터뷰도 하고, 인터넷 조사도 하잖아요. 이제 제가 뭘 어떻게 해야 될지, 대학교에 가려면 어떻게 해야 될지, 그런 것도 알아야 되고. 제가 좀 암기력도 있고, 저한테 맞을 거라고 생각해요.

원래는 제가 워낙 체육밖에 몰라서 체육만 좋아했어요. 체육을 좋아했는데, 뭐 체육이 제일 좋죠, 애들한테는. 막 나가서 뛰어놀고. 그런데 3학년 되니까 이제 저도 이제 고등학교 올라가야 되니까 막 떨리더라고요. 여태까지 공부는 안 했지, 성적은 올린 게 없지. 그러니까 삼촌이 아는 누나 있었어요. 그 누나가 역사, 국사 그런 걸 좀 아는데요. 그 누나가 많이 도와주셔서, 그때부터 한국사 좋아하게 됐고요. 근대사, 조선을 건국한 사람이 이성계잖아요. 이성계부터 이제 고종 순종까지 해서 이제 다 뗐고요. 고등학교 올라와서 현대

사 이승만 대통령부터 이제 지금 박정희 대통령까지 공부하고 있어요. 공부하는 책이 있고, 또 프린트도 있어요. 학교에서도 선생님들이 되게 잘 가르치는 것 같아요. 선생님들도 제가 역사에 대해 이렇게 잘 알고, 이제 공부하는 것도 보여 주니까, 이제 저를 거기에 몰입하게 해 주시더라고요.

　'아, 참 좋다.'

그런 생각이 들어요.


## 자신감이 없던 소년이 만난 여자친구

**[내용 요약]**

한국에서 초등학교에 들어갔을 때, 반에서 좋아하던 여자아이가 있었지만 북한에서 온 난민을 좋아하지 않을 거라는 생각에 자신이 없어 고백을 못했다. 이후 태권도를 다닐 때에 알게 됐던 두 살 연하의 여자아이에게 친구의 장난 섞인 도움으로 고백을 해서 사귀며 재미있게 놀았다. 고등학생인 지금은 아침에 버스정류장에서 가끔 만나는 여학생을 좋아한다.

**[주제어]** 학교, 사랑, 여자친구, 고백


학교에서 생활하는데 사랑도 많이 했어요. 한 달을 사귀다가 깨진 적도 있고요. 제가 차인 적도 있고, 찬 적도 있어요. 초등학교 3학년 2학기 때 제가 들어갔잖아요. 그때 한 달도 안 됐는데, 반에 좋아하는 애가 생긴 거예요. 좋아한다는 말은 못하겠지. 그리고 또 제가 북한에서 왔다는 것을 애들이 다 아니까 더 힘들었어요. 북한에서 온 난민을 누가 좋아하겠어요? 그런 것도 있고 하니까 마음속으로만 좋아했고. 그러다가 이제 5학년 때, 5학년 때 한 여자친구가 있었는데요, 걘 공부도 잘했고 반에서 제일 나았어요. 제일 예뻤고, 마음도 괜찮았고. 그 친구가 사귀자고 했는데, 제가 고백을 안 해가지고. 계속 안 하다가, 끝났어요.

그러다가 태권도 다니면서 제가 5학년 땐가? 그때 두 살 연하인 친구가 있었어요. 연하였는데, 두 살 아래였어요. 그땐 제가 용기를 내서 고백을 했어요. 그렇게 고백을 하고 나니까, 이제 하루라도 못 보면 조마조마해지고, 계속 보고 싶고 빨리 빨리 하루가 지나갔으면 좋겠다는 생각도 들고 그랬어요. 또 같은 학교였어요. 걘 3학년이어서, 쉬는 시간에 그 반에 찾아가서 재미있게 놀았어요. 제가 전학 안 왔으면 계속 사귀었을 거예요. 걔가 태권도 다니다가 그만두고 학원을 다니게 됐는데, 지금은 모르겠어요. 이사를 갔을지.

제가 그 친구한테 좋다고 했는데요. 제가 좋다고 하니까 얘는 부끄러웠나 봐요. 집이 태권도장 옆 근처이니까 부끄러워서 바로 도망을 가더라고요. 저도 말 꺼내는 것도 처음이어서 부끄러웠고요. 제가 왜 고백하게 되었냐면요. 이제 저랑 같은 학년인 남자애가 있었는데요. 그 태권도에서도 저랑 대화를 많이 하고 그랬어요. 학교는 다른 데였어요. 그런데 제가 먼저 얘기를 했어요, 걔를 좋아한다고. 그래서 한 2주일 정도 지났는데, 걔가 저한테 이러는 거예요.

"니가 재한테 고백을 안 하면 내가 먼저 한다."

이러는 거예요.(웃음) 그래서 걔한테 뺏기기 싫어서 내가 먼저 한 거예요. 그런데 그게 뻥이었어요. 나중에 알게 됐는데, 아니, 그런데 고맙긴 고마웠어요. 용기 없는 저를 용기 있게 고백할 수 있게 해줘서. 그래도 아직도 고백하는 거에 대해선 조금 힘들어요.

중학교 때는 좋아하는 사람이 별로 없었는데, 고등학생 되어서 여기 전학을 와서, 버스 정류장에서 아침마다 만나서 인사하고 얘기하는 친구가 있었어요. 그런데 매일 보는 건 아니고 1주일에 한 번 보거나 해요. 저도 이제 걔랑 학교가 다르니까. 이제 시간도 잘 안 맞아요. 걔는 40분, 45분씩 가고, 일곱 시 반까지 가야 돼요. 그래서 걔를 만나려면 일부러 일찍 가야 해요. 저도 참 부지런하죠.(웃음)

## 대통령을 비판했다는 이유로 같은 반 친구에게 간첩 신고를 당하다

### [내용 요약]

학교를 다니면서 그동안 별 문제가 없었는데, 고등학교를 다니는 지금이 가장 힘든 시간이다. 같은 반 아이가 국정원에 간첩으로 신고를 했기 때문이다. 이전에는 학교가 너무 좋아서 마치 내 집 같다고 생각할 정도였는데, 요즘에는 그 일 때문에 학교에 가는 것도, 그 아이 얼굴을 보는 것도 불편하다.

### [주제어] 학교생활, 국정원, 간첩신고

학교생활을 하면서 저를 비난하거나 궁지에 모는 친구는 별로 없었어요. 초등학교 때 저를 '빨갱이'라고 부르는 애들이 한 명 정도는 있었는데, 그 후로는 없었어요. 저랑 다 잘 지냈고요. 제가 또 애들한테 잘해 주니까 괜찮았어요. 그런데 이번에 제가 뒤통수를 맞았어요. 살아오면서 지금이 가장 힘든 시간인 것 같아요. 이때까진 힘든 일이 없었어요. 꽃제비 생활하면서 굶주렸어도 살아 버텼고요.

저희 반 애 하나가 있어요. 걔가 지금 전교 회장을 하고 있어요. 원래 3학년이 하는 건데, 이전 회장이 담배 문제로 걸려서 임시로 이 친구가 하고 있는 거예요. 그런데 얘가 지금 힘을 가지고 있으니까, 자기가 회장이 됐으니까, 모든 애들을 이제 자기 권력으로 대하는 거예요. 그렇게 걔 힘으로 지금 저를 그러는 거 같아요.

그 친구가 단지 제가 단지 북한에서 왔다는 이유만으로 국정원에 간첩신고를 한 거예요. 여태까지 그런 일은 없었는데, 이번이 진짜 최악인거 같아요. 최악이었고, 아직까지 걔가 미안하단 말도 없어요.

그런데 이유가 웃긴 게, 제가 대통령 욕을 했다고 신고를 했다는 거예요. 국정원에. 그것도 그냥 물어보려고 했다는 거예요, 간첩 아니냐고. 그게 말이 되는 거예요? 그냥 물어보려고 했는데, 이름을 못 밝히면 그게 안 되잖아요, 이름 있어야지. 걔가 스무 번 넘게 거절을 했다는데, 스무 번 넘게 거절한 게 그러겠어요. 한두 번이면 거기서 바로 알 수 있는데.

솔직히 지금 한 반에서 걔를 보는 게 조금 불편해요. 저번, 어제 그저께는 학교 가기도 싫었어요. 걔 얼굴 보기도 보는 것조차 막 화나고 감정을 다룰 수 없을 거 같았어요. 어느 정도 정리가 된 줄 알았는데, 그것도 아니더라고요. 원래는 3학년 때부터, 초등학교 3학년 때부터 다니다가 5학년 때부터는 학교가 매우 좋았어요. 제가 감기 걸리거나, 간질병이 있어요. 그런 걸 앓고 그 다음날 머리 아파도, 학교에 가고 한 번도 빠진 적이 없어요. 중학교 1학년 때 한 달 정도 빠진 적은 있는데, 그 다음부터는 빠진 적이 없어요. 이렇게 인터뷰를 할 때

"학교가 좋으냐?"

그러면,

"학교가 제 집입니다."

그렇게 말을 많이 했어요. 솔직히 제가 학교가 집이고 배우는 곳이기도 하고 선생님들도 있으니까.

"선생님들은 저의 어머니이고, 아버지도 될 수 있어요."

그렇게도 많이 말했어요. 솔직히 맞는 말이었거든요. 학교가면 선생님들이 공부도 가르쳐 주시고, 점심도 주시잖아요. 학교가 제 집이라고 생각했어요. 그런데 그런 일이 생긴 거죠.

이강호 이야기

조 사 일: 2011년 4월 12일 화요일

조사시간: 오후 6시 30분~8시(1시간 30분)

구 술 자: 이강호(가명, 남, 1992년생, 채록당시 20세)

조 사 자: 김종군, 김명수, 이원영

조사장소: 서울특별시 광진구 능동로 120 건국대학교 문과대학
　　　　　교수연구동 611호

조사장비: 디지털 HD캠코더, 디지털 레코더, 디지털 카메라

　구술자는 그룹 홈에서 동생과 함께 생활하고 있다. 부모도 없이 두 형제가 우여곡절을 겪으며 탈북했다는 이야기를 접하고 구술을 청했다. 수줍어하는 듯이 말수가 무척 적었다. 그러나 살아온 이야기를 해 나가면서는 자신의 생각을 또렷하게 밝히기도 했다.

　구술자는 친동생과 함께 두만강을 건너면서 물살에 떠내려 갈까봐 끈으로 서로의 허리를 묶고, 헤엄을 치면 물소리로 국경수비대에게 발각될까봐 물밑으로 걸었다는 두만강 도강 노정을 매우 인상적이게 구술하였다. 그리고 동생을 보살피는 애틋함이 이야기 곳곳에 묻어나 감동적이었다. 아버지가 군대를 제대한 후 가정을 돌보지 않자 어머니는 동생을 큰집에 맡기고 구술자만을 데리고 두만강을 건넌다. 탈북 후 엄마 곁에서 눈을 붙이고 일어나 보니 엄마가 없었다고 한다. 자신을 버리고 떠났다는 배신감이 큰 상처로 자리잡고 있는 듯했다. 이후 중국 내륙의 부잣집에 양자로 팔려갔다가 도망 나온 이야기, 공안에게 잡혀서 북송당해서 소년 교화소에 감금됐던 이야기, 재혼한 아버지를 생각해서 스스로 동생을 챙겨 탈북했던 이야기들을 무척 담담하게 풀어냈다.

　그룹 홈과 고등학교에 적응하는 과정에서는 어려움과 불만을 드

러내기도 했다. 탈북할 때는 시골에서 농사나 짓고 살겠다는 꿈을 가졌는데, 그룹 홈 생활에 적응하면서 사회복지사를 꿈꾸어 본다고 희망을 말하기도 했다.

# 구술 이야기 목록

· 북한에서 살아온 이야기와 탈북을 결심한 계기
· 북한에서의 학교생활과 어려운 식량 사정
· 북한에서 약초 캐던 시절에 대한 기억
· 중국에서 어머니와 하루, 나 혼자 3년
· 북송, 다시 중국으로 나와 엄마를 만나다
· 배고픔보다 힘들었던 북한의 자유 침해 문제
· 변론은 없고 수긍만 있는 북한의 생활총화 문화
· 동남아를 거쳐 자유를 찾으러 한국으로 오다
· 편안했던 하나원, 전쟁터 같은 남한 사회 적응기
· 피부로 느끼는 한국 사람들의 편견
· 남과 북의 같은 점과 다른 점
· 한국에서 생각하는 자신의 꿈

# 북한에서 살아온 이야기와 탈북을 결심한 계기

**[내용 요약]**

2010년에 동생과 둘이서 한국에 왔으며 아버지는 북한에, 어머니는 중국에 있다. 원래 1998년에 어머니와 중국에 갔다가 헤어지고 3년 후에 북송된 적이 있었다. 그러나 북한을 배신하고 갔었다는 주변 사람들의 인식 때문에 17살에 탈북을 결심하고 동생과 함께 목숨 걸고 두만강을 건너 중국으로 갔다.

**[주제어]** 함북 경원, 어머니, 중국, 북송, 배반, 탈북

이름은 이강호이고, 나이는 스물 살이에요. 고향은 함경북도 경원군. 지도에서 제일 위에 있어요. 샛별군이라고 하기도 하고 경원군이라고 하고 두 가지로 쓰는 것 같아요. 거기 나진 쪽에는 중국 사람이 많이 와서 시내라고 했는데, 우리는 샛별이라서 산밖에 없어요. 농사짓는 벌판도 적고, 산이 많고요. 층집(아파트)이라는 것도 한 십 리 정도 걸어 나가야 있고요. 시골이에요, 시골. 나진은 기차를 타고, 여기 차로는 한두 시간, 아니 한 시간이면 가는데 거기는 가다가 정전되면 3일 씩 막 묵고, 차가 막 중간에 서고 그래요. 차가 가질 않고 10분 가다가 정전되면 또 서고, 기차가 그래요.

한국에는 2010년 5월 7일 날에 입국했어요. 들어와서 국정원 3개월, 하나원 3개월. 하나원 국정원 다 합쳐서 6개월 정도. 그리고 11월에 나왔어요. 철호하고 둘이만 나왔어요. 아버지는 북한에 계시고요. 어머니는 중국에 있어요. 98년도에 저 여덟 살 때 어머니하고 같이 중국에 들어왔었어요. 그리고 어머니는 남고, 저는 열한 살 때 잡혀 북송됐어요. 여덟 살에 어머니랑 같이 중국에 갔다가, 자고 나니까 어머니가 없더라고요. 제 여덟 살 때 혼자 돌아다니다가 열한

살에 북송됐어요. 다시 나갔어요. 북한에 다시 잡혀 나갔어요.

그러다가 열일곱 살에 동생을 데리고 왔어요. 그때 북한에서 제가 7년 정도 살았거든요. 북한에서 사는 게 솔직히 말해 동생하고 너무 힘들었어요. 저희 어머니 같은 경우 북한에서 중국으로 왔으니까, 북한 사람들이 보는 눈이 무서워요. 학교 애들이 왕따 비슷하게,

"쟤는 엄마가 중국에 갔다. 나라를 배반하고 갔다."

그런 이미지가 안 좋아져서, 사람들 보는 시선이 좀 좋지 않았어요.

그래서 저하고 동생, 그냥 목숨 걸고 왔어요. 저희 집에서 두 시간 정도 걸어가면 이렇게 길옆에 두만강이에요. 그리고 저 그때 열일곱 살 때, 9월 26일 추운 날에 동생이랑 같이 두만강 건넜어요. 밤에 동생 여기(허리를 만지며)에 나도 여기에, 서로 끈 매고. 이렇게 같이 떠내려가더라도 같이 끈 매고 두만강을 건넜어요. 그때 강물이 엄청 깊었던 거 같아요. 거기서 물소리나면 그냥 군대들이 총 쏠 수 있잖아요. 그래서 수영 칠 줄 알아도 밑으로, 물 밑으로 왔어요.

학교에서 제가 북송되어 온 것도 다 알았어요. 제가 옷을 하나 사 입어도

"중국에서 엄마가 보내 준거다."

이렇게 얘기를 하고 그랬어요. 그런 게 진짜 무서워서 뭐 사기도 힘들어요. 뭐 사면 엄마가 보낸 거라고. 제가 중국에 가서 몇 년 있다가 오니까, 친구들은

"중국은 어떠냐? 진짜 피를 막 뽑고 팔 다리 다 자르고 그러냐?"

북한에서 그래요. 중국가면 인(人)돼지로 만든다고, 북한 사람 가면 이 피 뽑고 팔다리 다 자르고 그런다고. 실제로는 안 그러는데 중국 못 가게 하려고 그런 교육을 해요. 거기선 제가 가서 다 아니라고 해도, 실제로는 안 그러는데 애들이 그렇게 믿고 있어요. 지금은 잘 모르겠어요.

지금 생각하면 두만강을 어떻게 건넜는지 모르겠어요. 차라리 그렇게 사는 것보다…. 일이란 게 어떻게 되는 줄 모르잖아요. 지금 와서 이렇게 편안하게 살고 있잖아요. 거기서 굶어 죽으나 오다가 총에 맞아 죽으나 그냥 그런 생각으로 건너 왔던 거 같아요. 제가 그니까 딱 오기로 마음먹은 게. 오전까지는 학교를 갔었어요. 오후에 갑자기 생각이 제가 혼자 결정했거든요. 오전까지 학교를 열심히 다녔어요. 오후에 갑자기 그랬어요. 오후에 학교를 안 나가고 동생을 설득했어요. 그때 두만강을 건너니까 7시, 저녁 7시. 그때 군대들이 밥 먹을 때였어요.

두만강 건널 때가 한 20분 건넌 거 같아요. 그러니까 강 너비는 한 50미터 정도 되는데 바로 수영 치면 엄청 빨리 오는데…. 이렇게 사선으로 건넌 거 같아요. 거의 떠내려가지요. 걸어오지도 못해요. 물소리 내고 싶어도 혹시 군대들 볼까봐 헤엄도 못 쳤죠.


## 북한에서의 학교생활과 어려운 식량 사정

### [내용 요약]

북한에 있을 때는 학교를 제대로 다니지 못했다. 보통 북한 아이들은 학교를 제대로 안 다니고 문맹자들도 많다. 아이들이 학교를 가지 않으면 선생님들이 집으로 찾아와 학교로 데리고 간다. 북한에서는 식량사정이 좋지 않아 학교를 다니면서 공부를 해야겠다는 생각보다는 당장 먹고 살아야 하는 걱정이 더 컸다. 사람들이 일을 해도 거의 군량미로 다 빠져나가서 돈이나 식량을 제대로 받기가 힘들었다. 그래서 보통 산에서 약초를 캐서 생계를 유지했다.

[주제어] 학교, 문맹, 선생님, 걱정, 군량미, 약초

지금 학교 다니면서 보니까 또 공부 이런 게 스트레스죠. 하나원에 있을 때는 여기서 나가면 그냥 자유롭게 살 줄 알고 그랬는데 그렇지 않네요. 북한에서 학교 다닌 거는 초등학교, 중학교 다 합해도 1년도 안 될 걸요? 그러니까 학교는 마지막에 좀 다닌 거 같아요. 넘어오기 전에 좀 다닌 거 같아요. 북한 애들은 학교를 잘 안 다녀요. 또 북한에는 문맹자들이 많아요. 글 못 읽는 애들, 그런 애들 많아요. 그러니까 거기서 배워주는 그것을 잘 따라가지 못하죠.

학교 안 가면 막 밤 12시에 들이닥쳐서 선생님이 학교에 데리고 오고 그래요. 저도 그렇게 그냥 끌려 나갔어요. 학교를 안 다니다가 밤 12시에 갑자기 와가지고 데리고 가고. 학교 안 나가면 또 먹고 살아야 되잖아요. 배고프면 진짜 공부라는 게 머리에 안 들어가요. 하루 종일

'어떻게 살지?'

그런 생각하지, 공부에 진짜 아무것도 안돼요.

북한에서는 식량 사정이 정말 안 좋았어요. 일 하는데도 다 안 줘요. 배급은 다 군량미로 빠져 나가고, 주긴 주는데 생각했던 거보다, 원래 제대로 하면 다 줘야하는데 그 절반, 절반도 안 줘요. 산에는 약초 같은 거 고사리 이런 거 있고 하니까 중국 사람들 그런 거 많이 사가고 하니까 그냥 그런 거 뜯어다가 팔고 다 그런 일 해요. 학생들, 학교 인구가 400명이라면 나오는 사람 절반도 안 나오는 거 같아요. 교실마다 비어 있는 거 같아요. 다들 일하러 가야하니까. 약초 같은 거 캐면 저희 지역에서 나진까지 나르는 사람이 있어요. 그런 사람들이 사가고. 아버지는 농사일을 하셨어요.

# 북한에서 약초 캐던 시절에 대한 기억

**[내용 요약]**

구술자가 살던 곳은 산이 많은 지역이었다. 그래서 보통 약초를 캐면서 살았는데 약초를 캐다 보면 옛날 묘나 관도 많이 발견됐다. 어떤 사람들은 그런 무덤에서 나오는 골동품을 중국에 팔기도 했는데, 이강호는 무서워서 무덤에서 골동품을 줍지는 못했다. 이강호는 약초를 캐는 것뿐만 아니라 나무도 하고, 고기도 잡으며 지냈다고 한다. 가을에는 농장에서 옥수수를 훔쳐다 먹기도 했다고 한다. 또한 집은 하모니카 주택으로, 400세대 정도가 살던 큰 마을이었다.

**[주제어]** 약초, 무덤, 골동품, 나무, 고기잡이, 옥수수, 하모니카 주택

북한에는 산이 많아요. 약초 캐다보면, 제가 그것 때문에 고생했었는데, 옛날 묘 같은 것도 좀 우연히 파게 되기도 해요. 옛날 묘도 그런 것도 나오고. 무덤 같은 거 이렇게. 약초 캐려고 생각 없이 이렇게 파다가 보면, 이렇게 옛날 무덤이 돌이 이렇게 깔려 있잖아요. 그런 게 나오고. 약초 캐다가 돌을 탁치면, 생각 없이 툭툭- 치면 관이에요. 거기가 산이니까 그런 게 많아요. 옛날 무덤 같은 게. 그리고 사람들은 거기서 골동품 그런 거를 가지고 중국에 장사하는 게 많아요. 근데 저는 골동품은 못 주워보고, 그때는 무섭기만 했어요. 약초라는 게 애들이랑 같이 가는 게 아니거든요. 애들이랑 같이 가면 많이 못 캔다고 혼자 가니까, 너무 무서워서 갑자기 도망치기도 하고.

약초 종류는 무척 많은데, 둥글레, 산덕 이런 거요. 거기는 동물도 없어요. 거기 사람들이 다 잡아먹어서. 나무도 얼마 없고 멀리 올라가면 있긴 있어요. 나무하러 갈라 하면 한 다섯 시간 가야 해요. 근

데 지금은 그나마 있던 나무도 아마 없을 거예요. 다 잘라 버렸을 거예요. 그리고 저희 사는 게 거의 아프리카 원주민처럼 아침에는 윗도리 벗고 그냥 고기잡이 가고 그런 생활이거든요. 저도 그냥 그렇게 생활을 하고 아침에 일어나면 여러 명이서 고기잡이 가고 그렇게 살았어요. 겨울에는 나무 하러 가고, 땔나무. 여름에는 고기 잡고, 가을에는 여기로 말하면 옥수수, 강냉이 같은 거 캐러 다니고. 먹고 살기 위해서요. 거기는 거의 농장 거니까 이렇게 훔치죠. 개인 거는 절대로 안 그러고, 농장 꺼 훔쳐가지고. 그거 못 훔치는 게 바보예요. 먹고 살아야 하니까 다 훔치는 거예요.

제가 살던 마을이 좀 컸어요. 한 400세대, 집은 하모니카 주택이라고 하나, 주택이 이렇게 쭉 길어요. 거기에 한 네 집 붙어 있고. 그냥 여기로 말하면 거기는 한 동으로 된 집이 없어요. 있긴 있는데 좀 비싸지요, 그런 집은. 집은 방 한두 칸 마루 있고 그래요. 어떤 집은 엄청 작고. 볏짚이나 강냉이 대 마른 거로 불 때고, 석탄 주워다가 때기도 하고.


## 중국에서 어머니와 하루, 나 혼자 3년

**[내용 요약]**

아버지는 자주 교화소에 드나들었고, 혼자 아들 둘을 먹여 살리기 힘들었던 어머니는 동생을 큰아버지 집에 맡기고 구술자와 함께 중국으로 갔다. 그러나 하루 만에 어머니와 헤어진 후 중국에서 혼자 3년 동안 살았다. 그 당시 중국 부잣집에 양자로 들어갔는데 그 가족들은 엄청 잘해 주었지만 나쁜 짓을 하며 말을 안 들었다. 이후 그 집에서 가출을 했지만 곧 북송되어서 나중에는 좀 후회가 되었다고 한다.

엄마가 동생을 두고 가자고 했는데, 그때 철호는…. 아으- 그때 또, 아버지가 군대 갔다와가지고, 북한에서 군대 가면 호랑이 가죽 썼달까? 군대 가면 좀 그런 게 세져요. 거기서 군대 갔다 온 사람은 대우 같은 거를 좀 해 줘요. 그래 가지고 저희 아버지는 군대에서, 여기로 말하면 장교 그런 거 하시다가 와서, 이렇게 시골에 갑자기 들어와 가지고 사람들 노는 게 너무 그래서 간부들이나 반장 그런 사람들도 마땅치 않다고 막 때리고 그래서, 다 꼬여가지고 교화소에 들어가고 그랬어요. 그때 그러고 나니까 저희 가족은 아버지부터 교화소에 가서 없으니까, 솔직히 말하면 엄마 혼자서 남자 둘 맥여 살리는 게 쉬운 일은 아니잖아요. 그래서 동생은 큰아버지 집에 맡기고 저만 데리고. 제가 일곱 살 땐지 여덟 살 땐지 회령으로 간 거 같아요. 장마철이고 한 8월 달인데 그때 그리로 오고. 그러다가 중국에 와서, 자고 일어나니까 엄마가 없더라고요.

중국에 가서 첫 번째는 엄마하고 하루 만에 헤어지고, 두 번째 엄마하고…. 먼저 제가 북송 됐다고 말했잖아요. 혼자서 3년을 중국에서 살았어요. 한 8살에서 11살까지는 3년을 혼자서 그냥. 지금 보면 그때 제가 팔려 다녔던 거 같아요. 제가 지금 기억하기로는 엄청 잘 사는 집 부잣집 그런 데서 제가 생활했는데, 거기에서 '아버지'라고 하라고 그랬어요. 그 집 가니까 딸만 둘이 있었어요. 지금 생각해 보니까 양아들로 들어간 거예요, 중국사람 집에. 거기가 중국 완전 안쪽이에요. 거기는 조선족이라는 사람들도 없는 데예요. 기차 타고 한 1주일 정도 엄청 먼데까지 들어갔던 거죠. 그 아저씨도 제가 북한에서 온 걸 아니까, 솔직히 말해서 연변 지방은 좀 위험하잖아요. 그런 곳으로 들어가면 잡힐 일이 없다고, 그래서 가서 그냥 살았어요.

그 아버지란 사람도 차량 기사까지 두고 엄청 잘 사는 집이었었는데, 제가 너무 장난기도 심하고 너무 말을 안 들었어요. 말도 못 알아듣겠지, 솔직히 제 엄마도 아니잖아요. 한 2년 정도 생활했는데 그래도 정이 안 붙더라고요. 저 거기 2년 살고 왔어요. 그쪽 말 전혀 못 알아들었어요. 열한 살 때인데, 거기 부모님들이, 아버지가 초등학교 교장하는데, 아침이면 학교에 데려다 주면서 저를 진짜 열심히 키우려고 하는데 제가 진짜 말을 안 들었어요. 도망쳐 나왔어요. 싫다고 집도 안 들어가고. 그때 생각에

'좀 나쁜 짓을 하면 내보내겠지?'

하는 생각에, 집에서 나쁜 짓을 많이 한 거밖에 생각이 안나요. 집에서 막 이렇게 어질러 놓고, 청소해 놓으면 어질러 놓고 나쁜 짓을 많이 했어요, 살기 싫어서. 잘해 주기는 엄청 잘해 줬어요. 누나들도 둘이 있는데 다 진짜 양아들이라고 잘해 줬는데, 제가 왜 그런지 모르겠어요. 싫었어요. 솔직히 말해서 말도 모르고, 말은 거기 1년 사니까 좀 바뀌더라고요. 진짜 학교도 열심히 보내고, 지금 생각하면 그 집에서는 저를 열심히 잘해 줬는데 제가 말을 안 들었어요.

어머니는 제가 그 집에 간 줄 몰랐어요. 제가 자고 일어나니까 엄마는 어딘간 없었어요. 솔직히 말해 엄마가 없어서 울지 않았냐고 물어보는데, 솔직히 저는 눈물이 나기보다는 악밖에 안 나더라고요. 아침에 일어나니까 엄마가 없고 남들은 엄마 없어지니까 그렇지 않느냐고 하는데 저는 그렇지 않았어요. 그냥 배신한 거라고만 생각하고, 엄마가 밉기만 하고. 그렇게 팔려가서 살았어요.

그 다음에 그 집에서 가출하고 또 연변으로 나와서, 잡혔죠. 그렇게 잡히고 나니까 후회가 많이 되더라고요.

'내가 왜 이랬을까? 거기서 그냥 살 걸.'

그 집에서 그쪽 국적으로 신분도 다 해 주고, 돈까지 주고, 맥여 가며, 진짜 열심히 키웠는데. 지금 생각하면 북한에서 고생하면서,

'말 좀 잘 들을 걸.'

그런 생각만 했어요.

여덟 살 이전의 기억도 생생해요. 제가 어렸을 때 정말 장난기가 심했던 거 같아요. 지금도 장난기가 좀 있는 거 같은데, 어렸을 때 진짜 장난을 너무 심하게 해가지고. 그러니까 그대로 자랐으면 지금도 활발하게 됐을 텐데, 중국에서 나오면서 소년 교화소에 있다 보니까, 성격이 확- 바뀌었어요. 충격을 너무 많이 받아가지고 제가 이렇게 된 거 같아요.


## 북송, 다시 중국으로 나와 엄마를 만나다

### [내용 요약]

북송 된 이후로 청진에 있는 소년 교화소에 들어갔다. 교화소에서는 폭행도 자주 발생해서 그곳을 탈출하려다가 사고로 죽는 아이들도 있었다. 다시 집으로 갔을 때 아버지는 새엄마와 살고 있었다. 힘든 가정형편에 한 사람이라도 없는 게 아버지에게 도움이 되겠다 싶어 동생과 함께 집을 떠나 탈북을 했다. 중국 왕청에 가서 어머니를 만나 재혼을 한 어머니의 집에서 1년 4개월 정도 농사일을 했다.

### [주제어] 북송, 소년 교화소, 아버지, 동생, 어머니, 재혼

북송되면 소년 교화소라는 곳에 가요. 그것도 함경북도 청진시에 있는데 거기에 한 6개월 정도 있었어요. 5층 건물인데 거기에서 애들이 막 도망치다가 떨어져서 죽는 애들도 있어요. 그 교화소 내에서 너무 힘들게 해요. 소년 교화소인데도 막 때리고. 제가 그때 열한 살 때 봤는데, 담요를 면도칼로 찍어서 5층에서 입구를 다 막아놓고 지키니까, 애들이 창문으로 도망치다가 떨어져서 죽는 거예요. 탈출하다가 끈이 탁 끊어지면 떨어져서 죽는 거죠.

아버지하고는 같이 안 살았어요. 그때 아버지는 후처, 후엄마와 재혼해가지고, 솔직히 말해 아버지는 힘드니까 저희한테 관심이 없었어요. 거기서 먹고 살기 힘드니까, 사람 하나 더 있는 게 힘들잖아요. 저도 속으로 아버지가 저하고 동생하고 오는 게 아버지한테 도움이 되겠다고 생각해서 말 안 하고 그냥 왔어요. 동생하고 둘이서. 철호에게 가자 하니까 처음에는 되게 망설이더라고요. 처음에는 가기 싫다고 하다가 형 혼자 가겠다고 하니까 할 수 없이 따라 나선 거죠.

건너니까 거기가 중국 왕청이에요. 다리가 끊어진 데가 있는데, 왕청에 가서 엄마한테 연락했죠. 엄마가 중국에 있을 때도 돈이랑 좀 보냈었거든요. 저희가 어리니까. 그리고 휴대폰도 있었어요, 엄마가 보내준 거. 그래서 북한에서 어머니하고 계속 연락은 했어요. 그래서 엄마를 만나고, 그 다음에 1년 4개월 동안 농사일 했죠, 중국에서. 왕청에서 연길이라는 시골 있는데, 거기서 제가 농사일 1년 5개월 정도 농사일 했어요. 엄마네 집에서. 어머니도 재혼하셨어요.

엄마랑 헤어지고, 엄마를 많이 원망했어요. 지금도 그래요. 그래도 미워도 부모잖아요. 그때 상황이 또 그렇게 됐겠죠. 제가 이해해야죠. 그러니까 저하고 엄마하고. 여덟 살 때 헤어져 가지고 열일곱 살 때 만났으니까 거의 9년 10년 정도. 저는 엄마 얼굴을 좀 어느 정도는 알겠는데 동생은 얼굴을 모르더라고요. 엄마 얼굴을 몰라요.

"저 사람이 네 엄마다."

이렇게 말해 주니까 그때서야 알았어요. 저도 엄마 얼굴 솔직히 말해 저도 몰랐어요. 동생도 엄마 얼굴 몰랐고. 그러니까 저희 형제 둘 다 부모들한테 정이 없어요. 솔직히 말하면. 어렸을 때부터 다 이렇게 헤어져 살아서 정이란 게 없어요.

# 배고픔보다 힘들었던 북한의 자유 침해 문제

**[내용 요약]**

북한에서는 먹고 사는 문제도 힘들긴 했지만 자유를 침해받는 문제가 더 어려웠다. 북한에서는 다른 곳으로 갈 때도 절차가 엄청 복잡하며 학교에서도 학생들을 죄인처럼 대한다. 북한에 있을 때 몰래 TV로 남한의 소식을 보았다. 하지만 적발되면 큰일나기 때문에 아무리 친한 친구라도 그런 것은 말하지 않는다. 북한에서 남한에 대해 교육하는 것과 실제 남한 TV로 나오는 것이 너무 달라서 충격을 받기도 했다.

**[주제어]** 자유, 죄인, TV, 남한, 드라마, 교육, 충격

만약 먹고 사는 게 어렵지 않았다면 안 넘어왔을 거 같아요. 그리고 저는 먹고 사는 거보다 제일 어려웠던 게, 자유 문제였어요. 남한은 그냥 뭐 부산 가겠다 하면 그냥 차표 떼 가지고 가면 되잖아요. 북한은 한 발자국 옮기는 데에도 무슨 인민반장 도장 찍고, 엄청 복잡하고, 절차를 엄청 많이 거쳐요. 어디 조금만 가더라도 엄청 복잡하고. 군 시장은 괜찮은데 나진, 중국 사람들 있는 데에 가려면 엄청 복잡하죠. 또 학교에서도 매일 잡으러 오고. 저희들 딱 죄인처럼 그냥 밤에 때 없이 잡으려고 하고. 그리고 학생들도 모내기 시켜요. 농사일을 막 시키고. 학생이 공부해야지, 그런 거 막 시킬 때는 답답했어요. 그 모든 게 돌아가는 게 어려웠어요.

아— 북한에 있을 때, 남한 소식이나 TV로 그런 거도 봐요. 저희 집이 다 두만강 옆이니까 중국 위성 잡혀가지고, 중국에서 한국 TV 많이 나오잖아요. 그걸 받아가지고 봤어요. 물론 걸리면 그냥 그 집이 박살나죠. 특히 보위부. 막 돌아가면서 감사하거든요. 밤에 보위

부 돌아 다녀요. 저도 드라마 대장금이나, 노란손수건, 그것도 북한에서 다 봤어요. 다른 마을 사람들도 보겠지만 말은 안 해요. 믿지 못해요, 아무 사람도. 친구래도 그런 거 안 말해요.

한국 TV 보고서는 진짜 충격이었어요. 북한에서 교육하는 거는, 남한은 진짜 못 살고 미국 군대들이 한국에 들어와서 한국 사람들 자유롭게 못 살고, 미국 사람들이 한국 사람들 막 죽이고 그렇게 말하거든요. 엄청 못 산다고. TV에서 보고 정말 깜짝 놀랐죠. 또 TV에 뭐 경제 돌아가는 거 다 나오잖아요. 차, 높은 빌딩 막 그런 거 보고 진짜 깜짝 놀랐죠. 내가 배운 거하고 엄청 다르니까.


## 변론은 없고 수긍만 있는 북한의 생활총화 문화

### [내용 요약]

북한에는 생활총화라는 것이 있는데 다른 사람의 생활 태도 등에 대해서 비판하는 것이다. 특히 학교에서 생활총화를 할 때는 복장이나 머리가 불량하면 비판의 대상이 된다. 비판받는 사람은 보통 변론을 하지 않고 수긍을 하는데, 그래야 빨리 끝낼 수 있기 때문이다. 어머니가 중국에 갔기 때문에 거의 비판을 당하기만 했지만, 비판 받는 것에 대해 어쩔 수 없다고 생각하고 있었다. 학교에서 생활총화를 할 때에는 보통 뒤에서 반항하지 않을 법한, 집이 못살거나 약한 아이들을 대상으로 한다.

### [주제어] 생활총화, 학교, 복장, 불량, 비판, 타깃

생활총화, 생활총화라는 게 그냥 비판하는 거예요. 내가 뭘 잘못했다는 식으로. 제대로 하려면, 머리 깎아도 좀 북한에도 모히칸 스타일처럼 그렇게 하는 거 있거든요. 북한에서도 중국 영화나 그런 거 보니까 조금씩 구레나룻도 기르고 그러죠. 그러면 학교에서 잡아가서 막 강제로 깎으라고 하고. 일부러 생활총화할 때는 복장 좀 불량하게 입고 나가요. 딱히 비판할 건 없으니까 저희 같은 경우에는 좀 복장이나 그런 거 불량하게 입고 나가서 불량하다고 막 비판거리 만들고.

학교에서는 한 중학교 3학년까지는 담임선생님이 있었거든요. 중학교 4학년부터는 담임선생님이 나가고, 학급회장이랑 부회장이 앞에 나가 총화를 해요. 그게 한 사람만 타깃을 삼아서 비판해요.

"누구누구는 뭐가 문제라고 생각합니다."

이런 식으로 해요. 기분 나빠도 어쩔 수 없죠. 변론은 없어요. 그리고는

"네, 잘못 했습니다. 다시는 안 그러겠습니다."

이런 식으로 대답하고. 그게 시간도 오래 걸리고 하니까 무조건 수긍을 하죠.

"시정하겠습니다."

근데 어른들 하는 거와 학생들 하는 게 다르죠. 어른들은 진짜 국회 수준이에요. 그렇게 하는데 애들은 그냥 대충대충… 선생님도 없고 저희들끼리 할 때에는 그 벽에 김일성이나 김정일 그거 다 노트에 쓰고 읽어야 되는데, 그냥 그거 안 쓰고 벽에 걸려 있는 것만 보고 막 생략하고. 김일성 뭐, 학생들한테 뭐 공부를 전심전념해야 한다는 교시와 말씀 있는데 그런 거 원래는 다 읽어야 되거든요. 근데 선생님 없을 때는 그냥 벽에 걸려 있는 거처럼 하고 막 그냥 생략하고, 그렇게만 해요.

저는 생활총화 한 두세 번 정도밖에 안 해 봤어요. 저 그냥 당하기만 했어요. 저는 그럼 주로 중국 갔다 왔다는 거하고, 엄마가 중국에 가 있는 거 때문에… 그거 때문에 생활총화 때마다 평생 일어났다,

앉았다 해야 돼요.

나이가 어릴 때는 한두 세 사람 타깃 삼아서 하거든요. 점점 나이 들면서 애들이 철 좀 들면서 막 여러 명, 좀 여러 명을 비판하는데, 처음에는 그냥 좀 집이 좀 못 살고 학교에서 힘이 좀 약하고 그런 애들만 타깃으로 해요. 걔네는 해 봤자 끝나고 뒤풀이, 반항 같은 거 못하니까. 2, 3학년 때는 그렇게 하는데 좀 한 4학년 때 쯤 되면 애들이 철들면 또 걔네 또 인권, 또 그런 거 어디서 배웠는지, 그런 것도 해가지고. 거의 남한에서 말하는 왕따 당하는 거랑 비슷해요. 이제 학교에서 통이고 좀 잘 사는 애 건드렸다 하면 끝나고 좀 좋지 않죠. 근데 이제는 애들이 나이를 먹으면서 좀 책임감도 발달하면서 이렇게 거의 다 힘센 애들이고, 약한 애들이고 고루고루 하죠.

## 동남아를 거쳐 자유를 찾으러 한국으로 오다

**[내용 요약]**
중국에 살면서 언제 또 잡혀 북송될지 모른다는 불안감과 자유롭게 살고 싶다는 마음 때문에 한국으로 오기로 결심했다. 어머니가 소개시켜준 브로커를 통해 라오스, 미얀마를 거쳐 태국으로 갔다. 특히 태국에서 악어가 득실득실한 메콩 강을 작은 보트를 타고 건널 때를 생생하게 기억한다. 태국에서는 탈북자들을 북송하지 않고 다 한국 대사관으로 보내주었다.

**[주제어]** 자유, 라오스, 미얀마, 태국, 메콩 강, 배, 대사관

사람 욕심이 끝이 없는 거 같아요. 북한에 있을 때는 그냥 '배부르기만 하면 좋겠다.'

했는데 중국에 오니까 언제 또 잡혀 갈지 모르잖아요. 그러니까 또 해서 자유롭게 살고 싶은 그런 생각이 들었어요. 여기 올 때는 어머니가 브로커를 소개시켜줘가지고 1인당 한 300만 원 씩 내고 왔어요. 그래서 태국으로 해서 왔어요. 그래서 오는 게 한, 중국에서 2월 25일 그때 쯤 떠났거든요. 한국에 오니까 5월 7일이 되더라고요. 라오스, 미얀마 그런 데를 거쳐 가지고 태국으로 갔어요.

저 올 때 태국에 메콩 강이라고, 아시아에서 제일 넓은 그런 강에 악어들이 있고요. 이렇게 물소들이 있고요. 저희는 보트 타고 내려갔거든요. 좀 그런 게 많았던 거 같아요. 메콩 강은 배로 한 여덟 시간 타고 내려왔어요. 그러니까 물살도 엄청 쎄고, 언제 뒤집어질지 몰라요, 거기. 태국 땅까지 들어오면, 태국과 한국이 사이가 좀 좋잖아요. 태국 사람들은 태국 국경에서 북송 안 해요. 다 대한민국 대사관에 보내줘요. 태국 땅에 들어서면 그런 게 없어요. 다 보내줘요.

메콩 강 건널 때 저희들 앞의 배가 뒤집어져 갖고, 사람도 죽었어요. 배도 자그마한 보트였는데 한 여섯 명 정도 타요. 파도도 세고, 돌도 있으니, 뒤집어지면 그냥 먹이가 되죠. 별난 무서운 것들이 다 있어요. 육지로 오면 잡힐 가능성이 높고, 배로 오면 안전하다고 해서 배로 많이 와요. 미얀마에서 태국으로 올 때도 배타고 왔어요. 한 나라에서 한 나라 사이를 계속 배로 이동하지요. 동생하고 계속 붙어 다녔어요.

## 편안했던 하나원, 전쟁터 같은 남한 사회 적응기

**[내용 요약]**
하나원에서 선생님의 소개로 태영 삼촌을 만났다. 그룹 홈에서의 적응은 북한에서 온 친구들이 있어서 괜찮았지만 고등학교 생활에

적응하는 것은 쉽지 않았다. 처음부터 북한에서 왔다는 것을 밝혔는데, 한국 아이들의 호기심이 조금은 눈치 없이 발동되어서 화가 날 때도 있었다. 하나원에서의 생활은 걱정이 없고 편안했는데, 밖으로 나오니 모든 것이 어렵고 마치 전쟁 같이 느껴진다.

[주제어] 하나원, 태영 삼촌, 고등학교, 창피함, 어려움, 전쟁

하나원에 있을 때 선생님이 태영이 삼촌을 소개시켜 줬어요. 여기 와서 적응하는 건, 같이 사는 친구들 때문에 딱히 어려운 것은 없었는데, 학교에 간 다음부터는 진짜 죽을 맛이었던 거 같아요. 저는 처음부터 밝혔거든요.

"나 북한에서 왔어."

이렇게 털어 놓고 말했거든요, 애들한테. 동성고에 가서. 저는 중학교 안 다니고 바로 고등학교 갔어요, 바로 고1로.

애새끼, 애들이…(웃음) 좀 눈치 없는 애들이 있는데, 궁금한 게 많았죠. 호기심 같은 건데, 근데 대놓고 말할 때는 진짜 빡치더라고요. 저한테 와서 물어봐요.

"북한은 어때?"

조용히 물어보면, 내가 대답하죠. 그런데 아들도 많은 데서 말하면 좀 창피도 하지요, 솔직히 말하면. 걔네도 궁금하니까 물어보겠죠. 그런데 조용히 와서 물어보면 괜찮은데, 아들이 많은 데서, 딴 반 아들이 많이 와 있는 데서 물어보면 좀 창피하죠. 우리는 2반인데, 10반 애들 와가지고 있을 때 물어보고. 어떤 놈들은 휴식시간에 와가지고 그래요.

"야, 여기 북한에서 온 새끼 누구야?"

막 이런 말도 하고 그럴 때 진짜 빡치거든요. 같은 사람인데 그러면 화나죠. 저는 창피하다고는 생각 안 했는데 애들이 그렇게 볼 때가

있어요. 우리 반 애들은 엄청 잘해 줘요. 친구들은 진짜 잘해 주고. 딴 반 애들은 아직 모르니까 그러겠죠.

저는 애처럼 (옆에 친구를 가리키며) 중학교에서 1년도 학교생활을 하지 않았어요. 그러니까 솔직히 애는 북한에서 안 왔다고 얼마든지 숨길 수 있는데, 저 같으면 숨기고 싶어도 못 숨겨요. 사투리 때문에. 애는 1년 정도 중학교 다녀서 좀 나은데, 저 같은 경우는 처음이니까. 그리고 영원한 비밀은 없잖아요. 언젠가는 알려질 수 있고요. 그래서 캠프 가서 그냥 말했어요. 그러니까 애들이 더 잘해 주는 거 같아요. 애들이 조선족이라고 하면 좀 더 이상하게 볼 것 같아요. 중국이라고 하면, 한국 애들 인식이 좀 짝퉁이라고 생각하고, 그리고 깨끗하지 않고 더럽다고 생각해요. 북한에서 왔다는 게 나은 것 같아요.

하나원에 있을 땐 진짜 좋았어요. 아무 생각이 없잖아요. 거기서는 그냥, 지금 생각하면 아무 생각 없었어요. 그런데 나오면 그냥 전쟁이잖아요. 이렇게 경제 돌아가는 거, 외래어, 인터넷 사용하는 거 모두 전쟁 같아요. 하나원에서는 북한 사람들만 모여 사니까 여기 세상 물정은 몰라요. 그러니까 진짜 편안하지요. 처음 서울 왔을 때 한 번 나와 봤어요, 지하철 타는 법 배워서요. 정말 몰라서 카드 충전하는 것까지 저한테는 다 어려웠거든요.


## 피부로 느끼는 한국 사람들의 편견

[내용 요약]

남한 방송이나 언론, 영화 등에 나오는 북한의 모습은 실제보다 더 과장된 것이다. 북한의 정치가 문제이지 사람은 문제가 아니다. 북한의 모습을 과하게 흉내 내는 것을 보면 기분이 나쁘다. 그리고 북한에서 온 사람으로서 천안함 사건과 같은 일이 있을 때는 잘못 나서면 괜히 비난당할 것 같은 두려움도 있다. 그런 사건을 보면 괜히 미안한 마음도 든다.

[주제어] 정치, 김정일, 편견, 천안함, 공격, 미안함

방송 언론에 나오는 거 보면 북한이 보통 세게 나오잖아요. 그런 데 북한 정치가 나쁜 거지, 사람이 나쁜 게 아니잖아요. 애들이 물어 보죠. 저한테 물어보는 게,

"진짜 북한은 영화에서처럼 김정일 위해서 무슨 군대들이 목숨 바치고 그러냐?"

영화는 그렇게 나오잖아요. 여기 애들이 그렇게 물어보는데, 사람 이 다 그냥 같지요. 그게 여기 애들이 북한 사람이고 남한 사람이고 말하는 게, 제가 생각하기에는 그런 편견과 달라요. 남한에서 북한을 그리는 영화나, 개그나, 노래 같은 거 보면, 저희들은 솔직히 말해서 그렇게까지는 안 하는데 언론에서 너무 그러는 거 같아요. 실제로 말 그렇게 안 해요, 북한은. 근데 여기 개그 같은 거 할 때는 너무 그렇게, 좀 과하게 흉내 내고 하면 기분이 나쁘죠. 기분 나빠요.

그리고 어떨 땐 천안함 사건 같을 때는, 저희가 그런 거는 아닌데, 괜히 북한에서 살다 와서…. 저희가 그런 거 아닌데, 북한에서 살다 왔으니까 그냥 그럴 때는 가만히 짜져 있어야 해요. 약간만 나댔다 간 애들이 공격하면…. 그래서 그런 거 뉴스에 나오면 두려움이 생 겨요.

'진짜, 이러다 우리 돌 맞아 죽는 거 아니야?'

그런 두려움이 있는 거 같아요. 북한에서 남한을 공격할 때마다 저 희들한테 진짜 죽을 맛이죠, 진짜. 이게 한국 사람들 보기에 좀 미안하 다고 할까. 저희가 그런 건 아닌데, 괜히 그런 생각인 거 같아요.

# 남과 북의 같은 점과 다른 점

**[내용 요약]**

남한 사람들이 겪고 있는 엄청난 경쟁이 북한에는 별로 없다. 이것이 북한과 남한의 가장 큰 차이점인 것 같다. 반면 사람들의 외모와 먹는 음식은 북한과 거의 같다. 남한 사람들이 경쟁을 너무 심하게 하는 것과 탈북자에 대해 좋지 않게 바라보는 것 등이 변했으면 좋겠다.

**[주제어]** 경쟁, 외모, 음식, 탈북자, 무시

북한과 한국이 다른 점을 말하자면, 남한은 경쟁이 심하고 북한은 경쟁이 별로 그렇지는 않은 거 같아요. 제가 생각할 때, 남한에는 조금 경쟁심이 엄청 쎈 거 같아요. 서로 겉으로는 표현 안 하지만 속으로는 많이, 그러는 거 같아요. 같은 점은 딱히…. 음, 같은 거는 생긴 거, 그리고 먹는 음식, 음식 같은 거는 북한하고 비슷한 점이죠.

좀 바뀌었으면 좋겠는 게, 그러니까 고등학교는 경쟁 그런 게 좀 심한 거 같아요. 그리고 너무 무시하는…. 무시하는 거는 아니지만, 좀 탈북자에 대해서는 사람들이 이미지 별로 안 좋게 생각하는 거 같아요. 또 그렇게밖에 생각할 수 없겠지요. 북한도 그렇게 하잖아요.

# 한국에서 생각하는 자신의 꿈

**[내용 요약]**

　원래 한국에 왔을 때 북한에서 온 아이들만 다니는 학교에 가기로 마음먹었었다. 그러나 지금 일반 학교에 다니면서 힘들기도 하지만 스스로 잘 지내고 있는 것 같다. 처음에 한국에 왔을 때는 나중에 시골에 내려가 농사지으며 살려고 했지만 점점 다른 꿈이 생긴다. 특히 태영 삼촌처럼 사회복지사로 일하면서 북한에서 온 사람들을 도와주는 일을 하고 싶다. 자기가 한국에 와서 가장 좋았던 점도 남을 도와주고 배려해 주는 모습이었다고 했다.

**[주제어]** 학교, 꿈, 농사, 사회복지사, 발표, 배려

　제가 여기 한국에 들어와서 일반 학교 다니면서 특별히 잘 왔다는 생각이 든 적은 없는 거 같아요. 처음에 학교 다니면 북한 애들만 다니는 학교에 들어가자고 마음먹었어요. 사실 지금도 힘든데, 한편으로는 다른 생각이 들어요.
　'지금 내가 진짜 잘하고 있구나.'
그런 생각이 들어요. 어떡하면 여기 애들같이 이렇게 학교 다니고, 말도 하고 그게 저한테는 엄청 큰 그거잖아요. 공부보다도 더 큰 그거죠.
　제가 좀 유별난 것을 별로 좋아 안 해요. 그러니까 직업도 그냥 평범하게 농사일을 하고 싶어요. 젊은 애치고 너무 좀 (웃음) 그런 생각인가. 저희들 나이에서는 솔직히 꿈이라는 게 바뀌잖아요, 항상. 좀 그럴 때니까. 농사를 제일 많이 생각했고. 또 저번에 보니까 공무원 같은 것도 좋고. 아, 또 유엔 외교관, 그런 것도 하고 싶고. 지금은 꿈 하나, 두 개씩 이렇게 막 생기는 것 같아요.

저 올 때는 그냥 한 가지만 생각했어요.

'그냥 농사나 짓고 시골에 내려가 살자.'

그런 생각을 했는데, 1년이 되니까 요즘은 조금씩 꿈이라는 게 계속 늘어나는 거 같아요. 여기 애들도 꿈이라는 게 많잖아요. 여기 애들 머리처럼. 그리고 저는 지금 삼촌처럼, 이렇게 삼촌 하는 일도 되게 좋게 생각해요. 삼촌처럼 탈북청소년이나, 그런 사람들이 이렇게 적응하는데 도움이 되는 사회복지사 같은 것 되는 것도 좋은 거 같아요.

학교에서 자기 꿈에 대해서 발표한 적이 있어요. 저는 사회복지사를 말했어요. 저희들이 직접 이렇게 사회복지사의 도움을 받고 살잖아요. 저희가 살아온 과정도 쓰고, 그런 면을 써서 발표하니까 애들이 많이 궁금해서 그런지, 질문을 많이 하더라고요. 다른 애들 할 때보다 질문을 많이 하는 거 같아요. 국어 선생들도 질문을 하더라고요. 다른 애들 할 때는 국어 선생님이 뒤에서 그냥 가만히 듣기만 하더니, 저 할 때는 질문을 하는 게. '아, 뭐 잘못했나?' 싶었어요.

애들이 다 저한테 북한에서 남한으로 왔을 때 제일 좋았던 게 무엇이었는지 그런 질문 많이 하더라고요. 제가 그때 사회복지사에 대해서 발표했으니까, 저는 솔직히 말해 경제적으로 북한보다 더 좋다고 했어요. 북한은 사회복지 이런 게 없잖아요. 다 먹고 살기 바쁘니까 그게 없는데, 제가 한국에 와서 제일 좋았던 것은 남을 배려해 주고 그런 게 제일 좋았다고 생각해요. 그런 질문을 많이 받았던 거 같아요.

박상우 이야기

## 〈조사 상황〉

조 사 일: 2013년 1월 14일 월요일
조사시간: 오후 4~5시 30분(1시간 30)
구 술 자: 박상우(가명, 남, 1995년생, 채록당시 19세)
조 사 자: 김종군, 이원영, 김명수
조사장소: 서울특별시 광진구 능동로 120 건국대학교 문과대학
　　　　　교수연구동 611호
조사장비: 디지털 HD캠코더, 디지털 레코더, 디지털 카메라


　그룹 홈에 속해 있는 탈북청소년들의 이야기를 대부분 들었는데, 이 구술자를 놓치고 있었다. 그래서 김태영 씨에게 부탁하여 이야기를 듣고 싶다는 뜻을 전했다. 2년 전 처음 그룹 홈 식구들과 간담회를 할 때는 구술자는 그룹 홈의 정식 구성원은 아니라고 했다. 어머니가 그룹 홈으로 옮겨 사는 것을 쉽게 허락하지 않아 방학 때나 주말, 특별한 여행이 있을 때는 함께 한다고 했다. 어려서 부모에게 버림을 받아 고아원에서 자라고 꽃제비 생활을 한 경험이 있어서 감정이 기복이 많아 보였다. 구술한 이야기 내용들도 북한에서 틀에 매이지 않게 뛰어놀던 상황에 대해 많이 이야기하고 있다.
　자신이 잘하는 것에 대해 한국의 친구들에게 인정받고 싶어 하는 마음을 이야기 곳곳에서 읽을 수 있다. 특히 축구를 비롯한 스포츠에 대한 관심으로 친구들과 주로 어울리고자 한다. 북한에서 꽃제비 생활을 하면서 들판을 자유롭게 뛰어 놀던 추억을 종종 언급했다.
　구술자는 어머니가 탈북한 후 혼자 남아 아버지의 폭력과 무관심으로 상처를 많이 받은 듯하다. 그래서 아버지에 대한 이야기는 전혀 하지 않았다. 탈북을 이끈 엄마에 대해서는 애틋한 감정을 드러내면서도 어려서 버림받은 아픈 기억을 떨치지 못해 갈등 속에서

지내는 듯했다. 특히 엄마의 남자 문제에 대해 구체적으로 언급하면서 안타까움을 드러낸 점이 특이하다.

# 구술 이야기 목록

· 고아원을 전전했던 어린 시절
· 어머니 소식과 탈북 과정
· 하나원에서 처음 만난 어머니와 한국의 신문화
· 힘들었던 한국 적응기
· 태영 삼촌과의 만남
· 어머니에 대한 걱정
· 교우 관계와 연애
· 도둑질을 하게 된 이유
· 앞으로의 꿈과 진로에 대한 걱정

# 고아원을 전전했던 어린 시절

## [내용 요약]

구술자의 본명은 박충성이었다. 할아버지가 지어주신 이름이었는데 이름 때문에 스트레스를 많이 받아 한국에 와 개명했다. 고향은 회령인데 어머니가 어릴 때 집을 나가버리면서 숲에 버려졌다. 이후 농부의 손에 길러지면서 고아원 등을 전전했다. 아버지는 도박에 빠져 자식을 제대로 돌보지 않았기에 아버지에 대한 정이 많이 남아 있지 않다.

**[주제어]** 개명, 회령, 어머니, 아버지, 고아원, 농부, 도박

제 이름은 박상우. 북에서는 박충성이었어요. 충성이라구 저는 보지도 못했는데 할아버지를, 제가 애기 때 돌아가셨대요. 할아버지가 지어주신 이름이에요. 한국에 와서 개명했어요. 그게 적지 않은 스트레스여가지구. 그니까 그땐 제가 좀 아직 마음속의 그런 컨트롤 같은 게 잘 안 되니까. 그냥 싫은 건, 그냥 이건 안 좋아, 이것도 안 좋아. 좀 다 바꿔버리고 그랬던 것 같아요, 저한테 도움, 저한테 도움이 안 되는 스트레스니까.

고향은 회령이요. 그니까 회령에 많이 있었던 것 같아요. 어릴 때 엄마가 저 버리고 먼저 가셔 가지구. 중국으로. 엄마는 원래 미용사 하셨어요. 미용, 북한에서. 그런데 이제 아빠하고 자주 이케 다툼이나 참지 못한 것도 있고 해서, 그래서 더 나은 삶, 뭐 그런 걸 찾아서 중국으로 먼저 간 거예요. 그렇게 된 걸로 알고 있어요. 아빠하고 살았죠. 살긴 살았는데, 거의 아빠랑 자주 지낸 적은 없고 저흰 고아원에서 지냈죠. 그니까 엄마가 저를 버리고 가셨을 때 어떤 숲 같은 데에다 놓고 가신 거예요. 그래서 한 몇 년 동안은 제가 다른 농부들

에 의해서 키워졌대요.

그래서 몇 살까지는 그렇게 키워주셨나 봐요. 그리고 제가 이제 생각이 생기고 뭐 그러다 보니까 돌려 보내주신 거죠. 아빠 찾아서 가라고. 아빠가 어떻게 됐는지 잘 모르는데, 아빠란 사람이 나타났어요. 근데 그닥 잘해 주지도 않고 너무 이미지가 강해서, 완강하시고 사람 같지가 않았어요. 너무 그니까 제 나이에 안 맞는 행동이나 이런 고통을 많이 줬어요. 정신적은 고통을. 그때가 한 6살. 제 인상엔 그렇게 보였어요. 높은 다리 있잖아요. 한 50미터 넘는 철다리를 기차올지도 모르는 데 거기를 혼자서 건너오라고 하고 그랬어요.

그냥 좀 멘탈 이상자였던 거 같아요. 정신도 좀 이상한 사람이고 정말 망나니였어요. 정말 할 일 없고 전혀 직업도 없었어요. 그냥 남의 물건 뭐 훔치는 것도 있고, 정말 망나니 같은 생활을 하는 그런 사람이었어요. 집도 없었어요. 다 팔아먹어가지고. 다 도박 같은 걸로 팔아먹고 해가지구, 집도 없으니까. 저는 이제 사람들에 의해서 또 고아원으로 가고. 그런 생활을 반복하다가 계속 그렇게 살았어요. 아빠랑 그닥 깊은 끈끈한 정 없이 지냈죠.


## 어머니 소식과 탈북 과정

[내용 요약]
어머니는 너무 어렸을 때 헤어져 얼굴조차 기억나지 않았지만 고아원에서의 생활이 힘들 때마다 어머니란 이름을 떠올렸다. 그러다 중국 브로커를 통해 어머니와 연락이 닿게 되었고, 어머니가 한국에서 거금을 보내줘 탈북할 수 있게 되었다. 이후 중국 국경을 넘었고 대사관에 있다가 하나원으로 오게 되었다.

[주제어] 새어머니, 브로커, 담배 한 보루, 중국, 대사관

어머니는 한 6년 동안 전혀 모르고 지냈어요. 엄마가 어떻게 생긴지도 몰랐고, 이름만 그냥 알 정도로. 그냥 살 때는요, 엄마란 생각을 한 번씩 하게 돼요. 살다보면 진짜 못 먹고 배고플 때, 추울 때, 뭐 이럴 때, 항상 따뜻한 그런 느낌이 있어요. 생각하면 이런 사람이 언젠간 날 찾아올 거다, 막 이런 생각을 계속 하고 있었어요.

계속 그렇게 고아원을 들락날락거리면서 지냈어요. 항상 아빠가 고아원에 절 데리러 몇 번씩 올 때는 항상 여자를 데리고 오는 거예요. 자꾸 새엄마, 새엄마라고 한 4~5명 있었던 것 같애요. 그런 때마다 그런 여자들도 다 하나같이 똑같이 엄마처럼 그렇게 폭행당하거나 정신적인, 육체적인 고통을 많이 받았던 것 같애요. 새엄마들은 저를 되게 이뻐하셨는데, 새엄마들은 저 찾아와서 밥도 사주시고 그러니까, 아빠는 이제 그걸 알고 쫓아다니는 거죠. 그러다보니 어쩔 수 없이 있다가 떠나고.

그런 생활을 하고 있다가 이제 엄마한테 연락이 온 거예요. 중국 브로커, 그 사람들을 통해서 그냥 전화 연락만 온 거예요. 엄마라는 사람하고 연결이 닿았는데 그냥 멍해요.

'엄마라고?'

그냥 아무생각 없었어요. 솔직히 감정도 그냥 그런데도 보고 싶었어요. 얼굴도 모르는데도. 그래서 그 친척집에서 며칠 있다가 엄마가 데리러오면 같이 가면 된다고 해서, 엄마가 돈을 보내신 거예요, 북한에.

근데 돈이 얼만지도 잘 모르겠어요. 하여튼 저한테는 못 만져 본 돈이었어요. 엄청 큰돈이었고 그래서 젤 먼저 신났어요. 그 고아원을 떠난다는 게, 고아원의 친구들도, 형들도 사이가 좋았는데, 혼자 신나서 막 사탕 사다가 형들, 동생들한테 다 돌리고 그리고 왔어요.

한 며칠 있다가, 이제 중국에서 브로커들이 온 거예요. 두만강 국경
이라서 경비, 경비대 한 명한테 절 데려다 달라고 한 거예요, 브로커
들이. 그니까 대가로 뭘 줘야 되는데, 정말 담배 몇 다스에다가 그냥
중국 돈 몇 백 원이었어요. 그 정도로 절 목마하고 중국 땅까지 데려
다놨어요.

그때 어머니가 한국에 와 계셨어요. 그래서 그렇게 중국 국경 넘
는데, 톨게이트 이런 데 넘어야 되잖아요. 고속도로를 타야 되니까.
차를 타고 고속도로를 쭉 달려서 중국으로 그냥 왔어요. 국경사이
가 거리가 짧으니까 그렇게 아무 생각 없이 그냥 트렁크에 탔어요.
그니까 그날 비가 오고 그래서 검사나 검열이나 그런 게 많이 미약
했어요. 사람도 별로 없었고, 그래서 좀 간간히 톨게이트 통과하고.
이제 그 브로커는 엄마가 시킨 브로커가 아니라 원래 중국에 계셨
을 때 사귄 남자였어요. 한국 가기 전에 중국에서 혼자서 살 순 없잖
아요. 엄마도 누군가에 의해서 또 신고 되고, 북한으로 또 이송되니
까 한족이 필요했던 거예요.

한족 남자랑 해서, 엄마가 되게 이쁘장하시고 그러니까 남자들이
좀 많이 꼬여요. 그래서 거기서 남자를 사귀었던 거예요. 그 남자분
이 절 한 달간 데리고 같이 살았어요. 중국 하얼빈이라는 곳에서요.
거기서 이제 한 달 있는데 되게 행복하게 살았어요. 한 동안 누려보
지 못한 생활이었죠. 의식주는 기본이고 잠자리나 뭐 이런 냄새부
터 너무나 달랐어요. 그냥 다 온통 기름 냄새에요. 기름 냄새나 중국
특유의 노린내 같은 게 좋지는 않았지만 그냥 신기했어요. '이런 냄
새가 나는구나.' 하고. 그렇게 한 한 달 동안 신나게 놀다가 이제
영사관 통해서. 연길인가? 어딘가 어쨌든 있어요.

작전을 짰어요. 그 브로커들 하고. 저는 뭐 하는지 모르겠는데 어
쨌든 자기네들끼리 뭘 하더라구요. 틈이 생긴 거예요. 그니까 한두
사람은 그 공안인가, 중국 경찰 상대하고 전 그냥 달려 들어가면

됐던 거예요. 그냥 가면 되는데 돌아 들어간 거예요. 그냥 들어가면 끝인데, 겁이 나서 너무 길게 돌아간 거예요. 잡힐지도 모르는데. 그래서 어떻게든 들어갔어요.

영사관에서는 밥도 되게 잘 줬어요. 근데 제가 먹을 수 있는 건 없었어요. 너무 느끼해서. 그냥 도미면 생선 한 마리를 그냥 기름에다가 튀겨줘서 정말 먹을 수가 없었어요. 중국에서 라면밖에 안 먹었어요. 아무리 잘 먹어도 너무 느끼하고, 향이나 이런 것들이 익숙치가 않으니까, 그렇게 이제 하나원으루, 거기 영사관, 대사관에 있다가 하나원으로 이송 온 거죠. 그냥 한국으로 바로 왔어요. 전 되게 편하게 온 거예요. 대사관을 통하면 그래요.

## 하나원에서 처음 만난 어머니와 한국의 신문화

**[내용 요약]**

하나원에서 어머니를 처음 만났다. 어머니를 처음 봤을 때 아무 생각이 안 났지만 갑자기 눈물이 쏟아졌다. 이후 하나원에서 한국 문화에 대한 기초적인 것부터 한글 등 다양한 수업을 받았다. 하나원에서는 종종 가수를 초청했는데 가수들의 옷차림과 춤은 북한에서 접할 수 없었던 신문화였다.

**[주제어]** 하나원, 어머니, 한글, 구구단, 주현미, 인순이

어머니는 하나원에서 만났어요. 전 어머니를 처음 봐서 서로 모르는 거죠. 엄마는 기억하시는지 모르겠는데, 그때 엄마가 저보다 컸어요. 근데 엄마 보니까 느낌이 그냥 아무 생각도 안 했는데 눈물이 났어요. 억울함이나 뭐 이런 거 있잖아요. 엄청 밉기도 했어요.

딱 보니까 할 말도 많이 떠올랐던 거 같고, 근데 아무 말도 못했어요. 그래서 엄마는 그날 하루 보고 집으로 돌아가시고 저는 한 네 달 정도 하나원에 있었어요. 거기서 기초적으로 한국 문화에 대한 것부터 배우고, 처음엔 그냥 한글도 몰랐어요. 워낙 북한에서부터 교육 같은 거 한 번도 받아 본 적 없어 가지구.

늘 그냥 떠도는 노숙자 같은 애 중에 한 명이었으니까, 교육도 제대로 못 받았고, 또 뭐든 기본이 안 되어 있었어요. 구구단도 대사관에서 같이 넘어오신 분께서 알려주셔서 한 달 정도 걸려서 배웠어요. 하나원에 오니까 딱 북한말 비슷한 말 쓰는 거예요, 모든 사람들이. 북한사람들을 보니 되게 반갑고 그랬어요. 노래 같은 것도 다 트로트예요. 다 주현미, 바뀌지 않아요. 다 주현미 노래나 그런 트로트 노래를 들어요.

그래서 거기서는 이제 문화 적응하고, 밖에 놀러 나갈 때도 좋았고, 너무 신기했어요. 한국, 그니까 북한에서는 한국을 남조선이라고 하거든요. 전 남조선이란 말을 듣지도 못 했어요. 근데 막 그래두, 그렇게 궁금하지도 않았어요. 저는 딴 세상, 뭐 그런 얘기인 줄 알았거든요. 너무나 아는 것도 없고, 배운 것도 없고. 그냥 한국 오니까 너무 신기하고 그랬어요.

한 네 달 동안 하나원에서 밥도 잘 주고. 어머니는 그날 그때 처음 보고 이제 몇 달 후에 볼 수 있었어요. 그때는 진짜 집으로 가는 거예요.

# 힘들었던 한국 적응기

**[내용 요약]**

하나원에서 몇 달을 지낸 후, 어머니가 계신 집으로 가게 되었고, 곧 초등학교 3학년으로 입학을 하게 됐다. 북한에서 왔다는 소문은 며칠이 안 돼서 전교에 퍼지게 됐고, 친구들의 놀림감이 되었다. 이후 자신이 한국 아이들과는 다르다는 피해 의식이 있어 옷, 말투, 운동 등 한국 문화에 적응하기 위해 많은 노력을 했다.

**[주제어]** 연지 초등학교, 따돌림, 말투, 메이커 옷, 축구

초등학교는 연지초라고 집 옆이에요. 녹천역에서 한 200미터 정도였어요. 초등학교 처음 가니까 그냥 저는 작고 까무잡잡하고 딴 애들에 비해서 제가 제일 작았던 것 같아요. 그래서 엄마 집에 있으면서 몇 달 쉬고 이제 학교를 들어갔어요. 갑작스럽게 들어가기도 싫었고, 좀 더 알고 싶었어요. 너무 재밌으니까. 그래서 몇 달 놀고, 초등학교 3학년에 입학했어요.

지금은 그때 생각이 자주 나요. 그때 애들이 일방적으로 너무 놀리는 것도 있었어요.

"너 왜 이렇게 까맣냐?"

하고 놀리고, 저 북한말 쓰니까 어쩔 수 없었어요. 그래서 미리 북에서 왔다고 알렸어요. 그러니까 반 친구들뿐만 아니라 안 좋은 소문이 빨리 퍼진다고 전교가 알아요. 그냥 그렇게 관심 속에 살았어요. 처음 한 몇 달 동안 진짜 멍멍해요. 그냥 다 똑같은 말 같아 보여요. 걔네들이 무슨 말을 하든, 다 욕하는 거 같고. 그런 느낌을 많이 받아서 처음 느낀 게, 그때는 많이 못 느꼈는데, 이제 4학년 5학년 이렇게 돼가니까, 다른 애들보다 제가 나이가 많잖아요. 걔네들이 6학

년이면 저는 이제 중2, 그 정도니까. 생각이, 사고가 걔네들보다 좀 더 월등했어요.

그렇게 많이 느끼기 시작한 게, 북한은 안 그렇거든요. 다 똑같은 사람이에요. 근데 제가 여기오니까 3급수 고기가 1급수에 온 거처럼 너무 티가 나니까 너무 차이로 느껴졌어요. 저도 느껴지고 다른 애들도 그러는데, 신경이 많이 쓰였어요. 그니까 왜 일케 자꾸 무시하고 같은 민족 같지도 않고 그래요. 정말 남한 사람들 밉고 그래서, 그럼 안 되는데 항상 엄마한테

"메이커 옷 사 달라, 다른 애들 같은 거 사 달라, 내 친구들은 좀 더 비싼 거 입고 좀 더 비싼 거 신는다."

엄마는 항상 제가 해달라는 거 다 해 줬어요. 그렇게 어느 정도 살다 보니까 그런 편견 같은 건 좀 없어졌어요.

이제 저도 엄청 많이 노력했어요. 걔네들이 쓰는 말투 같은 것도 엄청 따라 하고. 저도 되게 호기심 많고 원래 기죽지 않는 성격이거든요. 북한에 있을 때 항상 일케 진짜 말 잘하고 그런 아이였는데, 한순간 너무 움츠러든 거예요. 말도 못하고. 뭐 그래서 항상 차 같은 거 타면 간판이나 뭐 이런 거 신경 써서 보게 되고, 외우게 되고, 그런 걸 엄청 노력하면서 외웠어요. 그니까 차멀미도 엄청 심했는데, 차를 처음 타보는 거니까, 차멀미도 없어지고. 그렇게 하니까 다른 애들도 저를 똑같이 대해 주고. 뭔가 나랑 다르니까 모든 애들이 저만 그러는 거 같고 그게 싫었는데, 이제 자신이나 똑같은 동급이라고 생각하니까, 저를 친구로 대해 주고 뭐 그런 거예요.

그래서 축구를 하면 저도 엄청 열심히 노력했어요. 다른 애들이 내가 껴서 하면 좋아할까, 싫어할까 뭐 이런 생각도 해요. 근데 무작정 뛰어다녀요. 무작정 공 쫓아서 그렇게 하면 축구하는 애들이랑도 놀게 되고. 그러면서 한 6학년 때는 처음으로 남한 여자 애랑도 사귀어보고, 그러면서 이제 막 놀기 시작했어요.

# 태영 삼촌과의 만남

**[내용 요약]**

한국에 와서 태영 삼촌과 친해졌다. 태영 삼촌은 하이모라는 새터민 단체에서 활동하는 사람이었다. 하나원에 있을 때부터 종종 찾아와 아이들과 놀아 주기도 했는데 그때의 기억은 나지 않는다. 북한 친구들과의 캠프에서 만나 친해진 뒤 지금은 여행도 같이 다니고 자주 만나는 사이가 되었다.

**[주제어]** 하이모, 새터민, 캠프, 어머니, 여행, 간판

태영이 삼촌하고는 하이모라고 그런 단체에서 만났어요. 새터민들을 돕는 단체에요. 그니까 하이모가 '하나를 이루어 가는 모임'이래요. 그래서 무슨 가발 만드는 회산 줄 알고, 그때는 제가 하이모가 뭔지도 몰랐으니까. 근데 그런 사람들이 항상 하나원에 놀러 와서 애들이랑 놀아 주고 막 그러는 거예요. 전 삼촌이 기억에도 없었어요.

근데 이제 북한 애들이랑 캠프 같은 게 있는 거예요, 북한에서 온 애들끼리. 또 엄마는 항상,

"이왕이면 북한 애들이랑 놀지 마라."

그런 거예요.

"너는 좀 더 밝고 특별하니까, 북한 애들이랑은 가깝게는 놀지 마라."

그래요. 원래 제가 다른 사람 말은 잘 듣거든요, 귀가 되게 얇아가지고. 근데 문제는 제가 듣고 싶은 것만 들어요. 제가 수긍하는 것만, 제가 느끼는 것만 들어요. 그건 제 생각이랑 달라 가지구, 내가 잘되는 것이랑 북한 애들이랑 노는 거랑은 아무 관련 없는 거예요. 그래서 저는 계속 북한 애들이랑 캠프가 있으면 거기 가겠다고, 그래서

자주 놀러 다니다가 삼촌이랑도 만나서 지금 이렇게 지내는 거죠.

삼촌이 절 많이 챙겨줬어요. 안 그래도 되는데. 이왕이면 좋은 기회가 생기면 저한테 더 있게 가자고 물어보고. 뭐든 프로그램 같은 게 있으면 저도 끼워주고, 어디 여행 같은 게 있으면 저도 끼워주고. 되게 기뻤어요. 왜냐하면 엄마랑 살게 되면 그밖에 여행 같은 곳이나 그냥 그 동네나 좀 알지 다른 건 알 기회가 없잖아요. 더 빨리, 더 많이 알아야 되는데. 삼촌이랑 있으면 전국 여행도 다니고. 어쨌든 훨씬 많이 제가 어휘 같은 게 늘어서 되게 좋아요. 차를 타면 간판이나 뭐 이런 거 보느라 그냥 자질 않아요. 옛날부터 그런 버릇이 있는데, 그때부터 딱 한 번 보면 까먹진 않아요. 그래서 다른 애들보다 말도 잘하고. 그런 게 이제 영향 받아서,

'입이 죄다.'

'입이 무기다.'

이런 별명이나 수식어들이 자꾸 생각나요.

삼촌한테는 제가 많은 이야기를 못했어요. 지금까지 제 얘기를 몇 번 한 적이 없어요. 거의 한 적이 없는데, 그니까 하고 싶어도 안 하다 보니까 삼촌만 피하고 싶은 그런 게 있어요.


## 어머니에 대한 걱정

### [내용 요약]

어머니는 아들이 북한 사람들보다는 한국 사람들과 어울려 밝게 살기를 바란다. 그러면서도 어머니는 불안정한 남한 친구들과 어울려 노는 것이 싫다. 어머니는 항상 남자친구가 있어서 생활비를 도움 받는데 어머니는 돈보다는 사랑을 더 원하는 것으로 보인다. 사랑에 목말라 보이는 어머니를 보면 가끔 안타까운 마음이 든다.

[주제어] 어머니, 남한 친구, 남자친구, 생활비, 외로움, 사랑

요즘 따라 그냥 제가 느끼는 건데요, 제 생각에는 엄마가 되게 좀 똑똑한 분이세요. 근데 엄마도 많이 배운 게 없어요. 북한에서 교육받거나 그런 게 없으니까. 여기 와서 쭉 제가 본 건 북한 친구들, 그냥 사생활 안 좋은 여자들, 40대 초중반 이런 여자들만 만나는 게 늘 눈에 가시에요. 제가 지금은 생각도 많아지고 그러니까 엄마한테 할 말들을 하거든요. 집에 가면 사생활 불안정한 여자들, 그런 여자들이 오는 게 너무 싫었어요.

그래서 엄마한테도

"엄마는 왜 나한텐 한국 애들 만나 잘 놀고 또 밝게 크라면서 엄마는 왜 늘 그렇게 우중충하게 똑같은 얘기나, 똑같은 사람들 만나냐? 나도 엄마가 좀 새로운 사람 만나고 새로운 생각을 가진 사람들 많이 만났으면 좋겠다."

그렇게 얘기해요. 엄마는 지금 식당 일 같은 걸 하시면 남한 여자들도 많이 사귀시는데, 엄마 이야기를 들으면 그 여자들도 기본적인 생활구조나 생각이나 이런 게 약간 이상이 있는 여자들 같애요.

"저 여자는 멋쟁이지만 자기 아들한테 돈 안 쓰고 자기 밍크코트 사는 데만 돈 쓴다."

그래서

"그럼 그런 여자를 왜 이렇게 자꾸 만나냐?"

고. 그런 게 쌓이고 쌓이면 너무 막 화가 나요. 그런 여자를 친구라고 데리고 오고, 엄마는 그 여자가 남한에서 제일 친하대요. 너무 속상하고 그래요.

어머니는 일을 하는데, 남자는 항상 있어요. 남자친구가 항상 있어요. 엄마가 남자 때문에 힘들어 하는 걸 보면 저도 힘들어요. 며칠 일케 저도 놀러갔을 때, 그분 보게 되면 저에게 용돈도 주시고 해서

전 나쁘지 않아요. 저도 잘못된 거긴 하지만 그 남자 분한테 관심이 없는 거예요. 우리 엄마랑 사귀는 사람이면 제가 좀 더 이렇게 챙겨 보고 하는 맘을 가져야 하는데, 그냥 용돈 받으면 놀다오겠습니다, 뭐 이런 식으로 해요.

제가 일부로 피하는 건지 모르겠는데, 어쨌든 용돈 받으면 신나서 친구랑 놀러나가죠. 그니깐 중학교 때, 친구들이랑 같이 놀고도 싶고. 늘상 그런 건 아닌데, 몇 번 그런 거 같애요. 그럴 때마다 좀 그 분한테도 미안한데. 그니까 엄마는 남자분이랑 자주 싸워요. 사귀시는 분이랑 자주 싸우는데, 엄마는 생활비 같은 걸 남자분이 대 주시잖아요. 그런 것도 좋은데, 엄마는 좀 더 자기랑 같은 있는 시간을 원하는데, 남자 분은 또 가족이 있는 거 같아요. 가족이 있는데, 그 사람도 일이 있고 그러니까.

자주 시간이 안 나니까 늘 똑같은 패턴이에요. 잘 얘기하다도 급작스럽게 이렇게 화를 내고. 엄마가 좀 그런데 일가견이 있어요. 그니까 돈 같은 걸 남자분이 잘 챙겨준다고 좋은 게 아니라, 엄마는 진짜로 집이 비었을 때 그 시간이 외로운 거예요. 제가 없고 집이 비었을 때, 자주 보러 안 오니까 엄마도 맨날 그니까 문자 같은 걸 보내면 항상 외롭다고 힘들다고 그래요.

그래서 제가 가끔 놀러 가면 저도 엄마 마음을 잘 몰랐었어요. '아니, 어른이 왜 이런 생각을 갖고 왜 이렇게 할 수밖에 없는지?' 이해도 안 되고, 자꾸 사랑에 목말라 있는 것처럼 보이는 거예요. 좀 더 유연하게 생각하고 그러면 좋겠는데 좀 안타까워요.

제가 어머니께 재혼하라고 얘기했어요.

"정말 이제 삼촌네 집에서 대학 들어가고, 어차피 엄마랑 살 거야. 그땐 내가 엄마한테 좋은 남자 하나 소개시켜줄게."
그렇게 말해 주고 있어요. 제가 소개해 드리고 싶어요. 엄마는 그런 걸 잘 못해요. 소위 말해서 정말 엄마는 한국에 대해서 많이 몰라요.

약아빠진 그런 걸 대처를 잘 못해요. 항상 당해요. 엄청 착해요. 그래서 딴 생각 안 해요. 그냥 좋으면 좋은 대로. 그니까 남자들은 항상 자기가 좋을 때 만나고, 자기 시간 될 때 만나고, 이러니까 항상 싸움이 일어날 수밖에 없고 엄마도 자존심 엄청 세 가지고 지려고 하지도 않으니까. 한 번 싸우게 되면 한 1주 이상 못 보면 또 자기가 힘들어하고, 맨날 이런 식이니까. 그니까 사랑을 주고 절제하고 이런 걸 잘 못해요. 온전히 주기만하고 뭔가 그런 걸 잘 못해서. 옛날엔 되게 이상하다고 생각했어요. 지금은

'아, 아직 많이 여리시구나. 아직 많이 사랑을 하려고 하시는구나.' 이런 식으로 생각하죠.


## 교우 관계와 연애

### [내용 요약]

서울에서 계속 살고 있지만, 하나원에서 만난 북한 친구들은 지방으로 많이 내려가 연락이 끊겼다. 초등학교, 중학교 친구들과는 자주 연락하고 지낸다. 인상이 좋아 친구들과도 잘 어울리고, 축구부를 하며 친해진 친구들도 많다. 그리고 어렸을 때 아버지가 새어머니를 폭행한 기억이 남아 있어 여자친구들에게는 특히 더 잘해준다.

### [주제어] 서울, 축구, 새어머니, 연애

요즘 초등학교나 중학교 때 친구들은 자주 연락해요. 삼촌네 그룹 홈 그 사람들 말고는 제가 인연을 닿고 있는 북한 사람들이 없어요. 너무 멀리 떨어져 있으니까요. 엄마가 운이 좋은 건지 나쁜 건지

서울에 집을 받아서 다른 애들은 이제 다 목포나 뭐 이런 쪽으로 갔는데 저만 서울에 있으니까. 하나원에서 알고 지냈던 애들도 다 연락이 끊어지고, 그니까 북한 애들이 보고 싶고, 또 제가 진실하게 재밌게 놀고 싶으면 이제 삼촌네 많이 놀러 가요. 북한에서 온 친구들을 만날 수 없어서 거의 한국 애들이랑 놀고 있어요.

원래 인상 땜에 그런 건지 모르는데, 제가 잘 웃거든요, 이런 인상 이런 이미지 안 보일라고 잘 웃어요. 제가 먼저 말 걸고, 제가 먼저 분위기를 만드니까 저한테는 그런 분위기를 느끼는 애들이 별로 없어요. 제가 그런 모습을 숨기려고 의식하고 산건지 모르겠는데, 한국 애들한테도 다 말 잘하고 그래요. 하여튼 그런 건 별로 없었고, 그래 절 아는 애들은 그냥,

"동포, 동포!"

하고 불러요. 친구들과 축구도 많이 열심히 하고 그러니까, 축구부에도 들어가서 공격수도 하고. 어쨌든 다 열심히 했어요.

그러니까 애들이 막 친한 의미로 막 동포, 동포, 막 이러고 빨갱이나 이런 자극적인 말하는 애들은 별로 없었어요. 제가 중학교 때는 남자애들 축구하는 애들 빼고는 친구가 정말 없었어요. 그냥 인사만 하는 정도고 그니까, 나쁜 이미지가 아니니까. 거의 여자애들하고 많이 친했던 거 같아요. 어느 정도 얘기가 통하고 그러니까. 제가 더 많이 얘기 걸고. 아는 것도 많을 거 같아서요. 좀 연락하는 친구들은 거의 중학교 때 여자애들하고 축구하고 싶으면 나와라 축구하자 뭐 이럴 수 있는 남자애들이에요.

중·고등학교 때, 여자친구가 세 명 있었어요. 연애할 때는 전혀 불편한 건 없었어요. 제가 다 했거든요, 챙기고. 제가 무의식적으로라도 챙겨주고, 막 그런 걸 좋아했어요. 북한에서 부터 늘 여자다, 여자, 엄마, 새엄마들이 늘 이렇게 괴롭힘 당하고 이런 게 되게 이미지가 있었나 봐요. 그래서 여자애들은 진짜 좀 못생기든, 이쁘든,

다 챙겨주려고 많이 노력해요. 그래서 여자애들한테 괜히 이미지가 좋아진 면도 있고, 그래서.

## 도둑질을 하게 된 이유

**[내용 요약]**
한국에 살다 보면 북한에서의 생활이 가끔 생각 날 때가 있다. 북한에서는 집도, 자신을 돌봐줄 가족도 아무것도 없었지만 꽃제비 질을 하며 마음 내키는 대로 행동할 수 있었다. 하지만 한국에서의 생활은 북한에서처럼 자유롭지 않고, 자신이 하루하루를 무의미하게 보낸다는 생각이 들 때도 있다. 그럴 때마다 매 순간이 모험 같았던 북한을 떠올린다.

**[주제어]** 월계동, 태권도, 북한, 기차, 도둑질

제가 그룹 홈에서 지내게 된 건, 그런 식으로 엄마가 이해를 하게끔 애기를 해 줬어요. 내가 정말 이런 월계동이라는 작은 마을, 마을이죠. 월계동이라는 게, 그니까, 중산층 이상인 것도 아니고. 좀 돈도 적게 벌고. 그런 사람들이 모여 사는 곳이에요. 북한 사람들도 많고. 내가 뭐 여기 사는 건 안 좋게 생각하는 건 아니지만. 정말 여기서만 있으면 또 이런 사람으로 클 수도 있을 거다. 내 미래가 결정될 일일 수도 있으니까, 가서 좀 더 알고 싶고 교육받고 더 많이 공부하고 싶다, 그러니까 엄마도 자주 놀러오고 그런 식으로 애기가 됐어요.

그룹 홈에서는 애들이 뭔가 다 하나같이 사연이 있는 애들이니까 똑같이 다 이해하려는 마음이 있으니까 애들하고 싸우지는 않아요.

어느 선에서는 치고 빠지기를 잘해요. 애들하고 장난도 할 수도 있고. 이해도하고, 참고. 이렇게 하다 보니까 애들이 다 착해요. 보면 제가 보기에도 그렇고, 다른 사람들이 와서 늘 구경하고,

"아 애들이 참 착하다."

이런 식으로 거의 사람들이 이렇게 말하는 데, 저도 느끼는 것도 정말, 티격태격할 일도 별로 없어요. 호롱이나 뭐 좀 더 삼촌이랑 오래 있었고. 이런 애들이 좀 더 아는 애들이 이렇게 적당선에서 통제해 주고 그러니까. 얘기해 줄 수도 있는 거니까. 글케 늘 착하게 놀아요. 축구하자고 하면 애들도 단합도 잘돼요.

"야, 오늘은 삼촌 생일인데, 돈을 걷자."

그러면 다 걷고. 뭐 이런 때는 애들이 다 착하니까, 그런 거라고 볼 수도 있고. 되게 좋아요. 애들이 옛날부터.

집에서는 거의 서로 다 북한말을 해요, 전부 다. 그러다 보면 통쾌하거나 안 풀릴 것도 대부분 잘 풀리고 되게 재밌어요. 그래서 제가 삼촌 방학 중에서도 애들이랑 놀 수도 있는데 자주 찾아갔어요. 제가 월계동에만 있어서 뭐 딱히 얻을 것도 없고. 그럴 것도 없이 자주 찾아갔어요. 재밌게 놀려고, 항상 전국 여행이라 이런 거 갈 때면, 같이 가고 느끼는 것도 엄청 많으니까요.

저는 정말 북한에 있을 때 집도 없고, 정말 고아원을 나오면 항상 집이 없고. 저한테는 아무것도 없으니까 또 홀몸이에요. 집이 없으면 길가에서 자게 되고, 그 언덕 같은데, 그런 데서 자게 되면 또 춥지만 잠은 잘 와요. 또 자고 깨면 또 배고프면 진짜 나팔꽃 같은 거 많아요, 길에. 길 같은데 전부 코스모스나 꽃들 많이 피니까, 나팔꽃 같은 거는 그런 꿀 같은 게 있어요. 제가 엄청 많이 먹었어요. 꽃제비라고 하죠, 거지 애들. 그런 애들이랑 옥수수 밭에 가거나 그런 데서 자고 나오면 한 반경 2미터는 쑥대밭이에요. 옥수수도 없고.

생 거는 맛있어요. 일부러 잘 다 익었을 때 가요. 물컹물컹한 거.

그런 것도 맛있고. 되게 맛있어요. 다 마른 옥수수도 가져오는 애도 있고, 어쨌든 되게 위험하지만, 되게 스릴이 있어요. 저도 되게 성격이 막 역동적이라고 해야 되나? 어쨌든 활동적이어서, 지금도 그래요. 그냥 잠시도 가만히 안 있어요. 제일 싫어하는 게, 가만히 있거나 명상, 이런 거 제일 싫어해서.

한국에 왔을 때, 한국 애들이 다 태권도 뭐 이런 걸 다하는 거예요. 나도 뭐 해 보고 싶어서,

"엄마 나 태권도 다니게 해 줘."

"한 번 다녀봐라."

진짜 못 참겠더라구요. 거의 뭐 명상, 몇 분하고, 다리 찢기, 뭐 정말 지루해가지고. 그냥 흰 띠 달고 나왔어요. 정말 진도 팍팍 나가는 줄 알고 갔는데.

이제 북한에서는 좀 그렇게 살다가 정말 아무것도 없으니까 그냥 드러누워 자는 거예요. 밤에 그냥 진짜 하늘 이불삼아 땅 베게 삼아 그렇게 산 거죠. 그러면 쭉 그렇게 살았어요. 왜냐면 정말 아무것도 가진 돈도 없고 그러니까 탈취나 이런 건 기본이고, 절도, 막 차도 막 얻어 타고, 기차도 막 서슴없이 막 타고, 돈도 안내고, 경찰관들도 있는 거 하나도 겁이 안 났어요. 그때는 좀 아쉬운 게 있다면, 북한이 살짝 더 좋은 게 있었다면, 제가 하고 싶은 걸 항상 했었어요. 오늘은 기차를 타고 어디를 가고 싶어. 돈이 없어도 오늘은 장에 가서 뭘 훔쳐야지 뭐 이러면 항상 훔쳤어요.

그런데 한국 오면 제가 하고 싶은 건 있는 데, 제 능력 밖이니까. 그런 게 너무 많으니까. 처음엔 그랬었어요. 한국 왔을 때 아직 그 버릇들이 남아 있으니까 항상 돈 내는 것보다 그냥 가져가는 게 익숙하고, 그런 게 있었어요. 항상 이마트나 뭐 이런 데 가면 물건을 가지고 나오는데 돈은 그대로 있어요, 주머니에. 엄마는 아세요. 그런 걸 몇 달 동안이나 그런 걸 아시니까. 이제 신경 써야겠다, 이렇

게 하다 보니까 어느새 돈을 내고 물건을 제대로 사고. 항상 제가 북한에서 했던 것들은 여기 와서는 모든 게, 다 법에 걸린 거죠. 감옥갈 수도 있으니까요.

항상 되게 모험이었어요, 북한은. 그니까 정말 짜여진 게 없고, 틀에 박힌 게 없고, 가진 것도, 그런 것도 없지만, 뭔가 되게 하루를 일케 살아 보면 의미 있게 산거 같은 거예요. 뭔가 하루를 살아도 사건이 많았어요. 아 이렇게 보람을 느끼는 게 많았어요.

정말 여기 와서 조금 아쉬운 게 있다면, 학교 갔다 오면 하루가 끝나는 거 그것밖에 내가 할 수 없다는 거, 그게 좀 아쉬워요. 그래서 막 요즘 제 진로 그런 거에 대해 생각도 되게 많이 하는데, 이런 데 신경 많이 쓰이죠. 제가 딱히 할 수 있는, 하는 것도 없는 데, 내가 이렇게 삼촌이랑 같이 있으면서 계속 이렇게 도움을 더 많이 받을 수 있죠. 제가 용기가 안 나서 삼촌한테 이야기하고 싶다, 도와 달라, 이렇게 말을 못하는 거뿐이지. 정말 하고 싶은 게 많은데, 삼촌은 제가 아직 뭘 하고 싶거나 어디에 흥미가 있다는 걸 모르는 거 같아요. 그래서 가끔은 이제 제가 생각도 많아지고, 엄청 복잡해지면 진짜 삼촌이랑 떨어져 살고 싶다, 이런 생각도 막 들고 그래요. 내 맘대로 내가 하고 싶은 대로, 내가 알고 싶은 거, 보고 싶은 거, 내가 좋아하는 거 찾아서 하고 싶다, 그런 생각도 많이 하는데 그런 생각으로 끝내요.

# 앞으로의 꿈과 진로에 대한 걱정

**[내용 요약]**

구체적인 미래의 꿈을 생각해 놓아야 한다는 태영 삼촌의 조언에 따라 요즘 많은 생각을 한다. 태영 삼촌은 구술자의 성격과 잘 맞고 즐겁게 할 수 있는 레크리에이션 강사를 추천해 줬지만, 마음은 축구 캐스터가 되고 싶다. 어렸을 때부터 축구에 대한 관심은 누구 못지않게 많아서 잘 할 수 있을 것 같은데 태영 삼촌은 힘든 일이라며 벌써부터 걱정을 한다.

**[주제어]** 진로, 레크리에이션 강사, 축구, 캐스터

이제 삼촌이 저희가 이케 한 학년씩 올라가고 그러면, 가끔
"니 진로나 이런 거 구체적으로 해서 가져와라."
이렇게 숙제를 내실 때도 있어요. 한창 삼촌이랑 알게 되면서 뭔가 많이 복잡해지고 생각이 많으니까, 아직 막 잡혀진 게 없는 거예요. 정확히 내가 하고 싶은 거 뭔지. 왜냐면 그 전에 삼촌이랑 안 있고 엄마랑 있을 땐, 학교에 다니지만 담임 샘한테도 말하기도 그러니까 제가 절 많이 표현을 안 했어요. 뭐 어른들이나 선생님, 그렇게 코치해 줄 수 있는 사람도 없었고.

그냥 그래서 진로나 이런 게 되게 정해지지도 않았었어요. 제가 하고 싶은 것도 몰랐고. 근데 장기나 이런 거 잘하는 것도 몰랐어요. 내가 하고 있지만 내가 잘하는 건지 몰랐어요. 그니까 삼촌이 말하지만 그런 제가 가져오면 되게 구체적이지 못해요. 왜냐하면 아는 게 없으니까. 내가 정말 관심 있고 안다면, 이걸 어떻게 구체적으로 해 올 텐데. 그냥 정말 막연하게 내가 하고 싶은 것, 꿈 이런 식으로 그렇게 준비하니까 뭐라고 코멘트를 해 줄 수 없는 거고. 그래서

그때부터 이제 좀 더 진로나 이런 거 생각하고. 그니까 삼촌도

"이런 게 어떠냐?"

이렇게 말씀도 해 주시고,

"너가 정말 성격이 좀 그러니까 정말 즐기면서 재미있게 할 일을 찾아라. 그게 목표다. 돈 많이 벌고 그런 거 상관없다."

이렇게 얘기해요. 그래서 삼촌이 추천해 주신 직업은 레크레이션 강사나 뭐 이런 거예요. 삼촌 생각이. 저는 어렸을 때부터 축구 챙겨 보고 많이 하게 되니까, 캐스터나 해설 뭐 이런 것도 하고 싶고, 정말 멋있는 거예요. 주변사람들이 하면 진짜로 말도 내가 잘할 수 있고. 축구나 스포츠 관련해서, 축구에 대해선 거의 다 알거든요. 관심이 많으니까. 하고 싶은 일이니까. 삼촌 만나기 전에는 거의 축구에 빠져서 살았어요. 거의 새벽 3시까지 엄마 일하시다가 들어오면 눈 마주치고

"왜 안자냐?"

"축구 보다가."

이런 식이었어요. 그니까 축구는 모르는 게 없어서.

'내가 가진 장점이라면 살릴 수 있으니까 해 봤으면 좋겠다.'

이런 생각도 있고. 말도 어느 정도 말투 같은 건 고쳐야 되겠지만, 어느 정도 보완하면 할 수도 있으니까. 삼촌은 그게 얼마나 힘든 건지 아냐고, 이렇게 맨날(벽을 쌓는 손동작) 휙휙 벽을 만들어놔요.

## 새터민 그룹 홈에서의 생활

### [내용 요약]

새터민 그룹 홈의 친구들 중에서는 호롱이와 가장 친하다. 친구들과는 다양한 놀이를 하는데 컴퓨터 게임을 하고 나면 할 때는 재

미있지만 하고 난 뒤는 뛰어놀 때와 다르게 찝찝한 기분이 든다. 인제 원통에 종종 가는데 사람도 별로 없는 시골이어서 딱지치기, 못치기 등을 하면서 뛰어 논다.

[주제어] 컴퓨터 게임, 인제 원통, 딱지치기, 못치기, 홍길동 놀이

그룹 홈에서는 호룡이가 제일 친해요. 걔도 되게 똑똑해요. 생각도 많이 해서, 삼촌이랑 제일 가까운 친구기도 하고, 그래서 제가 모르는 게 있으면 걔한테 묻고 또 얘기도 자주해요. 평소에도 막 우리 만약 여기 나가서 돈 많이 벌면 모임 같은 거 많이 하자고 해요.

컴퓨터 게임을 하고 나면 아쉬운 것들 중에 하나가, 항상 이 기계로 내가 놀아야 하고, 놀 시간 동안 재밌고, 그게 무서운 거지만 정말 재밌어요. 그런데 딱 하고 나면 몸이 힘들고 아니 늙은 게 아니고, 뭔가 좀 상쾌하진 않아요. 한 가지 자세로 막 이러고 있으니까. 그전 북한에서 놀 때는 기분도 좋고, 내가 뭔가 얻는 게 있고 했는데. 근데 컴퓨터 게임을 하다가 지면 정말 화나고 얻는 건 없으면서 그날 기분 꽝이거든요.

'내가 왜 이걸 해야 되지?'

뭐 이런 생각을 해요. 진짜 시골 원통가면 딱지치기, 못치기, 이런 것만 해요. 인제 원통에요. 거기 폐가를 신부님이 사가지고 저희 틈만 나면 거기에서 놀고. 정말 사람도 별로 살지 않고 정말 시골이에요. 애들끼리 노는 거 진짜 재밌어요. 박스 같은 거, 딱 엄청 크게 만들어서, 못 따먹게 하려고 거기에 쇠도 붙이고 놀던 그대로 놀았어요, 애들이.

원통에는 내일 또 가요. 지금 겨울이라 딱지 같은 건 할지 모르겠는데. 내일은 저희만 가는 게 아니라, 공부방, 좀 환경이 어려운 애들 있잖아요. 원래 걔네들이 가야 되는데, 저희가 장소도 좋은 데

해 주고, 같이 놀아 주기 위해서. 진짜 재밌게 놀아요.

옛날에 놀던 거는 다 기억해요. 다 잊을 수가 없으니까. 거기서 논 기억이 거의 지금 지붕위에서 놀고 막, 홍길동 놀이하고. 나무로 칼 만들고 되게 순수해요. 그리고 막 배고프면 어죽 쒀먹어요. 강가에 고기도 많으니까. 직접 잡아요. 그냥 집이 없으니까. 고아원에서 지루하면 나가서 그냥 알던 애들이랑 모여서. 물고기가 남한보다는 많아요. 지금은 적게 있는 거 같긴 한데. 다 집이 부유하지가 않으니까, 사람마다 준비물 챙겨서, 참기름, 넌 뭐 쌀, 이런 식으로 갖고 오면 한 8명 모이면 꽤 있어요. 가마에다가 고기 잡고 어죽 쒀 먹고 정말 맛있어요.

정수철 이야기

<조사 상황>

조 사 일: 2011년 5월 24일 화요일

조사시간: 오후 5~6시 30분(1시간 30분)

구 술 자: 정수철(가명, 남, 1995년생, 채록당시 17세)

조 사 자: 김종군, 이원영

조사장소: 서울특별시 광진구 능동로 120 건국대학교 문과대학
　　　　　교수연구동 611호

조사장비: 디지털 HD캠코더, 디지털 레코더, 디지털 카메라

　그룹 홈 식구들을 2011년 2월에 처음 만나고 3월부터 순차적으로
탈북청소년들에 대한 구술조사를 진행하였다. 그러던 중 김태영 씨
와 통화 과정에서 3월에 새로운 식구가 들어왔다는 말을 들었다.
2010년 12월에 단신으로 입국하여 하나원에 있는데, 가족이 없으니
맡아달라는 요청이 왔다고 했다. 조사자는 그 친구를 꼭 만나고 싶
다는 뜻을 전하니, 아직 그룹 홈에도 적응을 못한 상태라서 몇 달
후에나 가능하다는 답변을 들었다.

　그리고 두 달이 지난 후 구술자를 만나게 되었다. 아직 서울 지리
나 지하철을 타고 다니는 법에 익숙하지 않아 그룹 홈에 같이 지내
는 이철호(가명)와 함께 학교를 찾아왔다. 열일곱이라는 나이로 보
기에는 너무 왜소한 체격으로, 주변의 초등학생 정도의 외모로 보
였다. 구술 과정에서 자신이 북한에서 너무 굶고 고생을 해서 키가
작다는 말을 거듭했다. 구술이 시작되었는데, 무척 수줍어하고 조
심스럽게 이야기를 풀어갔다. 자신의 감정을 드러내는 부분에서는
배시시 웃으며 더 쑥스러워 했다.

　구술자는 북에서 친어머니에게 버림받은 상처가 크게 자리하고
있었다. 어려서 부모가 이혼을 하여 아버지는 얼굴도 모르는데, 어

머니가 재혼을 하여 동생을 둘 낳았다고 한다. 어머니는 국경 장사를 하면서 죄를 지어 쫓기는 신세가 되어 집을 돌보지 못했고, 의붓아버지는 객기를 부리다가 눈을 다쳐 집에만 있으면서 마약을 하기 시작했다고 한다. 아편중독자가 된 의붓아버지와 두 동생을 부양하는 일을 도맡아서 했는데, 주로 산에서 약초와 버섯을 캐서 중국 상인에게 넘겼다고 한다. 그래서 학교 교육을 받지 못해 한글도 한국에 와서 익혔다고 한다. 마약을 제 때에 대지 않으면 폭력을 일삼는 의붓아버지를 위해 아편을 훔치기도 하고, 마약 살 돈을 마련하기 위해 산을 더 많이 헤매야 했다. 그런 고생을 하면서도 의붓아버지와 동생들이 자신을 떠나지 않기를 빌었다고 한다. 그러나 돈벌이가 시원찮아지자 의붓아버지는 동생들만 데리고 집을 떠나 버려서 구술자는 혼자가 되었다. 세상에 혼자된 느낌이 너무 싫어서 엄마를 찾아 이모에게 가도 거처를 알려주지 않고, 삼촌 집에 잠시 머무는 동안에는 숙모에게 호된 구박을 당해 결국 꽃제비 생활을 시작했다. 그런 중에 정말 자포자기한 심정으로 두만강을 건너 중국으로 왔다.

구술자는 한국살이를 시작한 지 몇 달되지 않아 한국 사회에 적응하는 과정의 어려움에 대해서는 이야기하지 않았다. 대신 북에서 가족들에게 버림받은 상처가 매우 크게 자리하고 있는지 북쪽의 가족 이야기를 주로 했으며, 그룹 홈의 김태영 씨가 친아빠처럼 느껴진다는 말을 했다. 현재 그룹 홈의 생활에 만족한다고도 했다.

## 구술 이야기 목록

- 작은 산골마을에서 아편쟁이 홋아버지와 힘들게 살았던 기억
- 꽃제비로 떠돌다가 친엄마에게 외면당하고 탈북을 결심하다
- 탈북 후 보위부에 잡히고 다시 방면된 사연
- 홀로 떠돌다가 발이 가면 가는 대로 오게 된 한국
- 한국에서 처음 맛 본 진짜 밥맛
- 북한에서부터 좋아했던 노래, 가수를 꿈꾸기도

# 작은 산골마을에서 아편쟁이 훗아버지와 힘들게 살았던 기억

## [내용 요약]

정수철은 어렸을 때 부모님 두 분이 헤어지게 됐고, 어머니는 재혼을 하시게 되면서 새아버지와 동생 둘이 생겼다고 했다. 어머니는 죄를 지어서 도망 다니고 아버지는 일을 하지 않아서 자신이 영지버섯과 약초 등을 캐러 다니며 아버지와 어린 동생 둘을 부양했다고 했다. 또 아편을 했던 훗아버지에게 버림받지 않기 위해 아편을 도둑질도 하고 직접 주사로 놔 주기도 했다고 한다. 집이 어려워지자 의붓아버지는 어린 동생들을 데리고 떠나고 정수철은 집에 혼자 남겨지게 됐다.

## [주제어] 양강도 백암군, 훗아버지, 엄마, 아편, 약초, 중국

중국은 작년 8월엔가 7월달에 한 번 넘어왔다 잡혀나가고요. 잡혀나갔다가 안전부에 20일 동안 잡혀 있었어요. 있다가 다시 혼자서 넘어왔어요. 북송될 때도 혼자였고요. 한국엔 작년 12월 5일에 왔어요.

평양에서 태어나서, 태어나자마자 외할머니가 좀 죄를 져가지고요, 나쁜 일 해가지고요. 그래가지고, 먼데로 추방됐어요. 양강도라고, 양강도 백암군에. 그때 아버지는 평양에 그냥 있었고요. 외할머니는 먼저 내려가고 있다가 엄마, 아버지가 또 갈라졌어요. 같이 안 사셔서 저는 그냥 엄마 따라서 외할머니 집으로 내려왔어요. 아버지 얼굴도 몰라요. 어렸을 때 어머니와 아버지가 헤어지셔서 생각도 안 나고. 이모도 같이 있었는데 제가 여기 오기 전에 결혼했어요. 백암군이 농촌이어서 작은 마을에 살았어요.

외할머니는 한 4년 전에 돌아가셨어요. 이모는 북에 있고, 엄마는 그냥 저렇게, 동생들 데리고 딴 데 가고요. 엄마는 중국에서 물건 가져가시고 그런 장사 하세요. 동생은 친동생이 아니에요. 엄마는 거기서 재혼하셨고요.

북에서 살 때는 아버지하고, 동생들 해서 저까지 네 명이서 좀 있었어요. 할머니 돌아가시고. 그런데 아버지, 훗아버지(새아버지)가 좀 망나니가 돼가지고요. 길에서 쌈질하다 눈을 맞았어요. 그래서 백내장 껴가지고요. 그래가지고 동생들 둘, 아버지, 제가 일해가지고 먹여 살리게 됐어요. 엄마는 그냥 좀 죄 지어가지고요, 법이랑 추격 받아가지고요. 법에서는 잡으려고 하고. 북에서 나올 때 엄마한테 알릴 기회도 없었어요.

사실 난 엄마한테 버림받았으니까. 그냥 혼자 넘어왔어요. 넘어올 때에 두만강을 건넜는데, 두만강이 우리 집에서 하루 종일 걸려요. 아침 6시부터 떠나면 저녁 8시에 도착할 수 있어요, 걸어서. 북조선에서 약초 백설피라고요, 중국놈들한테 진짜 비싸게 팔았어요. 백설피, 그걸 캐러 다니다가 중국 가는 길 알았어요.

어렸을 때부터 중국을 알고 있었지만 길도 몰랐고요. 다 몰랐는데, 약초 캐러 다니며 알았어요.

'아, 저게 중국이로구나.'

하고 봤는데, 길 다 맥혀 있었는데, 쫙- 지나가서야 '아, 저게 중국이로구나.' 하고. 그렇게 알았어요.

훗아버지가 머리가 완전 비상해요. 훗아버지가 나한테는 나쁜 사람이기도 하고, 선생님이기도 했어요. 절 때리기도 했는데, 진짜 나도 또 맞을 짓을 하기도 했고요. 내 멋대로 생각하고 내 벨대로 하니깐요. 그게 싫었던 것 같아요. 우리 의붓아빠가 아편 중독자에요. 그래서 아편을 구해 줘야죠. 힘들어요. 생각하기도 끔찍해요. 무서워요. 사실은 아편도 다 도둑질 했어요. 시골에 몰래 심는 거 도리는 거예요. 그래서 주사 다 놔주고. 생아편을 숟가락에다가 풀어가지고, 그래가지고 주사기에다 소독해가지고요, 주사 맞아요, 혈관에다가. 어쨌든 다 마약이에요. 마약 구하는 게 힘들어요.

훗아버지가 나쁜 게, 아편을 구해 오라는 것보다, 저가 돈을 번 것을 다 쓰는 거예요. 약초 캐다가 돈 벌고, 영지버섯 캐다 돈 벌고, 개구리 가지고 돈 벌고 한 걸로 의붓아빠가 그걸 양심 없이 그걸 사는 거예요. 그 피 같은 돈을. 진짜 내 눈에서, 내 손에서 피 같은 돈인데, 그걸 아편 사먹는 거예요. 그러면 진짜 서럽죠.

'왜 살아야 하나. 이렇게 하려고 사나?'
싫었어요. 그 아버지는 그냥 날 두고 자기 아들들만 데리고 갔어요. 아버지가 가고 정말 험난했어요. 나 왜 이런 머저리 짓하고, 지금 이렇게….

북조선에서 살 때는 영지버섯도 있고요. 그거 팔면 완전 비싸요. 영지버섯도 캐고, 약초는 좀 많이 캤어요. 약초를 잘 알지는 못하는데요.(웃음) 산다 하면 그냥 돈이 뭐야, 되는 건 잘 얻어 받아요. 그 약초를 캐면 장사꾼한테 팔아요. 장사꾼들이 물건 받으러 마을을 돌거든요. 그럼 그걸 팔고 돈으로 받아서 싸놓고. 그 뭐냐, 개구리도 팔고요, 기름 개구리. 살아 있는 개구리를 잡는 거예요. 잡아서, 이만큼씩 두꺼운 장대로 쇠꼬치를 꿰요. 꿰어 가지고 잡아요. 개구리들 그게 크기가 커요. 이만해요. (손목을 잡으며) 그렇게 해서 넘기는데 막 손 시려 가지고요. 막.(웃음) 그러면 그게 천 원, 천오백 원. 최고 이천 원까지 했어요. 그걸로 먹여 살렸어요.

북에서는 학교에 못 다녔어요. 약초를 캘 때 그 영지버섯이 나무에서 하나에서 나오면요. 거기서 계속 나와요, 영지버섯이. 그래가지고 산 이래 쫙- 보고, 영지버섯 나무를 다 기억해놔요. 그래서 하루에 한 번 싹 쓸면, 돈 많이 벌어요. 내가 나무를 딱 꽁쳐놔요, 수풀로. 이렇게 영지버섯을, 그래가지고 그 다음에 며칠 있다가 가면 그게 다 익어가지고요. 그걸 가져다가 팔아요. 아깝게도 남이 이렇게 뜯어가는 것도 있고. 아쉽죠. 그러면 나무에 가만히 앉아 있고. 그러면서 학교는 유치원부터 못 다녔어요. 문 앞에도 못 가봤어요.

동생이 둘이었는데 막내는 여자애에요. 막내는 유치원 다니고, 둘째는 학교 1, 2학년 다니고. 그렇게 홋아버지하고 넷이 살았어요. 홋아버지는 진짜 집안에서 머리만 쓴다 뿐이죠. 이건 이렇게 해야 되고, 저건 저렇게 해야 되고, 말만. 아버지가 사령관이면 저는 부사령관.(웃음) 동생들이 진짜 힘들었을 거예요. 그냥 떨어져 자면 동생들이 '왔냐' 하고, 밥도 챙겨 먹으라해 놓고, 그냥 자면 동생들이 도중에 깨워요. 그래도 전 못 일어나요. 그냥 자면서 헷소리하고 막 꿈꾸면서. 저는 놀 새도 없었어요. 사실 동생들이랑 같이 있을 땐 놀 새 없었어요. 근데 꽃제비 생활하면서는 많이 놀았어요.

가을이면요, 동생들은 다 자고. 그담에 전 밤에 11시, 12시 되면 마대 들고 나가요. 동치러 나가요. 잡곡 쌀이나, 감자 도둑질하러 가요. 마대들고 농경 밭에, 들판에 올라가요. 올라가서 잡곡을 낫으로 베어 오기도 하고, 보리쌀, 감자도 메고 오고. 그럼 아침에 일어나면, 진짜 일어나지 못해요. 자다가 동생들 학교 보내야 되니깐요. 다시 일어나 밥 하는데, 쌀 안치다가도 졸려서 뒤로 막 자빠져요. 졸려가지고 진짜 못 참아요. 이렇게 한 아침 11시, 12시 올라왔으면, 한 3시부터는 다시 내려와야 되요

우린 산골짜기에 살았어요. 산을 올라가는 게 진짜 힘들어요. 그 산꼭대기에다가 벌판을 해가지고요. 거기까지 올라가야 되요. 집에 망도 있고, 절구도 있었어요. 그래서 훔쳐온 거 빻아서 그거 해 주고, 동생들 학교 8시까지 보내야 돼서요. 그거 하는 게, 하-. 저한테 힘들어요, 진짜! 아침에 동생들 보내면 12시, 한 이때 돼야 뭐 그것도 쪽잠 자요. 자다가 깨나서 1시 반, 또 하루일과를 해야 되요. 약초 캐러 가든 어디 가든. 그래서 더 키가 안 큰 거 같아요.(웃음) 나무도 또 해 와야 되요. 나무, 하, 힘들어요. 생각해도 끔찍해요. 나무 하다

불 때는 것도, 이런, 저런 것도 가지다가 때게 해야 돼요, 썰어서. 그게 하루 일과에요. 진짜 끔찍하게! 저녁밥 해먹고, 한 12시, 11시까지 자야 되요. 초저녁에 한 2시간 자요. 또 깨어 나가지고 또 올라가야 되요. 만약에 들키면 우리는 냅다 뛰고, 우리가 일단 뛰기 시작하면 잡지 못해요. 제가 달리기는 쪼금 해요.(웃음)

그러다가 거기서 살다가, 이러저러 힘든 일 생겼어요. 아, 진짜 집이, 집이 다 벽 까무러졌어요. 어머니 집에 혼자 있으려니까.

"진짜 서럽다."

혼자, 혼자 이렇게 있으니까, 진짜 서러웠어요.

집이 다 망하고 나니까, 앞도 못 보는 아버지가 동생들 데리고 갑디다, 그냥. 그러니까 훗아버지도 그냥 집을 나가버리고, 저 혼자 두고 간 거예요. 엄마는 숨어 다니느라 절 보지도 못하고. 의붓아버지는 엄마 출처를 알았는데 난 그냥 몰랐어요.


## 꽃제비로 떠돌다가 친엄마에게 외면당하고 탈북을 결심하다

### [내용 요약]

정수철은 집에 혼자 남겨진 후, 어머니를 원망하면서도 몇 번씩 찾아가려고 노력했지만 아무도 거처를 알려주지 않았고, 행방을 알 수 없었다고 했다. 이후 꽃제비 패에 들어가 또래들과 도둑질 등을 하고 한국 방송도 잠깐 접했다고 했다. 삼촌 집에 얹혀살게 되었지만 숙모의 구박과 힘든 생활 때문에 나오게 됐다고 했다. 아무도 없는 집에서 혼자 며칠을 보내고 난 후 중국을 가기로 결심하게 됐다고 한다.

[주제어] 꽃제비, 장마당, 삼촌 엄마, 백설피, 한국 드라마

집에 혼자 남겨진 그 다음에, 예전부터 엄마를 좀 원망했어요. 예전부터 알았어요. 저하고 동생들을 차별하는 거 알았어도, 그래도 서러워도 그냥 있었어요. 근데 진짜 친 엄마인데,

'저게 내 엄마냐?'

할 정도로 좀 그랬어요. 난 사실 엄마를 그렇게 안 봤는데, 우리 엄마가 진짜 내가 알고 있는 엄마가 아니에요. 그냥 의붓엄마 같았어요. 말로는 저 없으면 못 산다 했는데, 그 말 듣고 너무 싫었어요. 엄마가 그런 말하면. 그래서 엄마 만나러 이젠 안 가고요, 그냥.

꽃제비를 하면 꽃제비들 중에서도 친한 애들이 있어요. 많아요. 이렇게 패를 지어가지고. 패들끼리도 또 이렇게, 안에서 또 전쟁이 일어났어요. 우리 패들끼리도 싸우고. 싸움했어요. 대가리 두 형이 서리 이렇게 오해가 좀 생겨가지고요. 편 갈라가지고 싸움했어요. 싸우면서 험하게 싸워가지고 다 갈라졌어요. 갈 때도 다 갈라지고. 그래서 형들도 다 떠났어요. 우리를 이끌어서 싸움하고, 그런 형들이 둘이서 싸움 하니까요. 이런 패거리들이 다 물러났어요.

마을마다, 군 이런데 있잖아요. 시내란 게 있어요. 거기에는 장마당이 있어요. 거기서 꽃제비 애들이 막 무리 지어가지고 짜요. 작전 짜가지고 동쳐가지고 나와요. 닥치는 데로 다 동쳐요. 뭔지도 모르고도 막 동쳐요. 주로 먹는 거로요.

저는 꽃제비 생활을 얼마 안 했어요. 가지 패거리에 들어갔다가 제까닥 나왔어요. 패거리에 어떤 형을 알아가지고 같이 들어 갔다가요. 거기서 제 것 싸매가지고요, 제까닥 나왔어요. 저희 패거리에서 제일 큰 형들, 얼굴도 보지 못했어요. 일반 형들은 잘 모르는데요. 꽃제비들은 다 이렇게 조직이 다 있어서 줄들이 다 있어요. 누가 맞았다 하면 다 모여가지고 때리러 가요. 근데 너무 쉽게 가지 들어간 애들은 맞아도 아무 말 안 해요. 한 조직에서도 쪼그만 형들이 센 형한테 맞으면 같이 가 때려주는데요. 우리 같은 거는 맞아도

안 때려줘요.

북한에서 중국 방송은 못 봤고, 우린 CDR을 봐요. 그거 〈남자의 향기〉 있잖아요. 한국 드라마. 그걸 보니까 진짜 꿈같았어요. 거기서 한국말 들으면 이상하게 혀가 잘 안 돌아가요. 영화를 처음 듣고, 뭔 말인가 하고 멍 때리고 있었어요, 그냥. 말하는 게, 이케 좀 말을 북한은 딱 씹어 말하는데, 여기서는 직- 뿌러지는 말하니깐요. 괴상했어요, 말하는 게. 애들 이상했어요, 옷차림도 이상했어요, 진짜.

삼촌네 집에 옮겨 살다가, 삼촌 엄마가 또 세상에서 보기 드문 여자예요. 원래는 큰엄마가 되는데요. 조그만 할 때부터 삼촌, 삼촌 부르고 또 삼촌 엄마라 불러서, 큰엄마를 삼촌 엄마라고 불러요. 근데 그 사람이 세상에서 보기 드문 여자예요.

백설피라는 그런 약초는 이렇게 벼랑에서 나오는 거예요. 그거는 캐러 다녔는데, 돈 버는 벌러지밖에 못됐어요. 삼촌 엄마랑 같이 살면서, 삼촌은 좀 이렇게 병들어가지고요, 집에 이렇게 이래라 저래라 할 권한이 없어요. 삼촌 엄마가 다 권한 쥐고 있는데. 하루에 돈, 백설피를 한 200g, 500g씩 못 캐면 정말,(웃음) 정말 죽어요, 그날은. 막 구박하고, 때리고.

진짜 못 견디겠어요. 하루하루 참다가 삼촌도 진짜 나를 보기 정말 힘들어했던 것 같아요. 삼촌이 나가자고 해서, 돈 벌러 나가자 해서 갔는데, 조선에서 이렇게 파철을 팔아요. 파철, 고철, 그걸 가져다가 팔다가, 또 고마 신수가 나빠서 들켰어요. 그래서 삼촌은, 그때 삼촌에게 제가 진짜 큰 죄 진 것 같아요. 삼촌한테 온다 간다 소리 없이 그냥… 진짜로 삼촌한테 미안해요. 삼촌은 그런 거 팔다가 잡히면 그냥 먼데는 안 가고요, 그냥 며칠 동안 그 안에 있다가 다시 나와요. 근데 삼촌 그 안에다 들여보내고 저 혼자 도망쳤는데…. 진짜 삼촌한테 진짜 미안해요.

그저 삼촌한테 미안하다고 한 적도 없어요. 근데 혼자서 집에, 그

큰 집에 판자로 문을 고정시킨 데에 가서 한 3일 동안 집에 가만히 있어봤어요.

'혹시 누가 오지 않을까?'

근데 안와요. 목만 맥혀 가지고요. 다시 와서 저기 한번 가겠다고 갔어요, 중국에. 그래서 새벽에 길을 나섰어요.

난 그냥 엄마가 버린 거 같아요. 엄마 만나러 군에도 올라갔었는데요. 거기 갔댔는데, 엄마 안 만나주더라고요. 이모도 더 나쁘고요. 이모가 엄마 있는 데를 아는데. 그냥 너무 힘들어서, 삼촌네 집에 살면 삼촌은 막 너무 구박하고 너무 힘들어가지고 엄마 만날라고 네 번이나 올라갔어요. 그런데 엄마가 안 만나주고 이모도 대주지 않고. 아, 진짜 걸어오면서, 뭐야, 밤늦게까지 도착해서 힘들어 하는데 쫓겨났어요. 네 번째에는 진짜 막 서러웠어요. 그게 작년이에요. 그러고 나서는 갈 길도 몰랐어요. 그냥 다니다가, '진짜 이렇게 있다가는 진짜 죽고 말겠다.' 해서요. 중국에 갔어요.

## 탈북 후 보위부에 잡히고 다시 방면된 사연

### [내용 요약]

정수철은 장마 속에 강가를 건너 중국의 대동마을에 도착했다고 하였다. 이틀 후 보위부에 잡혀가, 그곳에서 맞기도 하고 누룽지 밥을 먹으며 지내게 된다. 다행히 안전부대원으로 있던 먼 친척의 도움으로 풀려나게 됐다고 했다.

### [주제어] 대동마을, 보위부, 친척

그 집에서 진짜 어떻게 해야 될지 몰르겠는 거예요. 앉아 있으니

눈물밖에 안 나오고, 서면 맥이 없고…. 아, 진짜 그때 생각하면 싫어요. 그때 넘어가서 한 번 잡혔어요. 그때 비가 좀 많이 왔어요. 그날 8월 달이니까 장마져가지구. 7월, 8월, 6월 그럴 때는 장마져가지고요. 이렇게 강가에서 불 피와도 경비대가 안와요. 거기서 불 피와 가지고, 진짜 생각 없이 불 피와 가지고 밥을 끓였어요.(웃음) 거기서 진짜 겁도 없이 밥을….(웃음) 밥을 끓여먹고, 그날 강가에서 3일 동안 잤어요.

근데 아, 진짜 비가 계속 내리니까, 춥죠, 진짜. 비닐을 가져가서, 우리는 꽃제비들이니까요. 자기 가지고 다닐 건, 필요할 건 다 알고 있으니까요. 필요한 건 다 가지고 다녀요. 냄비도 갖고 다니고, 그냥 다 갖고 다녀요.(웃음) 밥을 끓여 먹고 자다가 깨어나니까, 소리가 나서 눈을 딱 뜨니까, 옆에서 뱀이 막 슥- 지나가요.(웃음)

'여기서 내가 잤구나.'
하고 또 일어나서 있다 보니까 진짜, 사실 거기 물이 너무 깊어가지고 건너지 못했어요. 그리고 옷을 다 쥐개 가지고요. 배낭이고 뭐고 다 쥐개 가지고, 끈을 해가지고 강물에 툭 던졌더니 살이 툭- 튀내 뿌려요. 완전 물살이 세서.

그래서 올라서 '안 되겠다' 하고 강을 쭉 보고서요, 우(위)로 쫙 올라갔어요. 한 20m 올라가니까, 이렇게 가운데 섬이 있습디다. 물이 양 옆으로 이렇게 흐르니까, 물이 얕아가지고, 이까지 오는데 그냥 건넜어요. 중국에 건너가지고. 건너니까 중국 대동 마을이라는데, 거기 건넜다가 잡혀나갔어요. 거기에서 한 이틀인가 있다가 그냥 잡혔어요.

그 이틀 동안 무서워서, 맨 처음에 몰랐는데요. 중국에 딱 드가니까, 중국 사람들이 그렇게 무서워요. 날 어쩌지도 않는데 무서워요. 그래가지고 중국 소 외양간 같은데, 이렇게 강냉이 일어나는데 그 안으로 가서 마른 강냉이 훔쳐 먹고 있었어요. 그랬다가 '아, 이것도 아니다' 하고 다시 회수부로 어디에 잡혀나갔어요.

잡히면 공안이 바로 북한으로 넘겨요. 전 이렇게 세관 다리로 가면, 직결로 가서 진짜 직결로 선만 들어오면 전 완전 살아남지 못할 거였어요. 그래서 그냥 강으로 넘겼어요, 저는. 주부(튜브) 대가지고요. 그럼 저쪽에서 경비대가 저를 데리러 와요. 따라 가야죠. 따라가서 경비대에 한 하루 자고, 그 다음에 보위부에 넘겨요.

진짜 악독해요, 보위부 사람들. 엄청 때려요. 예, 하루에 무릎을 꿇고 이렇게 하고 있어야 해요. (손을 머리 위로 들며) (웃음) 근데 조금 조용한 것 같으면 딱 무릎 펴고 있다가, 오는 것 같으면 딱 이렇게 하고. 그러고 나서 안전부대원들한테 안전부로 이감 되가지고요. 우리 외할아버지 먼 친척이 있었어요, 대원단에. 남이라면 남이라고 할 정도의 8촌 이렇게 되는데, 그분이 와서 도와줬어요. 그리고 거기서 겨우 나왔어요.

잡혀서 한 20일 동안 있었어요. 보위부에서는 하루에 한 끼 줘요. 그냥 이런 누룽지 밥이요. 근데 그것보다는 강냉이가 더 나아요. 북한에서 나오는 쌀은 완전 이렇게 잡곡보다 더 못해요, 입쌀이. 중국 놈들이 영양가는 다 빼고 그냥 알맹이만 가지고가서, 완전 쌀이 쌀 같지 않은 거죠. 여기 한국에 와서 쌀밥 먹으니까 (웃음) 와, 진짜 놀랬어요.

"이게 밥맛이로구나!"

이제 보위부에서 나와서, 아무도 없는 그 집에 다시 갔어요. 그래가지고. 그래서 또 모르겠어요. 머리가 그렇게 시켜가지고 갔어요. 집에 다시 갔더니 남들이 와서리 이렇게 뒤에다가 밭, 텃밭에다가 밭으로 심고, 또 집에는 사람들이 당장 들어올 것처럼 다 해놓고. 집을 비워놓으니까 남들이 그렇게 했더라고요.

# 홀로 떠돌다가 발이 가면 가는 대로 오게 된 한국

**[내용 요약]**

　정수철은 보위부에서 풀려난 후, 중국의 대동마을에서 영지버섯을 팔아 간신히 생활하던 중, 탈북한 북한 사람을 콩밭에서 만나게 된다. 그의 도움으로 정수철은 한국으로 오게 될 결심을 하였다고 했다. 또 한 목사가 정수철에게 브로커를 주선해 줬다고 했다. 정수철은 브로커를 통해 태국과 베트남을 넘어왔는데, 특히 베트남의 메콩 강을 지날 때는 세찬 비와 악어 떼 때문에 많은 고생을 했다고 했다.

**[주제어]** 대동마을, 보위부, 메콩 강, 목사님, 브로커, 한국

　그거 보니까 더 싫습디다. 왔다가, 그냥 다시 돌아서 다음날. 다음날 영지버섯 따 가지고, 팔아가지고 용돈 만들어 가지고 다시 왔어요. 중국에 와가지고 때마침 운이 좋아가지고요. 중국에서 아는 사람을 만났어요. 연길 가기 전에 대동 마을이라는 데서요. 북조선 사람을요. 그 사람을 만나가지고, 그 사람도 좀 날 어떻게 못 하니까 그냥, 그냥 지나갑디다. 그냥 지나간 다음에 한 3일 동안 잤는데, 아침에 소리가 나서 눈 뜨니까 콩밭에서 자고 있었어요. 밖에서 잔 거에요. 그렇게 콩밭에서 잤는데, 소리 나가지고 눈 뜨니까 어떤 형님이 걸어옵디다.

　북조선 사람이요. 그래 건너와 가지고, 서로 이런 거 말하니까 불쌍해가지고 데리고 갑디다. 그때 연길까지 들어왔어요. 그 사람도 탈북한 사람인 거에요. 그래가지고 이렇게 그 사람이 한국에 보내주겠다 해가지고요, 여기까지 왔어요. 중국에서 한 20일 있다가. 여

기 들어올 때, 태국으로 해서 들어왔는데, 어떤 목사님이 중간에 브로커들한테 돈을 다 해 줬대요. 절 보낸 사람은 목사는 아닌데요. 근데 여기 한국에서 받아 준 분은 목사님이세요.

아, 근데 여기 오는 길에 완전, 아- 힘들었어요. 여기 올 때는, 비가 완전. 베트남이라는 데에 넘어갔을 때 비가 너무 와가지고. 배 타고 눈 못 뜨고 무서웠어요. 메콩 강 건너는데, 번개가 꽝꽝 치지, 옆에서 모르고 봤는데요, 건너와서 사람들 말하는 게, 악어래요. 옆에 시커먼 게 지나가가지고요. 전 모르고 그냥 봤는데, 건너오고 사람들이 말하는 게 악어래요.(웃음) 그래서 저희 뒤따라오던 조에서 애기 엄마가 죽었어요, 악어한테. 배가 뒤집혀가지고요.

배가 작아요. 사람이 다섯 명 탈 정도에요. 앉으면 이렇게 중심 잘 못 잡아요. 그거로 태국까지 왔어요. 그래서 조금 이제 안심을 했는데, 그래가지고 왔는데. 미싸이 와서 더 힘들었어요. 밥을 완전 조금 줘요. 배고팠어요. 그래도 편안했어요. 진짜 편안했어요. 그때 당시 이렇게 올 때 진짜 정신이, 진짜 내 정신이 아니었어요.

저는 태국에, 강 수용소 같은 데에서는 24일 동안 있었어요. 저희는 임신부가 따라왔거든요. 그래가지고 그 임신부 때문에 시살이 붙었어요. 좋지 않았어요. 임신부 때문에 진짜 잡힐 뻔하기도 하고, 중국에서는. 진짜 애먹었어요. 메콩 강을 건너는 배를 타는데, 아, 어지럼증 나가지고, 땅에 내리는데 땅이 같이 움직여요. 두 시간 동안 댕기니까요. 아- 힘들었어요.

제가 오면서 또 아는 사람 만나가지고요. 그 사람이 엄마 있는 곳에 말해 줄 수 있을지 모르겠는데요. 그냥 암말도 없이 그냥 넘어 왔어요. 솔직히 꽃제비니까요. 누구한테 알려 줄 사람도 없으니까 그냥 넘어왔어요.

콩밭에서 자다가 그 아는 형을 우연히 만났어요. 북조선 애들은 중국 놈들이 데려다가 팔아가지고요. 이렇게 양아들로 데리고 가서 데리고 살다 피를 뽑고. 그런 소리를 된통 들어가지고요. 사실 무서 워했어요. 마을마다 다 그런 소문 있어요. 중국을 못 가게 하느라고. 이렇게 인신매매 해가지고요, 우리를 데려다 팔아가지고요. 데려다 가 먹을 거, 맛있는 거 많이 주고 그 다음에 피를 뽑아가지고요. 그 다음에 또 맥이고 피를 계속 뽑는데, 손도 다 자르고 한다면서 수상 하게 말해요. 그래가지고 사실 저도 무서웠어요, 중국사람 만나기가. 그 사람 따라가기도 무섭고요. 그런데 어떻게 이까지 오게 됐어요.

그 형은 스물세 살이었는데 그냥 중국에 살아요. 저를 보낸 건 그 형 큰아버지, 아니 삼촌이 저를 보냈어요. 그 삼촌은 그냥 여행도 많이 다니는 사람에요, 중국 사람치고. 조선족인데요. 그 사람이 브 로커라고도 말할 수 있죠. 그래서 돈을 주고 와야 하는데 전 돈 안 내고 그냥 왔어요.

사실 저는 아직도 이해가 안돼요. 다른 사람, 형들은 다 돈을 내고 왔다는데 저는 돈 안내고, 저도 사실 지금 뭐가 뭔지 몰라요. 돈은 분명 안 내고 왔어요, 저는. 중국에서 절 보내는 큰아버지도 너는 돈 안 내도된다 했어요. 중국에서 이렇게 나와서 건너올 때 돈 얼마 낸다는 그거를 써요. 서약 쓰는데 우린 그것도 안 썼어요. 같이 온 팀에서 한 세 명이. 큰아버지 줄 따라왔는데요. 세 명 다 돈 안 내고 그냥 왔어요.

그 목사님께 하나원에서 그냥 연락 한 번 하고요. 얼굴도 몰라요. 목사님 얼굴도. 그러니까 그냥 절 한국에 나오게 도움을 준 거 같아 요. 맨 처음에 중국에서 목사님이 전화로 나를 바꿔달래 가지고 전 화 했는데, 목사님 목소리가 완전히, 이렇게 말해도 되는지 모르겠 지만, 이뻤어요.

"수철이 한국에 오면 선생님이, 선생님이 많이 사랑해 줄게." 하고 그랬어요. 근데 여기 와서 아직 한 번도 얼굴 못 봤어요. 저는 연락 한 번 안 했어요. 이름도 잘 모르겠어요.

두만강을 건널 때, 전 그냥 중국에서

'돈도 많이 벌자.'

그런 생각하고선 건넜었어요. 한국이란 곳은 생각조차 못했어요. 중국에서 한국이라는 소리를 했어요. 또 북조선에서 한국에 가면 죽인다는 소리도 있고요. 그런 소리 많이 들었어요. 한국 가면 막 죽인다고. 그래가지고 전 사실 무서웠어요. 한국에 오기도. 가다가 잡히면 진짜 군말 없이 총살당해요. 군인도 진짜 무서웠어요. 사실 한국에 온다는 건 목숨 걸고 와야 되기 때문에. 사실 무서웠어요. 한국이란 소리를 맨 처음에 그 소리하는 거 좀. 진짜 그런 생각을 어떻게 표현해야 될지. 한국에 가겠냐 그 말에, 그 표현 어떻게 해야 할지 진짜. 심장이 떨렸어요, 좀.

근데 어째서 한국으로 가겠다고 제가 결심했는지는 저도 잘 모르겠어요. 저는요, 중국에 올 때 제정신이 아니었어요. 혼 빠진 것처럼 그냥 발이 가면 가는대로, 머리가 시키면 시키는 대로 하고요. 생각이 좀, 배신감이 너무 꽉 차가지구요, 좀 괴상했어요.


## 한국에서 처음 맛 본 진짜 밥맛

**[내용 요약]**

정수철은 한국에 도착해서 국정원 조사를 받고 하나원을 들어갔다. 하나원에서 생활은 마음이 편안했고, 북한의 밥과 달리 영양가 있는 쌀밥을 먹으며 놀랐다. 영양가 있는 음식과 편안한 마음 때문인지 살도 찌고 공부에 대한 욕심도 생겼다.

**[주제어]** 인천다리, 국정원, 하나원, 쌀밥, 삼촌

하나원에서, 한국 도착하자마자 인천다리 있잖아요. 그것도 버스 타고 지나가니까

'이게 지금 어디야?'

그랬어요.(웃음) 눈에 확 들어왔어요. 도로도 완전 깨끗하고요. 바다도 처음 봤어요. 그때 그 다리 타고 오면서, 진짜 신기했어요. 거기에다 또 그날따라 안개까지 멋있게 껴가지고요. 아, 진짜 신기했어요. 꿈속에 딱 나타난 것처럼. 신기했어요.

국정원에서 조사 받는 건 어렵지 않았어요. 한 달 정도 있었는데, 가서리 직접 독방 들어가서 있는 거는 열흘인가 있고요. 그냥 국정원에서 있는 거는 한 달 정도 있어요. 저는 운이 좋아가지고요. 한 달 안 있고, 한 20일 있다가 일찍 나왔어요. 하나원으로 넘어왔어요. 하나원에 오니까 마음이 편해졌어요.

한국에 오니까 먹을 건 많은데 맛있는 건 없어요. 입이 달라졌어요. 북한에선 닥치는 대로 다 먹었는데, 여기오니까 막 먹기가 별로에요. 이렇게 과자, 간식들이라면. 형들이 뭐 먹고 싶은 거 없냐고, 계속 삼촌이 뭐 먹을까 하면,

"냉면이요!"

제가 이래요.(웃음) 저는 이렇게 속에서 당기는 게 냉면밖에 없어요. 한국 음식이 맨 처음엔 진짜 맛있었어요. 중국에서 맨 처음에 쌀밥 먹을 때, 숟가락으로 찍으니 떨어지지 않는 거예요. 찬밥을 먹는데 떨어지지 않는 거예요.

"이게 왜 이렇게 안 떨어져요?"

"그게 쌀밥이다."

북한은 밥이 이렇게 냄새만 난다 뿐이죠. 아무것도 아니에요. 밥이. 쌀이 영양가, 쌀 이렇게 영양가 이렇게, 샛노란 눈알들은 다 빼가지고요. 알맹이만 있어가지고요. 밥맛이 어떤 맛인지도 몰랐어요.

북에 있을 때 저 3일 동안 굶었댔어요. 밥은 하루에, 한 열흘이면,

열흘에 한 3일은 굶어야 돼요. 우리 같은 꽃제비들은 그냥 밥을 못 먹어요. 굶진 않아요, 그래도. 생각나면 도라지를 먹고 하니까 괜찮아요. 굶진 않아요. 근데 이렇게 좀 힘이 약한 애들은 밥을 못 먹고 죽는 애들이 많아요. 굶어 죽는 애들이 있어요. 전 약초 캐고 그러면서 좀 괜찮았고.

제가 여기 오면서 살이 쪘어요. 제 본래 좀 뼈가 굵어가지고요. 이렇게 몸을 까면, 팔 이렇게 재봐요. (팔목을 손으로 감싸며) 이렇게 재보면, 손 이렇게, 북한에 있을 땐 이렇게 붙었는데, 지금은 이만큼 됐어요. (팔을 보여 주며) 거기 있을 때만큼 운동 안 하니까요. 베트남이나 태국에 있을 땐 운동 전혀 안 해요. 그냥 쌩 두고 있으면 몸이 저절로 이렇게 되요.

저, 사실은 북에서 오는 사람들, 저는 질색했어요. 싫었어요. 북에서 온 사람들, 어디서든 질 떨어져가지고요. 좀 싫었어요. 하나원에서 같이 생활할 그럴 때도 그렇고, 북조선에 있을 때도 그렇고, 정말 싫었어요. 한국 사람들이 좋은지는 아직은 잘 모르겠어요. 우리 삼촌은 너무 너무 좋아요. 네. 너무 좋아요. 친아버지 같애.

제가 좀 혼자 살아가지고요. 버릇이 없어요. 항상 제 생각대로, 제 마음대로 했으니까, 남의 말 듣기가 좀 싫어요. 그것 때문에 계속 삼촌한테도 욕먹고, 형들한테도 욕먹고. 많이 고치려고 노력해요. 그런데 잘 안돼요. 양보도 하려고 하는데, 요즘 많이 그런 거 하는데, 아직도 모자래요. 그래서 형들한테 하나하나 배워가고 있어요, 지금.

한국에 와서 들은 노래는 다 생각나는데 가수들은 모르겠어요. 아, 아이유! 이승기도 좋아해요. 한국에 와서 먹고 사는 거, 진짜 이거면 충분했는데, 여기 오니까 공부 때문에. 뭐, 어떻게 더 올라가고 싶다거나 그런 맘이 있어요. 이렇게 배부르면 뭣도 하고 싶고, 그거처럼요. 진짜 더 욕심이 많아져요.

# 북한에서부터 좋아했던 노래, 가수를 꿈꾸기도

**[내용 요약]**

정수철은 지금 중학교 1학년에 재학 중이고, 입학 첫날 북한에서 왔다고 소개를 하고 난 후 친구들의 관심이 쏟아졌다고 했다. 수업 진도를 따라가기 위해 과외를 하고 있으며 글 떼기는 아직도 못했다고 하였다. 노래를 잘 부르는 것은 아니지만, 가수가 되는 것이 꿈이라고 밝히며 북에서부터 노래를 좋아했다고 했다. 한양대에서 노래 연습을 하는데 어렵고 힘든 일이었다고 하였다.

**[주제어]** 중학교 1학년, 과외, 글 떼기, 가수, 성악과, 한양대, 부자

들어와서 국정원에 한 달 있고, 하나원에 한 석 달 있었어요. 그리고는 바로 삼촌 집에 3월 달에 왔어요. 집에 한 1주일 있다가 학교에 갔어요. 지금 중학교 1학년으로요. 학교에서 북한에서 왔다고 말하고 소개 했어요. 처음에 소개할 때 북한에서 왔다고 말했어요. 그러니까 애들이 신기해가지고요. 학교 다녀와서 몸살이 와서 집에 오자마자 잤어요.(웃음) 막 물어보고, 구경 오고 그래서. 시끄러워요. 막 와서 계속 물어보고. 아 어쨌든 집에 오자마자 누우면 자요. 너무 시달려 가지고, 애들에게. 계속 와서 말시키고 하면서. 그래도 학교에서 애들이랑은 잘 지내요. 장난도 좀 치는데 장난기 보단 농담 좀 지나치게 해가지고요. 예.(웃음) 맨날 형들한테 욕먹기도 해요.

학교 수업시간에는 다 졸고 있어요. 금방 말했는데, 조금 지나면 무슨 말이었는지 생각 안 나요. 그래서 수업을 잘 들으려고 많이 노력하는데, 정말 지금 이렇게 정신이 없어요. 그래서 과외도 하고 있어요. 벌써 지금 그룹 홈 애들은 다하고 있는데. 국어, 영어, 그 다음에, 수학 이렇게 해요. 매주 수요일마다 오죠, 선생님이.

많이 노력하는데 생각처럼 쉽지 않아요. 사실은 공부에 대해서…. 진짜 학교에 가고 싶었어요. 북한에서는 학교 가는 아이들 구경만 했는데 여기 와서 진짜 신났어요. 지금도 막 신나요, 지금. 학교 가면 신나요.

하나원에 와서 처음 글을 배우는데 거기서 좀 힘들었어요. 글 떼기가 진짜 힘들었어요. 지금도 잘 못해요. 수학도 못해요. 돈 계산은 조금 해가지고요. 기본적인 건 알아요. 수학도 바빠요. 하나원에 있을 때는 수학이 제일 재밌었는데, 여기 오니까 과학이 제일 재밌어요. 선생님, 수업마다 선생님들이 다 달라가지고요. 선생님들이 이렇게 농질을 많이 하는 선생님들이 있거든요. 그런 선생님이 좋아요. 저 농질 많이 좋아해요. 다른 건 다 자신 없는데요, 체육은 자신 있어요. 음악은 좋아는 하는데 부르지 못해요.

전 지금은 노래 부르지는 못하지만, 가수가 되고 파요. 근데 노래는 못해요. 노래방을 가지는 않아요. 우리 형들도 노래방을 싫어하고 그러니까 삼촌도 안 가는 거 같아요. 제가 북에서도 노래 좀 좋아했고요. 여기 오니까 그런 생각을 했어요.

'진짜 가수가 좋구나.'

근데 가수 하면서 힘들 것 같아요. 성악과 다니면서 봤는데요. 아, 진짜 노래가 복잡해요. 지금 한양대 가서 연습하는 것도 힘들어요. 근데 저는 아직 변성기 안 왔어요. 열한 살 때 목소리하고 지금 목소리 그대로에요. 돈 많은 부자도 되고 싶어요. 춤춰본 적은 없었는데, 하나원에서 춤췄었어요. 근데 잘 안됐어요.

북에서는 노래, '고저 장군님의—' 이런 노래밖에 없어요. 학교는 안 다녔는데 명절날 같은 때에는 놀아요. 놀면서 노래 부르게 해요. 설 명절 같은 때는요. 이렇게 애들끼리 다 모여서 노래 부르기도 해요. 춤도 추고, 그냥 춤들, 괴상한 춤들도 추고, 장기자랑 하는 것처럼요. 괴상한 것들도 춰요. 거기 우리도 다 낄 수 있어요. 근데 저희는 잘 못하니까 그냥 구경만 한다 뿐이에요.

이호룡 이야기

<조사 상황>

조 사 일: 2013년 3월 21일 목요일
조사시간: 오후 6시 30분~8시(1시간 30분)
구 술 자: 이호룡(가명, 남, 1995년생, 채록당시 19세)
조 사 자: 김종군, 조홍윤, 남경우, 김도연
조사장소: 서울특별시 광진구 능동로 120 건국대학교 문과대학
　　　　　교수연구동 611호
조사장비: 디지털 HD캠코더, 디지털 레코더, 디지털 카메라


　구술자는 그룹 홈에서 중추적인 역할을 하는 탈북청소년이다.
2011년 2월 간담회에서 처음 만났을 때, 훤칠한 키에 세련된 외모가
여느 탈북청소년들과는 달라 보였다. 2006년에 한국에 입국하여 초
등학교 4학년부터 국내생활을 했으므로 체격이나 외모, 말투 모두
가 한국의 청소년들과 다르지 않았다.
　김태영 씨와 인연이 되어 그룹 홈을 처음 결성하는데 주역을 맡
은 친구라서 첫 구술조사 대상으로 삼고 싶었으나 학교 공부와 학
원 수강으로 차일피일 미루어져 2년이 지나서 겨우 만날 수 있었다.
그룹 홈의 운영과 식구들에 대한 생각도 진지하였고, 장래의 희망
도 그룹 홈에 전념하고 싶다는 뜻을 보였다.
　구술자는 아버지가 실종된 후 한국에 와 있던 고모의 주선으로
어머니와 함께 탈북을 하게 된다. 탈북의 과정은 너무 어린 시절이
라 힘들게 자리하고 있지는 않았다. 그보다는 한국살이를 시작하면
서 겪은 편견과 차별, 생계를 위해 지방으로 내려간 어머니와 떨어
져 혼자 지낸 시간에 대한 아픈 기억이 많았다. 암울했던 한국살이
는 삼촌이라고 부르는 김태영 씨를 만나고 희망적으로 변하였다.
초등학교 4학년부터 지금까지 줄곧 삼촌과 같이 생활하면서 그룹

홈을 키워나가는 원동력이 되었다.

　다른 탈북청소년들과는 달리 비교적 어린 나이에 한국에 들어왔고, 김태영 씨의 보살핌으로 학업에 매진하여 학교 성적도 괜찮은 편인 듯했다. 여느 탈북청소년들이 학업 부진으로 공부를 포기하는 것과는 차이가 컸다. 한국에서 나서 자란 청소년들처럼 학원 공부도 하면서 대학 진학을 준비한다고 했다. 그룹 홈 생활을 하면서 자신들과 같은 탈북청소년들의 적응을 돕는 사회복지 사업을 장래 희망으로 가지게 되었다고 했다.

# 구술 이야기 목록

# 영문도 모르고 시작된 탈북 노정

**[내용 요약]**

호룡은 12살이었던 2006년에 한국으로 왔다. 가족들은 함흥에서 잘 살고 있었는데 어업을 하던 아버지가 실종된 이후로 고모에 의해 북한에서 나오게 되었다. 고모가 브로커들에게 돈을 많이 주어서 어머니와 함께 두만강을 편하게 건넜고, 중국을 통해 몽골 국경을 넘었다. 원래 북한을 떠나고 싶은 마음은 없었고, 북한이 잘 못산다는 것도 몰랐다. 한국에 와서 국정원에 두 달 정도 있다가 하나원으로 갔다.

**[주제어]** 함흥, 가족, 브로커, 중국, 몽골, 한국

한국에는 2006년 1월에 왔던 것 같아요. 한 열세 살? 열두 살. 중국에는 한 달 정도 있었어요. 저는 북한에 있을 때 어머니는 그냥 저희 친가도 그렇고, 외가도 그렇고 잘 살았어요. 중국에 고모가 먼저 와있었는데 돈을 보내주었어요. 중국에선 작은 돈이어도 북한에서는 큰돈이 되잖아요. 그런 돈 때문에 잘 살았는데, 그래서 어머님은 일을 안 하시고 그냥 노시고 아버님은 어부셨어요. 그러다가 아버님이 행방, 실종 되셨어요. 바다에 나가셨다가. 제가 여덟 살 때, 배가 바람에 떠내려간 거예요. 배를 묶어 놨었는데 바람에 떠내려갔는데, 그 배를 잡으러 나가셨어요. 제가 마중을 갔는데, 가서서 안 돌아오셨고. 아버님이 어업을 되게 크게 하셨거든요.

그래서 그때 중국에 계시던 고모가, 저희는 그때는 중국에 계신 줄 알았는데 한국에 와서 계신 거였어요. 고모는 이십 몇 기에요. 일찍 오신 거예요, 되게. 초기에 오셔서 어렵게 일하셔서 돈 보내주셔서 저희를 납치했어요. 고모가 가족들이 보고 싶고 하니까. 솔직

히 말해서 저희를 납치한 게 아니라 고모 아들을 납치한 건데, 저와 어머니까지 데리고 오신 거예요. 저희가 고모 아들을 데리고 있었는데, 저희는 오는 거 되게 싫었어요. 중국 가는 것도 싫었고. 그쪽에서 어쨌든 먹고 살만 했으니까.

또 저는 한국에 와서 보니, 북한이 어려운 줄 알았어요. 살만해서 딱히 한국으로 갈 생각은 없었는데, 얼굴만 보자고 해서 중국에 왔는데, 고모가 '그래, 이제 돌아가라.' 해서 차에 탔어요. 근데 일어나니 몽골이었어요. 몽골 국경 앞에까지 온 거예요. 엄마랑 저는 완강하게 안 가겠다고 저희는 고향에 살겠다고 했는데, 아들, 고모 아들 때문에. 어떻게, 어떻게 해서 몽골에 왔다가 몽골에서 한 세 달 정도 있다가 한국으로 왔어요.

그 국경에, 몽골 땅만 밟으면 중국 공안들은 못 잡아요. 그래서 돈을 많이 주면 몽골 땅에 내려주고 돈을 조금주면 그냥 국경 멀리 내려줘요. 자기네들도 잡히니까 브로커들도 잡히니까 멀리 서서 '뛰어가라' 이러는데, 저희는 차로 다이렉트로 해서 국경수비대 초소에 데려다 주고 갔어요. 고모가 돈으로 해서. 몽골 초소 분들이 저희를 다 검사를, 몸을 다 이렇게 해요. 몸에 아무 것도 없게 짐을 다 압수해요. 포로가 되는 거죠, 몽골 입장에서는. 짐은 다 압수하고 몸만 해서 그냥 수용소에 넣어둬요.

그리고 한국 대사관 국정원분들이 오셔서 조사를 하는 거예요. 간첩이 아닌가 그런 걸. 절차 있어서 그 절차 기다리는 두 달 동안 몽골에 있는 거고. 그래서 국경 수비대 초소에, 거기가 첫 번째 수용소고, 수도인 울란바토르라고 그쪽 수도에 가서 한 달 있으면서 절차 밟아서, 몽골공항에서 인천공항으로 와요.

북한 국경 군인들한테 돈 줘서 저희는 군인들이 목에 태워서 왔어요. 고모가 식당 하셨거든요. 대게집이랑 냉면집이랑. 여름엔 냉면하고 겨울엔 대게를 하는 식당 하셨는데…. 저는 그때(탈북할 때)

그냥 여행 다니는 기분이었어요. 함흥시내는 다녔는데 함흥을 떠나본 적은 별로 없었거든요. 그래서 되게 신기하다, 신기하다 했는데 잠들었다 눈 떠보니 이틀이 지나있었어요. 사람을 잠을 재워요, 약을 먹여서. 왜냐면 몽골 가는데 그 중국 대륙을 가로 질러야 되잖아요. 차로 달리는데 중간 중간 초소가 있어서 차를 검사를 해요. 바닥에 매트 깔고 바닥에 누워있고, 그 위에 우산 놓고, 이렇게 얘기로 들었어요. 앞에 와서 한 번 눈으로 쑥 훑고 가는 거죠. 저도 보지는 못했고 얘기로 들었어요. 잠들어 있었어요.

두만강에 고모가 와 계셨는데, 한 달 뒤에 '이제 가라.' 해서 봉고차를 탔어요. 연변에서 생활을 하고, 고모가 가라했는데 알고 봤더니, 한국으로 보낸 거죠. 고모는 한 1주일 전에 한국으로 비행기타고 오신 거예요. 그리고 저희는 중국에 1주일 더 있다가 이제 고모한테서 연락이 온 거예요. 이제 북한으로 돌아가라고 해서 스타렉스 같은 봉고차에 탔는데 몽골국경이었어요.

한국에 와서는 국정원에 두 달 있었어요. 제가 그때 어리다고, 원래 가족들 다 분리하거든요. 저는 어리다고 엄마랑 같이 방을 썼어요. 그래서 저는 가만히 방에 있었어요. 엄마는 계속 왔다 갔다 왔다 갔다 하면서 조사 받으시고, 저는 가만히 있었어요. 저는 어디에 있는지도 몰랐어요. 두 달 쯤 있으니까 하나원으로 갔고.


## 한국에서의 학교생활과 흩어진 가족

**[내용 요약]**

북한에서 초등학교를 졸업하고 중학교에 입학한 상태였다. 한국에 와서는 다시 초등학교 4학년으로 입학했다. 하나원 생활은 하지 않았고 친할머니가 계시는 남원으로 갔다. 어머니가 하나원에서 나온 이후에는 서울 양천구에 집을 얻어 살았다. 그러나 어머니가 서초구에서 일을 해서 양천구에서 혼자 학교를 다녔다.

**[주제어]** 초등학교, 중학교, 하나원, 친할머니, 양천구, 어머니

초등학교 다 마치고 중학교도 입학했었어요. 중학교도 입학해서 한 3개월 다녔었어요. 여덟 살에 초등학교 1학년 입학하면 맞아요. 열두 살이면. 초등학교가 4년이에요. 그리고 중학교가 6년. 고등학교는 없어요. 중학교가 끝이에요. 한국에 왔을 때는 다시 초등학교 4학년부터 다시 다녔어요. 학력이 딱 연결되지는 않는데, 어쨌든 비슷하게 그 정도로 돼서. 구구단 다 외우는 정도가 4학년…. 아니다, 구구단은 아니다. 구구단은 초등학교 3학년 정도에 외우고, 그 정도로 조금 비슷했었어요. 그래서 4학년에 가서.

저는 하나원 생활 안 했어요. 밖에 고모랑 할머니가 와 계셨으니까. 저희가 맨 마지막으로 한국에 온 거였어요. 외가는 다 북한에 계시고, 친가는 모두 오셨어요. 어른은 하나원 생활해야 하고 애들은 조기퇴사라고 해서 밖에 보호자가 있고, 혈육이 있으면 애기들은 뺄 수 있었어요. 하나원에 3일 있다가 남원 갔어요. 할머니가 남원에 계셨거든요.

남원에 1월에 갔어요. 가서 귤 까먹고. 3개월 있다가 어머님이 나오신 거예요. 3월 즈음에 어머니가 퇴소를 하셔서, 서울 양천구에 집을 받으셨어요. 저는 남원에서 서울로 와서 초등학교 3월, 4월에 입학을 했어요. 아, 전학이죠. 전학을 4학년에 들어가서 배웠어요. 근데 가족 이야기인데, 어머님이랑 고모 사이에서, 어쨌든 어머님도 원하신 것도 아니고 한국에 오시면서. 사실 고모가 브로커를 하셨었어요. 그런 것 때문에 그런 고모의 인맥으로 다하셨는데, 그 문제가 어른들 사이가 안 좋아지신 거예요. 엄마도 고모랑 일도 하고

그러셨는데 사이가 안 좋아지셔서, 엄마는 따로 나오셔서 서초구에서 일을 하셨어요. 다른 식당일을 하셨었어요. 그래서 양천구에서 혼자 학교를 다녔어요. 어머니는 3일에 한 번씩 오시고. 엄마가 일하는 곳이 갈비집이었는데, 돈은 많이 받으셨는데 되게 늦게까지 식당일을 하셨었어요. 그래서 저는 혼자 집에서. 어리니까 학교도 빠진 거예요. 계속 가기 싫음 안 가고, 가고 싶음 가고.

## 다니기 싫었던 학교, 그리고 함께 살게 된 태영 삼촌

**[내용 요약]**
양천구의 초등학교로 전학을 갔을 때, 선생님이 자신을 북한에서 온 사람이라고 소개를 해버렸다. 단순히 북한에서 왔다는 이유만으로 아이들에게 질책과 괴롭힘을 당해 화가 나서 학교를 자주 안 갔다. 그러던 어느 날 태영 삼촌이 우연히 학교에서 겪었던 일을 알게 되고 학교에 가서 교장선생님과 면담을 해서 일이 잘 해결되었다. 이후 삼촌은 혼자 사는 구술자의 사정을 딱하게 여겨 같이 살게 되었다.

**[주제어]** 전학, 새터민, 빨갱이, 삼촌, 학교, 면담

학교에 가기 싫던 이유가 제가 전학을 딱 간 날 때문이었어요. 아직도 화나는데, 그 초등학교에 이미 새터민들이 되게 많은 학교였어요. 그 학교는 양천구에 새터민이 많이 밀집되어 있어요. 그 학교는 전용으로 양천구 새터민이 무조건 가는 학교인데, 학교에 시스템 자체가 너무 안 되어 있는 거예요. 애들이 와도, 학교는 따로 그런 거 없이 그냥 바로 이 친구 북한에서 온 친군데. 처음에 막

그렇게 해버리는 거예요. 저는 처음 아무런 생각 없이 갔는데 가자 마자 충격을 받은 거예요. 더 충격인 건 애들이 와서 떠드는 거예요.

"너 때문에 전쟁이 났다."

그러는 거예요. 걔들이 생각이 있어서 그런 게 아니라, 어른들이 그렇게 얘기를 하니까 애기들도 얘기를 하는 거예요. 너 때문에 전쟁이 났다고 그러는데,

'내가 죄짓고 사나, 내가 잘못 했는가.'

막 그런 생각 때문에 학교를 안 갔어요, 계속.

원정이도 그때 같은 학년에 그 학교를 다녔었고. 원정이란 친구도 있는데, 그 친구 저랑 같은 학년에 학교를 다녔었고, 그 친구 말고도 다른 애들이 여러 명 많은 거예요. 다른 학년에도 많고. 혁수형도 제가 4학년 때 혁수형이 5학년이었어요. 어쨌든 학교에서 되게 신경도 안 쓰고, 애들은 학교에 오자마자 힘든 상황이 되는 거예요. 오자마자 인사가 그러니까요.

"어, 빨갱이 새끼네."

이러고 지나가요, 그냥. 저 뒤에 그렇게 앉아 있는데 처음에는 빨갱이가 뭔지도 몰랐어요. 어벙벙하게 생활하고. 자꾸 와서 화장실에 볼 일 보고 있으면 막 물 뿌리고 가고. 근데 저는 이유를 몰랐어요.

'뭐가 잘 못 됐는가.'

제가 북한에서 온 거, 그런 거에 대해서 별 개념이 없었어요. 자꾸 부딪히니까 가슴에 막 쌓이는 거예요. 그래서 막 싸웠어요. 애들이랑 싸우는데 어쨌든 제가 애들보다 힘이 더 세잖아요. 막 때려서 얘네가 좀…. 제가 학교에서도 문제가 좀 커진 거예요.

그래서 삼촌이, 그런데 그 타이밍에 삼촌은 다른 데에 계셨거든요. 다른 천주교 재단에서 봉사활동을 하셨어요. 예전부터 같이 살지는 않았지만 회사생활하면서 시간 되실 때 가서 밥 사주고 이렇게 하시는 봉사활동 하신 거예요. 그러다 우연찮게 저희 집에 오셨

다가 학교를 안 간 저를 보고, 삼촌 말씀으로는 밥통에 밥이 다 말라 있고 냉장고에는 먹다 남은 1000원짜리 소시지 있잖아요, 마트가면. 그런 거들만 있으니까 삼촌이 그걸 보고 짠했었나 봐요. 그래서 하룻밤 자고 갈까 했는데, 제가 그동안 집에 아무도 없었는데 사람이 와서 다 치우고 밥하고 먹으니까 너무 좋은 거예요. 그래서 사심 없이 그럼 삼촌이

"형이 하룻밤 자고 갈까?"

그러는 거예요. 그래서

"자자! 자!"

그래서 좋아가지고 막 했는데, 그게 삼촌은 다음 날 되니까 저를 학교에 보내고, 집을 못 떠나신 거예요. 저를 혼자 두고 가기가 그러셨나 봐요. 저는 기억이 안 나지만. 삼촌 말씀에 의하면 삼촌이 그걸 알게 된 거예요, 학교에서 있었던 일들을. 그래서 삼촌이 학교에 가서 다 뒤집었어요. 가서서 교장선생님 면담하셔 가지고 평정하셨죠. 그래서 학교가 시스템도 바뀌고 애들이 오면 좀 조치를 하게 되었고. 어떻게 하다가 저는 5학년이 돼서 삼촌이랑 처음에 둘이 살았어요. 그렇게 살게 됐어요. 사건도 있어서 삼촌이 더 못 떠나셨고. 삼촌이 처음부터 외박을 하셨다고. 서른 살 넘었는데. 집에다 전화를 하고 '나 오늘 외박한다.' 했는데 그게 하룻밤, 이틀 밤이 돼서 양천구에서 둘이 살기 시작했어요.

## 태영 삼촌과 함께 시작한 그룹 홈 생활이 자리를 잡기까지

### [내용 요약]

태영 삼촌과 함께 살면서 삼촌의 사비로 생활을 했다. 어머니는 한국에 올 때 브로커에게 진 빚을 갚느라 정신이 없었다. 삼촌의

사비도 떨어져 갈 무렵 안산의 천주교 신부님의 도움으로 빌라를 얻어 그룹 홈 생활을 시작했다. 새터민 식구도 점점 늘어 6명이 되었는데, 성당 어른들의 간섭이 심해져 다른 새터민 공동체로 갔다. 그러나 그 집이 그룹 홈으로 등록이 되어 있지 않아서 다른 집으로 이사를 가서 2년 정도 살다가 지금의 주택에 살게 되었다.

[주제어] 빚, 그룹 홈, 천주교, 새터민 공동체, 이사

그때 저희는 기초생활 그런 것도 혜택 받지 못했어요. 워낙 고모 쪽에서 가지고 계신 게 많으니까 저희는 그런 혜택도 없는 거예요, 엄마 쪽에는. 엄마랑 고모는 완전 독립한 상태고 집이 좀 그랬어요. 삼촌 사비로 저랑 살기 시작한 거죠. 엄마는 삼촌에게 돈을 드릴 생각도 못하고, 돈을 못 드렸어요. 한 달에 많으면 20만 원, 15만 원. 그렇게 엄마가 삼촌 드렸고, 삼촌이 회사 다녔으니까 저금하셨던 돈으로 일 년 넘게 양천구에서 둘이 살았어요. 어머니는 그때는 삼촌하고 사니까 안 오셨어요.

어머니 빚이 있으셨어요. 한국에 오는 브로커 돈을 다 갚으셔야 되는데, 가정사로 빚이 되게 많아서 돈을 벌면 다 갚아야 하니까. 그런데 삼촌도 이제 돈을 다 쓴 거예요, 저랑 살면서. 돈이 다 떨어져가니까 삼촌이 강의 다니시면서 돈을 벌어오는 거예요. 학원 강의 가셔서. 힘들었죠, 삼촌도. 그렇게 하시다가 안산에 있는 그 천주교에 어떤 신부님이

"그럼 내가 도와주겠다, 여기 안산에 와서 살아라. 우리 성당에서 후원을 해 주겠으니, 너희가 그룹 홈을 차려라."

그 전에 삼촌이랑 저랑 살 때는 그룹 홈도 몰랐고, 뭔지도 몰랐고, 그냥 삼촌이 측은지심으로 하셨던 거예요. 그때 안산에 가서 그룹 홈이란 것도 알게 됐고, 그렇게 만들어서 원정이랑, 저랑, 또 다른

양천구에 있던 큰, 스무 살 되는 형, 이렇게 세 명이 안산에 가서 집을 받았어요. 빌라 집을 받았어요. 천주교 그 쪽에서 해 주신 거죠. 삼촌은 좀 도움이 되신 거예요. 아무것도 없었는데 가니까. 그렇게 해서 셋이 사는데 그때 어떤 형이라고 또 한 명, 한 명 오는 거예요. 삼촌도 돈 걱정이 없으니까. 혼자 북한에서 부모님 없이 혼자 온 친구들 데리고, 갈 데 없는 사람들 데리고 오신 거예요. 그래서 여섯 명이 되었어요.

여섯 명이 되어서, 6개월 살았는데 문제가 있는 거예요. 간섭이 너무 심한 거예요, 천주교에서. 그러니까 신부님은 뭐 하시는 게 없는데, 그냥 살면 좋은 거고 '내가 도와줄게.' 하는 좋은 마음으로 오셨는데, 그 신부님 밑에 계시는 어머님들이죠, 성당에서 활동하시는 어머님들이랑 사무총장님들이 모든 걸 신경 쓰는 거예요, 저희한테. 뭐 밖에 나가서 밥 먹어도 뭐 이렇게 비싼 거를 먹었냐고 하고. 뭘 못하는 거예요, 저희가. 그래서 6개월 넘게 살다가, 그 쪽 분들이랑은 사이 안 좋아서 그냥 잘 정리하고. 그 옆에 '우리집'이라고 다이 공동체라고, 공동체, 새터민 전용 진짜 그룹 홈에 갔어요. 같이 합친 거예요, 저희와.

"아, 그럼 우리 쪽으로 오세요."

그렇게 해서 삼촌은 그쪽으로 가신 거죠. 그 쪽으로 가셔서 잘 살았어요. 그 쪽은 여자집도 있고, 남자집도 있었어요. 좀 큰 학생 15명 정도 되는데, 어쨌든 잘 되고 후원도 많이 받는 집이어서 갔는데, 또 삼촌은 그게 싫으신 거예요. 저희를 막 불쌍하게 보이게 한다고. 그쪽에서 후원 받아야 되니까, 우리 애들 그렇게 보이는 거 싫다고 하셔서. 서울에 정릉, 그쪽에 또 주택 이층집을 삼촌이 구했어요. 그렇게 해서 원래 가족들, 원정이랑, 저랑, 형들이랑, 삼촌이랑 또 왔어요. 서울에.

근데 나쁘게 한 게 아니라,

"이제 괜찮으니까 저희 갈게요."

하고 다 잘 마무리하고 정릉에 와서 생활하기 시작했어요.

그때부터는 아무런 수입이 없잖아요. 누가 도와주는 것도 아니고 해서, 삼촌도 열심히 벌고. 사실 그때는 저도 잘 모르겠어요. 어떻게 집을 운영했는지. 생각해 보니 아무 것도 없거든요. 그때 천주교 같이 한 것도 아니고, 소속되어 있는 것도 아니고. 살다가 그룹 홈 등록을 못했어요. 그 집터가 허가된 집이 아닌 거예요. 땅만, 땅주인이 다르고, 집주인이 다른 그런 집이었는데, 그런 집은 허가를 안 내주는 거예요, 그룹 홈이라고. 그래서 이사를 또 했어요. 그 바로 위에 4층 빌라. 그 집으로 가서 한 2년 살다가 지금 그 주택으로 이사했어요.

## 안산의 초등학교로 전학, 그리고 중학교에 입학하다

**[내용 요약]**

초등학교 5학년 때 양천구에서 안산으로 전학을 갔다. 안산에서는 이전보다 좀 더 나은 학교생활을 할 수 있었고, 입학한 고대부중에서도 즐겁게 학교생활을 했다. 특히 MBC의 〈그날〉이라는 프로그램을 찍으면서 자신을 솔직하게 알림으로써 친구들과도 더 가까워질 수 있었다. 또 중학교 때 선생님들이 너무 잘해 주셔서 계속 기억이 난다.

**[주제어]** 안산, 전학, 중학교 생활, TV 출연, 친구, 선생님

안산에 갔을 때는 초등학교 5학년에 갔었고, 초등학교 5학년 때부터 안산에서 중학교 1학년을 고대부중으로 입학을 했어요. 안산에는 주거지역이 있는 게 아니라, 하나원에서 바로 다이렉트로 부

모님 없이 혼자 넘어온 애들을…. 정부에서 난감한 거예요. 이 친구를 집 줄 수도 없고, 어디 보낼 수도 없고 하니까 전화가 와요. 이런 친구 있는데 한 번 받아 줄 수 있냐 하고 전화가 와요. 안산은 그런 집이었어요.

안산에서 그때는 학교생활 노하우가 있었어요. 제가 키가 좀 컸어요. 학교를 가도 작은 축이 아니었고 제일 뒤에 앉을 정도였었어요. 그러니까 학교 가가지고 분위기 잡고 있으면 아무도 안 건들어요. 집에 와서 말투 고치려고 많이 노력을 하고. 그러고 저는 학교 갈 때, 처음 갈 때부터 삼촌이 학교 교감선생님 만나서 상담하시고, 잘 조곤조곤 말씀해 주셨고. 잘 다녔어요, 정말. 친구들도 잘 만나고.

근데 그때는 북에서 왔다고 공개를 안 했어요. 안산에서는 너무 그게. 처음에는 별 생각이 없으니까 상처를 안 받았는데, 알고 나니까 되게 상처를 받아요. 그 기억들이. 네. 그래서 혼자 막 길거리에 앉아가지고 있었죠, 말 배우려고. 그렇죠. 말투 고치려고. 양천구 떠날 때는 말투가 많이 괜찮아졌었어요. 그래서 안산에 가서는 학교가 재밌었어요.

또 삼촌이 가가지고 또 한 번을, 고대부중 때는 삼촌이 교사 전체 회의 때 가가지고 그쪽에 참석해서 말씀하신 걸로 알고 있어요. 선생님들 다 모아두시고 이런 친구들이다, 당신 선생님들 이렇게 해 주셔야 된다고 하고, 부탁을 드린 거죠.

중학교 때는 좀 더 좋았어요. 왜냐면 저희가 방송도 많이 찍었는데 MBC '그날'이라고. 좀 유명한 프로그램이잖아요. 애들이 대부분 그런 건 다 보는 거예요, 그 프로그램은. 그래서 오히려 그래서 더 좋았어요. 초등학교 5, 6학년 때도 숨기면서 그랬는데, 그게 숨기는 게 좀 뭔가 찝찝하고 상대방 속이는 거 같은 느낌이 들거든요. 근데 찝찝해도 어쩔 수 없는 게 저도 학교생활 해야 되니까, 힘드니까, 상처받으니까 숨기고 있었는데, 방송으로 멋있게 포장이 되는 거예요. 그래서 친구들이랑도 더 가까워질 수 있었고. 이번에 한 친구 같은 경우는 방송에서 '나 고향이 북한이다. 그게 문제 되나? 나 잘할 수 있다.'라고 연설해서 전교회장도 되고. 그런 식으로. 올해 전교회장이에요, 그 친구, 혹시 아세요?

아, 그런데 고대부중 선생님들이 너무 잘해 주셨어요. 너무 잘해 주셔서 고등학교 가면 그 분위기가 잊혀지지 않고, 선생님들도 잊혀지지 않아요. 고등학교는 잘해 주시는데 선생님들이 삭막해요, 그냥. 정말 분위기 좋고 학원 같아요.


## MBC '그날'이라는 프로그램에 출연하면서

### [내용 요약]

그룹 홈 식구들은 MBC의 '그날'이라는 프로그램을 찍게 되었다. 원래 출연하려고 했던 '인간극장'에서는 자꾸 의도적인 장면 연출을 요구해서 태영 삼촌이 싫어했다. 반면 '그날'은 자기가 하고 싶은 대로 하게 해 줘서 괜찮았다. 이호룡은 방송출연 이후 사람들이 자기를 알아봐서 신기했다고 한다.

### [주제어] 방송출연, MBC '그날', 총각아빠

저희가 인간극장을 찍으려고 많이 노력을 했어요. 근데 인간극장을 찍으려고 하니까, 그쪽에서 강요를 하는 거예요, 저희한테. 어떤 장면이 나와야 되고, 어떤 그림이 나와야 된다고. 이렇게 얘기를 하는 거예요. 네, MBC스페셜도 그렇고. 저희한테 자꾸. 삼촌이 근데 진짜 싫어하시고 화내시거든요. 경인방송 그 프로그램도 삼촌이 개인적으로 마음에 안 들어 하셨어요. 처음 얘기랑 달랐어요. 멋있게 잘해 주기로 했는데 뭔가 편집과정에서. 그래서 삼촌이 그 뒤로 방송에서 되게 많이 찍겠다고 했었는데, 삼촌이 다 안 하고, '그날'한테는 거의 저희 하고 싶은 대로 찍어 줄 거면 찍으라고 그래서, 꾸밈없이 잘 찍었던 것 같아요.

저희 북부방송이라서 성북구는 안 나와요. MBC '그날'은 나와요. 동네사람들은 그닥 잘 모르는 것 같아요. 아, 근데 어디 가면 다 알아봐요. 명동 나가서 밥 먹는데, 옆에서 소리 질러요, 옆에서.

"총각아빠, 총각아빠"

이렇게. 대학로 가서 돌아다니다가 연극 보러 줄 서있는데 갑자기 소리 질러요. 총각아빠 아니냐고. 마을 사람들도 식당가면 많이 알아봐요, 식당 주인 분들이. 그거 찍고 올해는 별로 없었고, 중학교 3학년 때까지만 해도 부산 가서도, 정동진 가서도 밥 먹는데 밥도 주고. 신기하게 알아봐요.


## 점점 어려워지는 공부, 나를 미치게 하는 성적

### [내용 요약]

초등학교 때는 공부를 잘했으나 게을러서 성적이 떨어졌다. 5학년 때는 삼촌이 학원에 보내줘서 괜찮았지만, 영어는 정말 어려웠다. 공부에서 손을 한 번 떼니까 그 다음부터는 따라가기가 더욱더 힘들었다. 특히 영어와 국어 성적이 많이 떨어져서 학교에 가기가 창피할 정도였다. 또 학교에서 국어, 영어, 수학 과목은 성적순으로 반을 나누어서 성적 문제에 더 예민하다.

[주제어] 학교 공부, 성적, 국어, 영어, 수학, 우열반

초등학교 때는 공부 잘했죠. 소학교 때는 잘했는데 뭔가 문제가 있었어요. 어쨌든 제가 적응을 못해서 그렇게 해서 성적이 떨어진 게 아니라, 제가 노력을 안 하고 게으르게 했어요. 4학년 때까지 버벅 댔었고, 5학년 때 학원 다녔었어요, 삼촌이 학원 보내주셔서. 상위권까지 되게 막 잘했는데 x(미지수) 들어갈 때부터 어려웠어요. 다른 건 잘 됐는데, 영어가 문제였죠. 영어는 진짜, 처음부터 끝까지 영어는 안 됐었어요. 북한에서도 영어는 배우는데 되게 달라요. 정말 엄청나게 달라요. 어떻게 써먹는지 모르겠어요.

진짜 밀리기 시작하니까 그런 거예요. 중학교 처음 왔는데 400명인데, 이백 구십 몇 등을 한 거예요. 그래서 그래 가지고. 근데 좀 했어요, 처음엔 하다가 자꾸 밀리니까 못 하겠는 거예요. 그래서 놔버리고, 한 번 놓기 시작하니까 따라 갈 수가 없는 거예요. 그나마 처음에 수학을 했는데 점점…. 국어도 따른 건 괜찮았어요. 어쨌든 영어, 국어를 밑으로 조지니까. 성적…. 처음에는 적응문제 때문에 그랬는데, 나중에는 성적문제로 미칠 것 같은 거예요. 성적 때문에 창피해서 학교를 못 가겠는 거예요. 학교가 더 그런 게 성적순으로 딱딱 나눠놓고. 정규반은 돌림해서 만드는데, 국어, 영어, 수학은 성적순으로 나누거든요. 그래서 돌리는데, 고등학교 가니까 완전 국·영·수만 하루에 6교시 이상 듣고. 고등학교는 재미있어요.


## 미술에 대한 관심과 고등학교 동아리 활동

### [내용 요약]

초등학교 때부터 중학교 3학년 때까지 미술을 배웠다. 또한 어려서부터 할아버지가 그림 그리는 것을 보면서 자랐다. 그러나 그림은 진로가 한정되어 있기 때문에 수익사업을 하고 싶어 미학과에 진학하고 싶다. 한편 고등학교에서는 여러 동아리 활동을 하는데 미술, 축구와 족구, 기악부를 하고 있다. 대학 입시만을 위한 학교생활이 싫어서 선생님한테 따로 계획서를 제출해서 방과 후에 자유로운 시간을 보내고 있다고 했다.

[주제어] 진로, 미술, 미학, 동아리 활동, 학교생활, 입시

저는 계속 초등학교 때부터 미술 했었거든요. 중학교 3학년 때까지 입시까지 다, 입시 그림까지 다 배웠는데, 미대를 가려고 준비했어요, 계속. 삼촌이랑 얘기하고 하다 보니까, 그림이 되게 좋고 재미는 있는데 좀 한정되잖아요. 아, 그니까 저는 사실 삼촌이 지금 사단법인가지고 계시잖아요. 저는 그 사단법인에서 수익사업 하고 싶거든요. 그리고 전 지금은 미학과를 가고 싶어요.

동아리 활동을 하는데, 하나는 입학사정관제 준비해서 꾸준하게 하려고요. 미술은 하나 딱 들어놓고, 하나는 축구, 족구, 공놀이 하고. 하나는 클라리넷, 기악부에서. 1학년 때는 선배들 눈치 보여서, 활동을 안 했거든요. 2학년 되니까 가서 연습실에 딱 앉아서 해요.

저는 학교생활에 별로 구애를 안 받아요. 좀 자유롭게 해요. 저희 되게 좀 수능, 수능, 수능 그래요. 그런 대학준비 때문에 하루 종일 국어, 영어 수업 올리고, 그리고 학교 수업 정규수업 끝나고 보충수업이라고 해서 영어수업을 또 들어요.

"저는 그거 싫어요."

라고 했어요. 대신 제가 하고 싶은 거, 어떻게 할 거라는 계획서를 잘 써서, 선생님 보여드리고 보충시간에는 야자실 가서 혼자 공부하고. 다른 또 그런 대학준비 때문에, 입학사정관 준비 때문에 야자 같은 거 저희에게 필수거든요. 그런데 자유롭게 할 수 있도록 허락 받아서, 그렇게 혼자 자유로워요. 혼자 하고 싶은 거 다해요.

미술은 삼촌 때문에 안 한 게 커요. 삼촌은 적극 추천을 하시는데, 자꾸 얘기할수록 저는 한정되는 게 되게 싫거든요. 제가 만약에 사범대학가서 선생님 되는 게 정말 어렵고 멋있는 길이지만, 그렇게 하는 건 싫어서. 이것도 하고, 저것도 해 보고 싶고 한데. 미술은 하면 '된장남' 같은 것도 있고. 제가 허세가 심해서 좀 그럴 것 같고. 미술을 하면 제가 할 수 있는 게 미술 분야 쪽만 한정이 되잖아요. 그런데 미학을 전공으로 하면 제가 하고 싶은 것도 하고, 삼촌 도와서 할 수 있을 것 같고, 서적도 많이 보니까 재미있는 것 같아요.

그림은 할아버지가 화가여서, 외할아버지가 그림을 그리셨어요. 북한에는 마을 표지판이라고 해서 글을 그려요. 모내기철에는 모두 다 모내기 하는데, 할아버지는 그렇게 붓으로 글씨 쓰시고. 군인들 모자에 있는 그림도 이렇게 그려놓고, 훈련 시기 같은 때는. 어쨌든 그런 일을 하셨어요, 마을에서. 집에서도 그림 늘 그리시고. 그래서 옆에서 늘 봤죠. 붓 가지고 그림은 안 그려도, 할아버지가 그림을 그리는 것을 보고 있었죠.


## 미술 전시회 준비 과정에서 생긴 삼촌과의 갈등

### [내용 요약]

그룹 홈 식구들과 음악회도 하고 미술 전시회도 했다. 이호룡은 미술 전시회에서 동성애, 다양성의 수용을 주제로 삼았다. 전시회 준비 과정은 1년 전부터 시작하는데, 각자 자신의 아이디어를 이야기하며 천천히 준비한다. 그러나 준비 과정에서 삼촌과의 의견 차이로 싸우기도 한다. 오히려 자기처럼 의견을 내세우지 않는 다른 친구들의 모습이 아쉽다.

**[주제어]** 음악회, 전시회, 삼촌, 의견충돌, 작품

저희 음악회 하는 거 아세요? 잘했어요, 제가 보기에는. 근데 한 명, 한 명 따지고 보면 다 못하거든요. 다 모아놓으면 신기하게 잘해요. 또 전시회도 하는데 저는 동성애를 주제로, 다양성의 수용이라고, 컨셉이 그거였어요.

저희가 사실은 미술전시회 준비는 딱 두 달밖에 안 걸리는데, 1년 전부터 준비를 해요. 된장남 10명이 명동에 까페 가가지고 이따 만한 테이블에 앉아서 차 한 잔 마시면서 자기 자료조사 한 거 얘기하고, 서로 브레인스토밍하면서 1년 동안 그러고 놀아요. 전시회 두 달 정도 전부터는 아이디어 끝내고, 공격적으로 '나 이거, 이거 필요해' 하면 알파문구나 인사동 가서 재료 사와서 작품하고. 첫 번째 전시회는 멘토-멘티 해서 미대 분들이 와서 같이 했었는데, 2회째부터는 작품 다 저희가 한 거예요. 재밌었어요.

그런데 준비하면서 솔직히 삼촌이랑 싸워요, 저는. 좀 얘기가 되게. 저랑 삼촌이랑 되게 많이 부딪혀요. 나는 이렇게 하고 싶다, 삼촌은 그거보다 이게 낫지 않느냐. 싸운다는 게 그런 게 아니라 얘기를 하는데 언성이 되게 높아져가지고 싸우는 것 같아요. 저만 그렇게 하는 것 같은 게 좀 아쉬워요. 저는 그게 맞는 것 같은데, 친구들도 충분히 해 오고 발표를 하는데, 삼촌이 '너 이렇게 해라' 그러면, '아, 그럴게요.' 하니까. 저는 좀 더 자기의 생각이 작품에 다 들어가서 오리지날 자신의 작품이 나왔으면, 멋있던 좋던 나쁘던 자기에게 더 뿌듯하지 않을까 하는 생각을 하는데. 이것 가지고도 삼촌하고 또 얘기를 해가지고, 애들이 서로 마음은 있는데 용기를 못내는 거예요. 삼촌이 기가 세셔가지고 말을 너무 잘해요. 세 마디 이상 못 이겨요.

# 그룹 홈의 새 식구들에 대한 생각

**[내용 요약]**

태영 삼촌은 집에 새 식구를 들여올 때 항상 아이들에게 의견을 물어본다. 한국에 온 친구들 중에서는 북한 브로커들의 실수로 잘못 오게 된 아이들도 있어 갈 데가 없는 딱한 사정이 생기는 경우도 여럿 있다. 그러나 새 식구가 들어오는 것을 항상 반대했다. 왜냐하면 삼촌과 원정이와 셋이 사는 게 가족 같고 좋은데 새 식구가 들어오면 그 분위기를 망칠 것 같았고 삼촌을 뺐기기 싫었기 때문이다. 그러나 계속 반대하면 삼촌이 힘들어 할 것 같아서 찬성하게 된다.

**[주제어]** 새 식구, 브로커, 가족, 삼촌, 반대, 환상

생각하시는 것처럼

"처음에는 우리 집에 누가 오는데 너희들 생각은 어떠니?" 하고 삼촌이 저희에게 물어봐요. 저희가 싫다고 하면 얘기는 하는데, 삼촌입장에서는 어쩔 수 없는 거예요. 하나원 쪽에서 '이 아이가 진짜 갈 데 없다, 지금 나이가 몇 살인데…' 하면, 그런 케이스가 되게 많아요. 한국에 오신 부모님들이 북한에 브로커들한테 '내 아들 데리고 와라. 내 아들 이렇게 생겼다.' 했는데 브로커들이 데려온 아들이 자기 아들이 아닌 거예요. 그런 케이스가 되게 많아요. 저희 집에도 두 명인가? 지금은. 예전에 한 명 있었어요. 어떤 형도 그런 식이었고. 그런 게 많지는 않은데 가끔. 그래서 저희 집에 올 때가 있는데, 올 때마다 처음에는 지금 수철이도 그렇고 철호, 강호 형도 그랬고. 어떤 형은 별 생각 없이 들어왔고요. 어쨌든 다 반대했어요, 저는.

마음 깊숙이는 솔직히 말해서 저희 원정이랑, 저랑, 삼촌이랑 사는 게 너무 가족 같고 좋은데, 누가 더 들어오면 좀 그럴 거 같은

거예요. 솔직히 말하면 삼촌 뺏기기 싫어가지고. 얘기는 논리적으로 얘기를 해요.

"난 싫어. 우리 집 그룹 홈이잖아. 우리는 정말 가족이 목적인데…."

처음에는 그랬어요. 얘기는 이렇게 하는데 마음속에는 삼촌 뺏기는 거 같고, 우리가 이렇게 사는 게 행복한데 누가 들어오면 깨질 것 같고. 강호 형, 철호가 제일 심했죠, 아마. 왜냐하면 강호 형, 철호는 둘이 형제라고 하는 거예요. 제 어린 생각으로 형제면 또 둘이 끈끈한 형제애 때문에 집안 분위기 망치지 않을까. 저희 집은 분위기 자체가 형, 형제 그런 거 없이 모두가 함께이고, 어떤 형이 제일 큰 형이면 모두 동생이지, 진짜 동생뿐만 아니라 모든 동생이 너의 친동생이라고 생각하라고 삼촌이 늘 그렇게 말씀하시고. 저희들도 그렇게 생각하고, 그런 식인데. 저는 그걸 깬다고 생각하고, 마음속에서는 오는 게 싫으면서 안 된다고 생각했어요.

찬성한 사람이 마지막에 들어온 친구들. 그 친구는 지금 나갔어요. 그 친구는 찬성했어요. 마지막에는 제가 해탈한 게 아니라, 마음속에는 그런 마음이 있지만 어떻게 할 수가 없잖아요. 제가 자꾸 반대하면 삼촌만 더 힘들어 질 것 같아서.

그런데 신기하게 원태 형 때는 좀 괜찮았어요. 제가 어릴 때부터 형이 없었잖아요. 계속 형에 대한 환상도 가지고 있고, 누나에 대한 환상, 동생에 대한 환상도 다 가지고 있어요. 막 그게 좀 맺혀요. 어릴 때부터, 고향에 있을 때도 그렇고 한국에 와서도 그렇고. 그런데 나의 가장 친한 원정이의 형이 오면. 그 전에는 형이 있어도 나이가 되게 많았어요. 스무 살 되는 형들인데, 별로 형 같은 느낌을 못 받았었거든요. 근데 두 살 위니까 되게 끌리는 거예요. 형제가 생길 것 같고. 그래서 오기를 되게 기다렸어요, 원태 형은. 그래서 왔는데 좋지만은 않더라고요.

# 그룹 홈 가족들 간의 관계와 갈등

**[내용 요약]**

아홉 명의 남자들과 한 집에서 지내면서 크고 작은 갈등도 생긴다. 그러나 거의 나이순에 맞춰진 서열에 따라서 산다. 태영 삼촌은 의지를 가지고 열심히 하는 친구에게는 도움을 주고 밀어주지만, 그냥저냥 사는 친구들에게는 어쩔 수 없어 하는 것 같다.

**[주제어]** 가족, 갈등, 서열, 삼촌, 편애, 도움

남자 10명이 안 싸울 리는 없는데 정말 유치하게 싸워요. 말싸움 하거든요. 하지만 집안 서열이 딱 정해져 있어요. 그냥 서로 그래요. 그렇죠, 서열에 맞춰 살아요. 형들이면 무조건 형들 대접하고, 동생이면 동생대접하고. 막내만 고생하는 거죠. 뭐 이렇게 정해진 그런 것도 없고 그냥 살면서.

예전에는 삼촌이 편애가 그렇게 많지 않았는데, 요즘 들면 아, 이거 가족사인데…. 요즘 들어오니까 그런 게 있어요. 삼촌도 사람인지라, 좀 자기 일에 대해서 확신을 가지고 준비한 사람에게는 그러면 밀어주고 같이 으쌰으쌰 하는데, 어떤 경우는 그냥 떠다니는 거예요. 밥 먹고 학교 갔다 오고 집에서 자고. 그렇게 하니까 삼촌이 되게 얘기를 많이 하는데, 잘 안 들어요.

"내비 둬."

이런 식으로. 이제 머리가 굵었으니까. 그런 게 있어서, 힘들어 하시죠. 어떤 경우는 활동하는 것도 있고 그러니까, 삼촌이 좀 더 밀어주고. 더 많이 발전하라고, 얘기도 많이 해 주시고. 요즘에 제가 고등학교 올라오고 나서부터 좀 이렇게 나뉘는 것 같아요.

# 한국에서의 학교생활에 적응하지 못하는 새터민 친구들

**[내용 요약]**

북한에서 온 새터민 아이들은 대부분 일반학교에서 적응을 하지 못한다. 보통 일반학교 생활을 포기하고 대안학교에 다닌다. 아는 새터민 친구 중에서도 자신이 다니는 동성고등학교에 입학했다가 두 달 만에 학교를 떠난 친구가 있다.

**[주제어]** 새터민, 일반학교, 부적응, 대안학교, 고대부중, 동성고

전반적으로 북한에서 왔으면 다 일반학교로 못 가고 적응을 못해요. 다 일반학교 입학은 하는데 졸업은 못해요. 정말 100명 안에, 지금까지 100명 안이에요, 서울시에서. 그리고 학생 중에 진짜 0.8%가 다닌다고 해요. 서울시에서 통계를 냈어요, 삼촌이 그쪽에서 일 하시니까. 다 포기하고 다 한겨레 학교나 그런 대안학교에 가요.

저희 집에 있는 사람들, 고대 부중이 서울시에서 새터민들이 제일 많이 다니는 학교였고. 이제 저희가 동성고 가니까 동성고가 서울시에서 새터민 제일 많이 다니는 고등학교가 됐어요. 졸업을 잘 못해요. 동성고에 저희 말고 새터민이 있는데, 저희 입학할 때 한 명이 들어온 거예요. 다른 천주교 재단에서 그 친구도 그룹 홈 있는 친군데, 그 친구도 두 달 다니고 나갔어요.

# 삼촌에게 처음으로 맞았던 기억

**[내용 요약]**

　그룹 홈 가족들이 음악 연주회를 준비할 때, 연주회가 이벤트성이 되는 것 같아 불만이 있었다. 또 마침 준비기간이 시험기간과 겹쳐 힘들었다. 이호룡은 이때 생긴 반항심과 불만을 표출했다가 삼촌에게 처음으로 맞았다. 그러나 삼촌은 평소에 친구들에게 스스로 살아가라는, 인생을 살아가는 데 있어 도움이 되는 말도 많이 해 준다. 그래서 전시회나 연주회 준비는 되도록 아이들 스스로 하려고 노력한다.

**[주제어]** 전시회, 연주회, 불만, 반항심, 삼촌, 조언

　제가 처음으로 전시회 준비하다가 삼촌한테 맞았어요. 저희 첫 미술 전시회하고, 두 번째 연주회를 할 때, 연습할 때, 1주일 한두 번 한양대에 갔는데, 나중에는 한양대랑 잘 안 됐어요. 그래서 어떤 지휘자 분이 오셔가지고 저희를 지도해 주셨는데 그 지휘자 분이 정말, 정말, 잘해 주셨거든요. 정말 박칼린 못지않게 해 주셨거든요. 근데 사실은 1주일에 세 번씩 가서, 음악회가 다가오니까 두 달 전부터 세 번씩 가는데, 그때 시험기간이고 막 미치겠는 거예요. 음악회 때문에, 해도 늘은 거 같지도 않고, 뭐 한다고 도움 되는 거 있을 거 같지도 않고, 내가 뭐하는지도 모르겠고 그러는 거예요.

　근데 또 반항기가 되게 심해요, 제가. 그래서 가서 선생님 계신 데 막, 제가 뭐라고 했어요. 어, 왜 이걸 해야 하냐고 하면서. 삼촌이 계속 얘기를 하다가, 지금은 그게 이해가 되는데 그때는

　'이걸 왜 하는 거지? 정말 이벤트지 않냐? 이걸 왜 해야 해?'

　그런 생각으로 반항 되게 많이 했어요. 저뿐만 아니라 다른 한

친구도 그랬어요. 저랑 그 친구는 안 하겠다고, 우린 학원 가야 한다고, 우린 가야 한다고 했어요. 그런데 다른 친구들도 되게 하기 싫은데, 좀 삼촌 워낙 쎄니까 따라 갔어요. 저는 그게 쌓이고, 쌓이다거 폭발을 했는데, 삼촌이 그날 처음 이렇게 때렸어요. 맞았어요.

되게 또 반항심이 생기는 거죠. 그때 막 중학생 때 한창 막, 막 눈에 뵈는 게 없는 이런. 막 반항해서 얘기도 많이 했어요. 이번 미술 전시회 하면서 확실히 깨달았어요. 이번에는 저희끼리만 한 게 아니잖아요. 삼촌이 지역 아동 센터 가서 중학생 여섯 명 정도를 가르쳐서, 그 친구들하고 같이 미술 전시회를 했어요. 하면서 느꼈는데, 어떻게 저희 쪽에서 좋게 말하면 스펙이 되는 거죠. 스펙이 되는 거죠. 어떻게 보면 막 토익, 토플보다 더 특별한 스펙이 될 수도 있는 거고. 근데 그거를 솔직히 그거 한다고 누가 저희한테 후원해 주겠어요. 솔직히 후원 그런 거, 음악회 할 때도 그런 거 없었거든요. 미술 전시회 할 때마다 그렇고. 저희가 좀 다양하게 좀, 뭐라고 말씀드려야 되나, 저희가 다양한 경험을 해 보고, 이런 것도 있고, 저런 사람들도 겪어보고, 또 정식으로 작가로 데뷔한다는 그런 기분이라는 등 이것저것 많이 보여 주고 싶다는 취지였는데, 처음에는 힘들었죠. 그렇죠. 뭐 유명한 말 중에 그런 말도 있잖아요.

"마음이 가난하지 않은 사람이 되라고."

삼촌도 그런 말씀이었어요. 삼촌 말씀으로는 저희한테, 너희가 훈련된 서커스 원숭이 되지 말라고. 야생에서 자란 사람이 되라고. 어딜 나가서도 무슨 상황이 닥쳐도 혼자 할 수 있는 사람이 되라고. 그것 때문에 저희가 처음으로, 처음부터 기획하고, 저희가 기획하도록 해요, 삼촌이. 그래서 제가 기획해서 가져오면 자기가 커트해 주겠다고, 다 저희가 그런 식으로 해요. 저희가 하는 것들은. 그렇게 입학사정관제 준비라고 말씀하시고.

# 어머니에 대한 생각과 고향에 대한 그리움

**[내용 요약]**

어머니는 현재 목포에서 페인트를 만드는 일을 하고 있다. 어려서부터 어머니와 떨어져 지낸 적이 많아 어머니에 대해 친근함을 별로 느끼지 못한다. 그러나 한국에 와서는, 특히 중학교 때 어머니와 함께 살고 싶다는 생각이 많이 들었다. 또 어쩌다가 떠나게 된 북한의 고향에 대한 그리움도 많이 느끼고 있다.

**[주제어]** 어머니, 어색함, 북한, 고향, 그리움

어머니는 목포 계세요. 어머니는 페인트 만드세요. 그쪽에 배가 많잖아요. 조선소 배가 많잖아요. 중학교 때는 어머니와 살고 싶다는 생각을 되게 많이 한 거 같아요. 저는 삼촌네 사는 게 싫어서 그런 게 아니라, 음, 엄마랑 저 어릴 때부터 별로 안 있었어요. 저는 외가에서 많이 있었거든요. 그래서 엄마를 봐도 엄마가 친근하다는 마음을 별로 못 느껴요. 어릴 때부터 엄마랑 같이 안 있고 했었으니까. 그런 마음이 있는데 한국에 와서도 얼마 못 있으니까. 엄마가 어느 새부터 어색한 거예요, 되게. 그래서 장난 반 진심 반으로 엄마랑 살면 안 되냐고 한 거예요. 중학교 초반에도 그랬고. 그런 생각, 중학교 때 되게 많이 했던 거 같아요. 중학교 저학년 때.

그래서 초등학교 다닐 때는 북한에 돌아가고 싶다는 생각 많이 했죠. 삼촌 만나기 전까지는 되게 많이 했죠, 솔직히. 처음에 별 생각 없이 있다가 그게, 점점 알게 되잖아요. 이게 뭔 뜻이고, 이게 뭐고, 내가 어떤 대접을 받고 있는지. 처음에는 몰라도 점차 알게 되는 거잖아요. 그게 점점 알게 될수록 저는 힘들어지고 더….

'내가 왜 이러고 살아야 하나. 언제부터 이러고 사나, 뭐 때문에

이러고 사나.'

어린 맘에 되게 그런 잊혀지지 않죠. 어릴 때, 되게 그랬어요. 삼촌 만나고부터는 재미있었어요.

지금은 살기 힘들어 돌아가고 싶다는 의미가 아니라, 좀 그런 거 같아요. 솔직히 고향에 향수가 없는 사람은 없잖아요. 저도 그런 마음 쪽에서는 사는 거 문제가 아니라 돌아가서 살고 싶죠.

## 우리의 미래, 따로따로 독립보다는 또 하나의 공동체가 되기로

**[내용 요약]**

그룹 홈 식구들은 이제 더 이상 새 식구를 받지 않기로 했다고 했다. 요즘 들어 독립에 대한 이야기를 많이 하는데, 그룹 홈 친구들의 생각은 함께 마을 공동체를 만드는 것이 꿈이다. 특히 농촌 유학 센터를 만들어 수익 사업을 하는 것이 목표이다. 요즘 마을도 없고 이웃에 대한 애정과 관심도 없는 세태를 안타깝게 느낀다고 한다.

**[주제어]** 독립, 꿈, 마을, 공동체, 농사, 농촌유학센터, 수익사업

저희 집, 이제 저희 집에서 새 식구는 더 안 받을 생각하고 있어요. 삼촌도 그렇고, 이 멤버로. 그리고 저희는 딱히 말해서 독립을 자주 이야기해요. 요즘 되게 많이 하는 얘기예요. 근데 저희의 독립은 그거 예요. 같은 마을에서 다 같이 사는 거예요. 제가 수익 사업하고 싶다는 이유도 그거예요. 저희는 마을 공동체를 만들고 싶거든요. 같이 다 내려가서. 강호 형 꿈은 농사짓는 거거든요. 강호 형 옆에서 농사짓고, 원태 형도 농사짓는 거 같이 짓고, 철호도 농사짓는 거고. 원정이는

그룹 홈을 이어가겠다고 했어요, 삼촌 대신. 원정이는 그래서 성균관대 사회복지학과 가려고 그러고. 그리고 저는 수익, 농촌 유학 센터 만들고 싶어요. 삼촌 재단, 법인 안에서. 어쨌든 저희는 마을을 살리고 싶다는 생각해서, 요즘 되게 그렇잖아요. 저희 미술 전시회도 주제도 그랬었는데, 우리 태국 갈 때도 주제가 그거였고. 한국에는 마을이 없잖아요. 그래서 치매 걸린 할머니가 옆집에 사는 것도 모르고, 옆에 누가 사는 줄도 모르고, 다 아파트 사니까. 살다보니까 그런 걸 느껴서, 나중에 저희는 마을 공동체 만들자고 했어요. 그래서 어떻게 말하면 독립이 없는 거죠. 같이 사는 게, 본인들도 그렇게 살면 행복할 거 같대요. 낭만? 모르는 거죠. 앞으로 어떻게 될지.

**2부**

# 탈북대학생 이야기

김지성 이야기

<조사 상황>

조 사 일: 2011년 6월 27일 월요일
조사시간: 오후 1~2시 30분(1시간 30분)
구 술 자: 김지성(가명, 남, 1981년생, 채록당시 31세)
조 사 자: 김종군, 황승업
조사장소: 서울특별시 광진구 능동로 120 건국대학교 문과대학
　　　　　 교수연구동 611호
조사장비: 디지털 HD캠코더, 디지털 레코더, 디지털 카메라


　구술자는 늦은 나이에 경영학을 공부하기 위해 대학에 진학하였
다. 탈북대학생 간담회에서 만났을 때 늦깎이 학생으로, 사회생활
을 좀 하고 왔다고 자신을 소개했다. 온화한 성품으로 다른 탈북대
학생들을 잘 챙기는 구심점 역할을 할 것으로 보였다. 조사자는 학
내 탈북대학생들의 소모임을 만들어 보라고 적극적으로 권하자 탈
북대학생들끼리 모이는 동아리보다는 남북의 대학생들이 공동으로
참여하는 동아리를 만들어 보고 싶다는 뜻을 보였다.
　구술자는 특이하게도 북한에서 군대에 복무하던 중 휴가를 나왔
다가 탈북을 한 경우였다. 개성지역에서 군 복무 중 휴가를 받아
함경도 회령 고향을 찾으니 가족이 모두 탈북하고 없었다고 한다.
외삼촌의 도움으로 혼자 북한에서 살 것이라 다짐하고 엄마에게 경
제적 지원을 요청했는데 엄마가 중국으로 나오면 더 지원하겠다는
말을 듣고 두만강을 건넌다. 연변에 와 있는 동생을 만나 가족이
한국으로 들어간 사정을 알게 되는데, 군인신분으로 강하게 반발하
였지만 동생의 권유에 이끌려 북경 영사관으로 뛰어들어 망명을 요
청한다.
　탈북 후 한국 생활에 적응을 못해 술로 세월을 보내다가 교회를

나가게 되면서 한국에서의 삶의 목표를 세우고 기술을 익힌다. 자동차 정비와 판금 업체를 직접 운영할 정도로 사업이 번창하였지만 차츰 내리막길을 걸었다. 이후 좀 더 배워야겠다는 목표로 대학에 진학하게 됐다고 했다.

대학을 졸업하고 경영학을 바탕으로 탈북자와 통일 후 북한 주민들을 실질적으로 도울 수 있는 사업을 벌일 구체적인 계획을 가지고 있었다. 자동차 정비 사업이나 봉제업, 재활용센터 등을 운영하는 사업가로, 탈북자들의 리더가 되고 싶다는 큰 포부를 가지고 있었다.

가족들과 친척들 대부분이 탈북에 성공하여 한국과 해외에 거주하고 있다고 했다. 그래서 정서적으로나 경제적으로 비교적 안정된 모습을 보였다.

## 구술 이야기 목록

·군대 휴가를 나왔다가 기획 탈북을 하다
·한국 드라마를 보며 한국행을 결심하다
·목숨을 걸고 북경 영사관으로 진입하다
·적극적인 자세로 자본주의 경제에 뛰어들다
·대학에서 경영학을 공부하면서 탈북자들의 미래를 설계하다
·교회 신앙 속에 삶이 변화하다

# 군대 휴가를 나왔다가 기획 탈북을 하다

**[내용 요약]**

군복무를 7년하고 첫 휴가를 나오니 가족이 모두 사라지고 없었다. 엄마의 연락처를 수소문해서 통화를 하니 중국 상해에 있다고 하면서 돈을 보내줬는데, 좀 더 요청하자 중국으로 나오라고 해서 두만강을 건넜다. 중국에 와서 가족이 한국에 있다는 것을 알았는데, 동생이 여권까지 위조해서 탈북을 기획한 것이었다. 두만강을 건너 탈북하는 과정은 돈을 주고 쉽게 이루어졌다.

**[주제어]** 군대, 휴가, 탈영, 두만강, 북경 영사관, 브로커

저는 태어날 때부터 회령에서 쭉 살다가, 군대 가서 개성 쪽에서 한 7년 살았어요. 군 생활을 개성에서 한 거예요. 그렇게 군 생활을 하다가 다 채우지 않고 나온 거죠. 탈영한 거예요.(웃음) 중간에 휴가를 나와서 집에 오니까 아무도 없었고 그냥 그렇게 한국으로 온 거죠. 가족들은 제가 한국으로 오기 한 2년 전에 먼저 나온 거예요. 제가 한국에 나와서 생각하니까 한국까지 온 것도 기적이에요. 휴가를 나와서 엄마를 찾아야 된다고 아무나한테 부탁을 한 거예요. 집에 왔더니 아무도 없어서 엄마를 찾으려고 수소문 했더니 연락처를 알게 됐어요.

사실 그때 엄마도 정착 안 됐을 때고 그러니까 저를 찾으려는 노력은 안 했죠. 게다가 그때는 제가 군대에 가 있다고 생각할 때니까요. 북한 군대가 10년에요. 그런데 7년쯤이었으니까 생각도 못하죠. 아마 10년 쯤 되면 생각을 했었겠죠.

거기서 삼촌 아는 분이 중국에 있었어요. 그래서 삼촌이 그분께 연락을 하고, 뭐 이렇게, 이렇게 쭉 쭉 연락을 하다가,

"어디 있다. 전화 통화가 괜찮다."

고 하는 거예요. 그래서 통화를 했어요. 그냥,

"엄마 지금 어디 있냐?"

하니까

"상해에 있다."

하는 거예요.

"아, 상해요. 그 돈 잘 버는 도시니까, 그러면 나 여기서 살 거니까 돈 좀 보내 달라."

했어요. 그랬더니 엄마가

"돈 보내주겠다."

한 백만 원 보내 왔더라구요. 백만 원이 북한에서는 큰돈이거든요. 그러면 좀 더 보내주면 내가 이제 대학도 가고, 이제 그럼 난 여기서 발전하겠다 싶어요. 그러니까 돈 더 보내달라니까 엄마가,

"더 보내줄 테니까 일단은 중국에 한 번 넘어와라."

고 해요. 그래서 넘어왔어요. 넘어와서 통화를 했더니 엄마가

"난 한국에 있다."

하는 거예요.(웃음)

그때는 내가 완전 빨갱이였어요. 동생이랑 통화하다가

"형, 김정일 자식 새끼가…"

그러면

"야, 형하고 통화할 때는 그런 얘기 좀 안 했으면 좋겠다."

막 '개' 이렇게 하니까. 나는 철렁 철렁하는 거예요. 왜냐하면 이때까지 '장군님, 장군님'하던 사람인데 동생이 그러니까

'얘가 간첩이 좀 아닌가?'(웃음)

동생은 그때 한국에 있었어요. 그런데 통화하는데 개가 막 서울말 쓰고 그러더라구요.(웃음)

저랑 통화하던 그때 동생들은 일하고 있었어요. 나만 군대를 갔

고, 걔네는 다 군대를 안 갔어요. 북한에선 이렇게 두만강 건너서 중국 갔던 기록이 있으면 군대에서 면제돼요. 사상이 불순하다고 생각하니까. 나도 중국 건너갔다 왔으면 군대 안 갔죠.(웃음) 어찌 보면 북한에서는 군대 갔다 온 걸 되게 성스럽게 여기니까.

'남자는 고생해봐야 된다.'

고 생각하는 그런 거 있어요.

제가 국경을 넘었을 때가 스물네 살이었어요. 한국에서 동생이 직접 중국으로 와서 만난 거죠. 바로 밑에 동생이 왔어요. 여권이랑 이렇게 해서. 그러니까 여기 한국에 있는 탈북자 여권을 해가지고 들어왔어요. 그게 좀 위험하긴 위험하지만, 그래도 없는 거보다 나으니까 가지고 와서 동생이 직접 북경 영사관까지 갔어요. 넘을 때는 우리가 친척이 많이 있어서 나하고 사촌동생 작은 꼬맹이, 남동생 하나 여동생 하나 이렇게 두 명 있었어요. 걔네하고 같이 나왔어요.

국경을 넘을 때도 좀 일화가 있는데, 넘을 때

"이 어린 친구들만 잠깐 넘게 주고 오겠다."

그랬거든요. 그런데 나 말고 일행이 한 명 더 있었어요. 그런데 다시 넘어온다 했는데 이 양반도 다 한국으로 갈 생각을 하고 있었던 거예요. 그때 제가 중국 돈 백 원을 줬어요. 그리고,

"바로 넘어갔다 오면 백 원 더 주겠다."

그래서 딱 넘자마자 도망쳐 온 거죠, 여기까지.(웃음) 같이 간 사람이, 그러니까 브로커가 군인들하고 인간관계를 많이 쌓아온 거예요. 그래서 나는

"넘겨주고 돌아오면 돈을 더 주겠다."

그러고는 그냥 한국까지 온 거지요. 되게 쉽게 넘어왔어요. 그리고 넘어와서도 또 아는 분을 통해가지고 변방수비대 차 있잖아요. 그러니까 경찰차예요. 경찰차 타고 왔어요.(웃음) 넘어와서 또 그 변방 운전기사 있잖아요. 개한테 돈 주고서 차 두 대 빌렸어요. 그때 중국

돈 천 원 줬어요. 중국 돈 천 원이면 한, 10만 원, 20만 원 정도 돼요. 한 대는 앞에 나오고 한 대는 뒤에 오고. 그런데 그 변방대 차가 뭐냐면 산림경찰차인데, 산림경찰은 거기서 거의 경찰이거든요. 그러니까 저는 경찰차 타고 쭉 온 거예요.(웃음) 간이 배 밖으로 나왔죠. 그런데 올 때 또 군복입고 왔어요. 목견장만 막 떼고.(웃음)

## 한국 드라마를 보며 한국행을 결심하다

**[내용 요약]**

1998년 군대를 갈 때는 먹을 것이 있었는데, 2004년쯤에는 군대도 먹을 것이 없어 힘들었다. 휴가를 나와서 가족이 중국으로 간 사실을 알고, 혼자 살아 보기 위해 돈을 모으고 어머니에게 돈을 요구했다. 중국으로 나오면 주겠다는 말에 연길로 왔는데, 한국으로 가자는 말에 강하게 반발했다. 마음을 정하지 못해 방황하는 한 달 동안 동생들이 준 한국 드라마를 보면서 북한에서 교육받은 한국의 실상이 거짓이었음을 알고 한국행을 결심한다.

**[주제어]** 군대, 빨갱이, 한국 드라마, DVD, 사촌동생

저는 북한 사정이 제일 안 좋을 때 군대를 갔어요. 98년도에 갔으니까, 제가. 그때 전방 일대는, 개성 쪽은 괜찮았어요. 일단 전방이고 그나마 진짜 괜찮았어요. 오히려 2002년, 2003년, 2004년 이때가 힘들었어요. 그때는 군대가 더 안 좋았어요. 왜냐하면 거기가 더 앞쪽 지대여가지고. 그러니까 그때는 농사를 지어 먹고 살아가지고 타격이 크지 않았어요. 그런데 비료 짤리고, 뭐 짤리고, 서서히 짤리니까 타격이 오기 시작한 거죠.

군대에 있을 때 한 일화가 있어요. 자고 있는데 밤중에 막 깨워서 편지를 쓰라는 거예요, 고참들이.

"왜 그러냐?"

니까, 원래 군대에서 10년 동안 통화가 안 돼요. 편지도 안 되고, 휴가도 없고. 그런데 지금 김정일 생일이라서 김정일이가 전방에 있는 군인들을 특별 배려해가지고 편지를 무조건 집으로 보내주게 한 거죠. 그러니까 무조건 보내주게, 요 편지만은 꼭 보내주게끔 약속한다고 해가지고. 그래서 고참들이 편지를 쓰라고 한 거예요. 그래가지고 자다가 일어나서, 12시에 일어나가지고 시꺼먼 종이에다가 대충 썼어요. 그런데 그 편지가 진짜 간 거예요. 그런데 그 편지에 완전 나는 빨갱이인 거죠. 장군님의 배려, 뭐 여러 가지로 잘 있다고, 잘 지내고 있다고 해가지고 간 거예요. 아빠는 돌아가시기 전까지 그 편지를 보면서 계속 울었다고 하더라구요. 그런데 엄마는 그 편지를 보고 내 성향을 알았으니까 한국에 있으면서도 상해라고 한 거죠.

그때 군대에서 휴가를 나왔을 때 원래 보름에서 한 달 정도였는데, 그때 내가 6개월 있었어요. 복귀를 안 했어요. 그런데 6개월 있는 동안 부대에서 한 번도 잡으러 안 왔어요. 왜 그러냐면 당시 내가 부대에서 나와서 다른 임무를 수행하고 있어가지고, 공중에 뜬 상태였어요. 일종의 파견인 거예요. 그러니까 이쪽 소속도 아니고, 그렇다고 이쪽 소속에서 직접적인 관계는 또 아닌 거예요. 그러니까 공중에 떴어요. 나에 대해 이제 그러니까 이쪽에서 부르면,

"너희들이 보냈지 않냐?"

그런데 여기서는

"얘가 지금 없는 데 어떻게 하라는 거냐?"

"너희 부대 분명히 가 있다. 한 번 확인해봐라."

"우린 없다."

이게 그러니까 사단과 군단이 교차 돼가지고, 이게 트러블이 좀 심했어요. 그거 정리되는 게 한 6개월 정도 걸린 거예요. 그러니까 다른 사람들이면 한 달 복귀 안 하면 바로 와요. 그런데 저는 한국 온 이후 한 달 만인가 부대에서 왔대요. 사단 정치 요원하고 뭐 소대장하고 분대장하고. 그래서 나 때문에 친척들이 한 달에 한 번씩 감방에 가 있었어요.

"그 놈이 있는 데를 대라."

고.(웃음) 그 타이밍이 한 달 차이인 거예요. 한 달만 더 있었으면 그냥 잡혀 가고, 여긴 못 오죠. 군법으로 6개월이면 처벌이 커요. 그런데 돈이 있으면 메울 수는 있어요. 그냥 돈으로 메울 생각으로 한 거죠.

군대서 나왔는데 아무도 없으니 나는 엄마 소식을 알고 싶었고, 그렇게 연락이 된 거예요. 그때 저한테 돈은 꼭 필요했어요.

'내가 여기서, 북한 사회에서 설 수 있는 방법은 몇 개 없다. 돈이다.'

거기서 군인이면 거의 뭐, 70년대 안기부 정도의 위력이랄까? 다 할 수 있는 거예요, 군복만 입으면. 그래가지고 휴가 나왔을 때에 나무도 하고 이래가지고 나름대로 여기 돈으로 따졌을 때 한 1500만 원 정도 이렇게 마련했으니까, 한국의 생활기준으로 생각했을 때. 그 일이라는 게 이모부가 저기, 림업 쪽에도 관심이 있어가지고 그쪽에 일 좀 하고 있었어요. 그래가지고 내가 산에 올라가서 나무 해가지고 그 나무를 돈으로 만든 거예요. 팔면 이제 여기 돈 한 1500만 원 정도 수입이 나니까. 거기에 좀 더 해가지고

'나는 대학까지 가고 싶다. 좀 더 있어야 된다.'

어느 정도냐면 북한은 무상 교육이지만 간부들한테 좀 뇌물을 제공해야 되니까 최소한 여기 돈으로 한 5000만 원 정도 필요한 거예요. 그러니까 그걸 엄마한테 이야기한 거예요, 달라고. 그런데 엄마가 주겠다는 거예요. 일단 밑밥으로 여기 돈으로 한 100만 원 정도

줬어요. 이제 북한에서 그 돈을 딱 쥐니까

'아! 가면 또 주겠구나.'

싶어가지고 중국으로 넘어온 거지. 낚인 거야.(웃음)

그래 중국으로 넘어가서 동생을 만났는데 한국으로 가자고 하니 당황했어요. 당황했고, 그때 당시가 방황하는 시기였어요. 중국에서 딱 한 달 있었어요. 제가 다시 간다고 막 그랬어요.

"나 북한 다시 간다. 돈만 달라."

그랬더니,

"돈 없다. 가겠으면 가라."

는 거예요. 난처하잖아요. 돈 받을라고 여기까지 왔는데.(웃음) 그 다음에 한 달 동안 문 걸어놓고, 내가 나가면 잡히니까, DVD를 (팔을 머리위로 들어 보이며) 이만큼 주는 거예요. 제일 먼저 본 게 〈풀하우스〉, 〈천국의 계단〉 그것도 한참 히트 칠 때 드라마들. 이제 그 드라마 보면서

'아, 내가 알고 있던 한국하고 분명한 갭이 있다.'

북한에서 아는 한국은 못 살고, 인간이 저질인 사회로 교육받았는데, 거긴 아닌 거예요. 진짜 〈천국의 계단〉을 보면 눈물 날 정도잖아요. 〈풀하우스〉도 그렇고. 한참 송혜교 히트 칠 때 그거 보면서,

'아, 한국 가봐야겠다.'(웃음)

3일 동안 안 자고 드라마만 봤어요. 코피 줄줄 떨구면서.(웃음) 그것도 시리즈 별로 안 보면 안 되게끔 돼 있잖아요. 어쩔 땐 굶으면서, 새우깡 먹으면서, 눈 쑥 들어가고.(웃음) 이게 드라마 위력이 대단한 거 같아요.

한국에 제일 처음 온 사촌동생이 하나 있어요. 우리가 넘어올 수 있도록 처음에 길을 낸 계기가 걘 거예요. 걔가 2002년도에 한국에 제일 처음으로 왔어요. 그리고 걔 엄마, 우리 이모가 넘어오고 바로 동생이 넘어오고, 그리고 우리 엄마가 온 거예요. 그렇게 쫄래쫄래

해가지고 다 왔어요, 결국. 한 명이 딱 물꼬를 트니까 다 오게 된 거죠. 걔는 지금 영국 가 있어요.(웃음)

## 목숨을 걸고 북경 영사관으로 진입하다

**[내용 요약]**
동생과 사촌동생이 탈북 경로를 북경 영사관으로 택해서 기차로 북경으로 이동하여 영사관으로 진입한다. 그 과정에서 영사관 문을 죽을힘을 다해 부수고 격투를 벌이며 뛰어든다. 탈북민 100여 명과 함께 좁은 공간에서 감옥 같은 생활을 하다 필리핀으로 추방되는 형식을 취해 한국으로 들어왔다. 북경 영사관에서는 순번을 기다리느라 1년 3개월을 체류했다.

**[주제어]** 영사관, 기차, 중국 공안, 외교적 마찰, 추방, 필리핀

저는 내가 현재 여기 있는 자체가 그냥 기적인 거 같아요. 왜냐하면 한국 영사관을 가는데 중국 기차를 타고 갔어요. 아무 준비 없이, 군복은 벗고 그냥 위에 옷만 입고. 연길에서 딱 옷 갈아입고 북경까지 갔어요. 그러고는 한국 영사관 근처에 가서 이틀을 잤어요, 호텔에서. 이제 첫 날 자고나서 호텔 한 바퀴 돌고, 둘째 날 자고 한 바퀴 돌고. 이제 막 떨리는 거예요.

그 다음날 점심에, 열두 시에 동생이 영사관에 먼저 들어갔어요. 걔는 한국 여권 있으니까 들어가서, 이제 우리 사촌동생이 여자예요. "우리 오빠 오니까 문 좀 열어 달라."

이제, 그렇게 걔가 먼저 들어갔어요. 그런데 여자애가 너무 안 나오니까 내 동생이

"형 내가 먼저 들어가 볼께요."

그러고는 동생이 짜-악 들어가는데, 서로 통화가 된 거야.

"야, 오빠 들여보내라."

한 거예요. 그래, 내 둘째 동생이

"형 지금 들어와도 괜찮대요. 들어와라."

하는 거예요. 그래, 둘 가고 밑에 꼬맹이 둘도 막 들어가는데 앞에 경비, 중국애들이 있는 거예요.

"서라!"

고 하는 거예요. 그래서 애네들하고 싸웠어요, 거기서. 그러다가 문을 딱 열라고 하니까 안에 문을 걸어치는(잠그는) 거예요. 그러니까 테러범이나 이런 걸로 생각했는지. 같이 간 사람이 한 명 있었는데, 남자 둘에 어린애 두 명이, 이 유리문 있잖아요? 이렇게 두꺼운 강화유리, 그거를 (양팔로 벌리는 시늉을 하며) 이렇게 널쿼어요. 그러니까 팔이 들어가는 거예요. 그래서 이제 몸이 들어갈라고 하는데, 이게 안 들어가는 거예요. 힘이 안 되니까. 야- 그렇게 널쿼놨는데 안 되는 거예요. 아 그러던 상황에 거기서 안기부 형사라고 안기부, 국정원 직원들 한, 두 명 있잖아요? 그 사람이

"팔 뽑으라(빼라)!"

거기서 한 15분 동안 막 결투했어요. 그러다가 문을 열었어요. 이러고 있는데 좀 있다가 공안차가 오더라구요. 그런데 원래 북경 영사관은 경비가 이중, 삼중이에요. 그날 밤에도 경비가 2~3m에 한 명씩 있었어요. 우리가 영사관에 들어가니까 이야기하는 게

"어떻게 들어왔냐, 공안이 없냐?"

고 물어보는 거예요. 그래 없다고 하니까,

"어제 그게 20명 잡혀나갔다, 여기서."(웃음)

그러니까 참 그거 알았으면 우리 못 들어갔어요, 진짜. 못 들어갔어요.(웃음) 그거 이틀 전에 잡혀 나갔다는 거 알면 안 택하죠. 간이

배밖에 튀어나왔다고 막 뭐라 하는 거예요. 거기다가 그 유리문이 마사져(부서져) 가지고 돈 주고 수리했다고 그래요.(웃음) 그 직원이 와서

"야, 너 힘이 얼마나 좋으면 그 유리문이 마사졌다."

고. 그래 얘기를 하더라고요.(웃음) 그러더니

"수고했다."

그래요.

그 사람들 보니까 다 욕을 할 수밖에 없어요. 들어오자마자 욕하더라구요.

"(소리치는 듯)미쳤냐?"

막 그러면서 욕 하더라고요. 그런데 그 욕할 수밖에 없는 상황인 게, 거기에 중국 사람도 있고 그런데, (탈북자들을) 오라고 반기면 더 이슈화 돼서 더 문제가 있다고 그러더라구요.

그래가지고 들어갔는데, 들어가니까 탈북자가 그 안에 한, 백 명 있는 거예요. 와, 장난이 아닌 거예요. 잠을 어떻게 자냐면 (몸을 모로 돌리는 시늉을 하며) 이렇게 자, (팔을 몸에 붙이며) 이렇게. 이렇게 좌악 누워서 자는데, 장난 아닌 거예요.

그래 거기서 1년 3개월 있었어요, 영사관 안에서. 출국을 안 시켜 가지고.(웃음) 한 달에 2명 내지 3명 보내주고 이렇게. 그러다 보니까 그 안에서 스트레스가 막 오는 거예요. 진짜 힘들어요, 거기. 남자 침실이 여기(조사 장소)보다 좀 작은 방에 2층 침댄데, 여기에 남자가 한 20명 자고, 맞은 편에 20명 자는 거예요. 40명이 자고, 나머지 여자들은 저기에 60명 자고. 이제 운동하고 싶으면 주말마다 한 번씩 나갈 수 있는 실내, 그런 운동 공간이 있어요. 고거 외에는 없어요. 그러니까 얼굴이 하얘져요. 햇빛 한 점 못 보니까. 얼굴 진짜 창백해지고. 감옥 이상이죠. 그래도 감옥은 운동이나 하고 외부에 나가기도 하잖아요. 여기는 그런 거도 없는 거예요.

거기서 1년 3개월 있다가 한국에 온 거죠. 거기서 내보낼 때는 문건상으로 필리핀 추방이에요. 필리핀에서는 한국 추방이고. 그러니까 그 서류상으로 그렇게 만들어요. 왜냐하면 원래 북한 추방인데, 그건 그렇잖아요. 그렇다고 바로 한국에 보내면 이건 외교적 마찰이 일어나니까, 제3국으로 추방시키는 거예요, 이렇게. 필리핀 갔다가 비행기도 24시간 타요, 비행기만. 필리핀 갔다가 올 때도 한, 두 시간 쉬고. 다시 여기까지 오는 007작전 같이. 필리핀에 도착해 비행기에서 내리면 국정원 직원하고 대사관 직원, 두 명이 나와요. 그 다음에 또 뒤에 보디가드 두 명 따라오고. 쭉 와서 이렇게 두 시간 같이 있다가 시간이 되면, 다시 태워가지고 경유해서 한국으로 와요. 그렇게 온 게 2006년이에요.

## 적극적인 자세로 자본주의 경제에 뛰어들다

**[내용 요약]**
한국에 들어와서 불안한 시기를 보내다가 어떤 일을 해 볼 것인가 고민을 시작했다. 정착 프로그램으로 자동차 정비 기술을 배웠는데, 더 많은 수입이 있는 자동차 판금 사업을 시작했다. 창업 지원을 받아 가게를 차리고 성실하게 일하니 TV에 소개가 되어 더욱 호황을 누렸다. 2년간 사장 소리를 들으며 잘해냈는데, 다른 곳에 눈길을 돌리면서 사업을 접게 되었다. 펀드도 해 보고 자본주의 경제 체제에 익숙해지기 위해 부단히 노력했다.

**[주제어]** 자동차 정비 기술, 판금, TV출연, 사장, 매출, 성공, 펀드

한국에 왔을 때에 어머니는 특별한 기반이 없이 식당일을 좀 하

고 있었어요. 이모들도 와서도 그냥 학원 다니고, 도배하고 있고. 여러 가지로 기반은 별로 없었어요. 와서 처음에는 한 달 동안 놀라고 하는데, 노는 게 노는 거 같지가 않고, 잠도 안 오고 막 불안한 거예요 이게. 모든 게 뒤쳐져 있고, 내 또래 애들 보면 대학 다니고 뭐하고 취직하고 뭐 이런데.

'내가 너무 뒤쳐졌구나. 이거 따라가려면 어떻게 해야 되지?'

그냥, 그냥 이유 없이 조바심이 나는 거예요, 막.

'나는 어떻게 해야지, 뭐 하지?'

그러다가.

'아- 기술 배우자.'

'뭘 배울까, 자동차 정비?'

그래가지고 정비를 배우게 됐고, 자격증 따게 됐고. 그런데 따면서 저기 또 다른 시야가 보이는 거예요. 자동차 정비는 돈이 얼마 안 된다는 게 보여요.

'그럼 뭐 할까, 판금 도장?'

판금 도장이 돈 된다 해가지고, 그쪽에 눈을 돌려가지고, 또 팠어요. 그러다 또 교회를 통해서 알게 된 거예요, 기술을 배우는 곳을. 그러다가 창업, 창업도 할 수 있다는 희망이 딱 있어요. 그래

'창업도 함 해 보자. 이왕이면 사장 소리 한 번 들어보자.'

해 가지고, 그래서 지른 거죠.(웃음) 직원도 한두, 세 명 두고.(웃음)

처음에는 그거 하기 전에 다른 가게에서 한 1년 일하고, 가게에서 나 혼자 운영하는 방법도 좀 터득하고

'아, 이제는 괜찮겠다.'

한 1년 넘게 그렇게 하고 있었어요. 그리고서 시작했어요, 가게를. 시작했는데, 처음에는 좀 돼가지고 TV에 좀 나오고 하니까 매출이 쫙 올랐어요.

'이렇게 하면 금방 부자 되겠네.'

라고 상상할 정도로. 그래서 내가 일감이 밀려가지고 안 될 정도로, 막 사람 부르고 싶을 정도로 혼자서 감당이 안 되는 거예요. 그런데 직원 2, 3명 쓰고 막 상향곡선으로 딱 들어가다가, 그게 딱 한계가 되니까 하향으로 내려가기 시작하는데. 그러니까 일단 마음이 떠나니까 일하기 힘들어지는 거예요.

'아, 이 일은 내가 진짜 목숨 걸고 올인 해야겠다.'

이 개념이 아니니까. 가게 하면서 느낀 건데, 그러니까 법적 제제 조치가 너무 많이 걸린다는 걸 알게 된 거예요. 왜냐하면 건교부법은 이 일을 해도 괜찮아요. 그런데 환경법으로는 거의 불법이 돼요, 그 일 자체가. 그러니까 여기서 애매한 거예요. 이 일을 그냥 해도 된다, 어떤 사람은 벌금 2, 3백 내면서 한다던데. 그런데 이게 길거리에서 하는 거 자체가 법에 걸려요. 콤프레셔 용량도 작은 거를 써야 되고, 환풍 시설도 갖춰야 되고. 이런 거를 다 맞추려니까 너무 어렵고. 거기다가 지금 상황이 또 '녹색 혁명', '환경' 막 하잖아요. 그러니까 통과될 수가 없어요. 조사하면 하는 대로 걸려요. 벌금 한 2, 3백, 뭐 그럼 두드려 맞으면 5백 맞겠죠. 배짱 있는 사람들은 한 5백씩 한 달에 까고 하는 거고. 법에 저촉되는 건 싫다 하다가 그만 둔 거죠.

어쨌든 가게를 한 2년 했어요. 사장 소리 한 2년 들어봤어요. TV도 좀 나오고, MBC(웃음) 뭐 〈성공스토리〉 뭐 이런 걸로 잠깐 나가고, 한참 상향 그을 때는. 유명인사는 아니고.(웃음) 그 내가 운이 좋다고 했잖아요. 남들은 TV 나가고 싶어도 못 가는데 얼떨결에, 그것도 나간 것도 지인들을 통해

"TV 나갈래, 안 나갈래?"

그 아는 지인들이 또 TV 나가야 된다고 하니까,

"에이 내 싫다."

하니까,

"매출이 오를 텐데."

하니까,

"매출? 나갈게.(웃음)"

매출 때문에 나간 거예요. 거기 나가니까 매출이 막 올라요. TV 나가잖아요? 막 전화가 오는 거예요.

"어디냐, 위치 어디냐?"

예약이 막 두 달이 잡히는 거예요. 딱 TV 나가자마자. MBC에서 이야기하는 게

"이때까지 〈통일전망대〉 생기고 나서 이렇게 전화가 많이 오고, 이렇게 관심이 온 게 처음이다."

라고 얘기하는 거예요. 그런데 왜 그러냐면 차는 직접적으로 본인과 관계가 있고, TV에 나가서 차에 대해 이렇게 하는 게 솔직히 TV에서 차에 대해 말하는 게 나오기 힘들어요. 뭐 정비업체에서 떼먹고 이러는 거나 나가지. 그러니까 사람들이 강남에서 오고 막 이러는 거예요. 그래가지고 한 동안은 이렇게 좀 붕 떠서 살았어요. (웃음)

그때 돈 좀 벌었죠. 그런데 사업이라는 게 그런 거 같아요. 상향기가 있으면 하향기가 있고, 그러니까 손 뗄 때도 확실히 뗄 줄도 알아야 되고, 그게 필요해요. 뭐 지금은 아무거나 해도 두렵지는 않아요. 왜냐면 마지막 거기에는 힘들게 내가 깼어요. 그거 그만둘 때 같이 일하던 사람도 내보내고 하는 게 제일 힘들었어요. 나 하나 그만두는 건 상관없는데, 이 사람들 일자리를 그만두게 한다는 게, 한동안

'이 사람들 어떻게 취직을 시킬까?'

그 고민을 했어요. 그래도 그 사람들 다 잘 됐어요. 한국 사람도 있고, 북한 사람도 있는데 지금은 더 안정되고, 더 좋은 데로 갔어요. 내 기술을 배웠고 하니까. 장비들을 그 사람들 다 줬는데 한 사람은 아파트 관리직하면서 월급을 180 받아요. 그 다음에 출장 차량을

해가지고 나머지 수입을 벌어요. 출장을 해가지고 한 달에 백만 원씩 벌어요. 그러면 또 한 월급이 280 되는 거죠. 요즘 그분들이 밥 사줘요.(웃음)

사업을 시작할 때 자본이 없으니까 열심히 살았어요. 자동차학원 아홉 시부터 네 시까지거든요. 그건 무료로 가르쳐줘요. 그거 끝나고 다섯 시부터 열 시까지 알바했어요. 그리고 토, 일은 교회에서 창업이라든가, 남한 정책 관련한 교육 프로그램이 있어요. 그거 아홉 시부터 네 시까지 또 하고, 그거 끝나고 나서 알바하고. 그런데 이 프로그램하면 거기서 또 정착하는 교통비랑 이런 걸 좀 줘요. 이렇게 해가지고 1년, 딱 천만 원 모았어요. 공부하면서.

그래갖고 그 뒤에 자본이 또 모여져서 2천 되더라구요. 그런데다가 그때 좀 금융 쪽에 관심이 있어가지고 펀드를 했어요. 펀드를 나중에 좀 했는데, 한 5백 넣었는데, 한 2백 벌었어요. 그런데 펀드에서 돈을 딱 뽑자마자 펀드가 주저앉았어요.(웃음) 그런데 내 따라서 같이 펀드하신 분들이 있어요. 보기에 좀 위험해 보였는데 그분들은 계속 하시더라구요. 그래서 피해 본 분들 꽤 돼요.(웃음)

또 어떤 일이 있었냐면, 그 출장 차량을 가지고 서울대에 가서 서울대 농업부든가, 농업학부든가? 거기에 학장님 차도 수리해 주고, 그랬어요. 배짱치기로 그냥. 학장님이 열심히 해라 그러고, 그분도 이렇게 자리를 내주고 해가지고. 그런 거 있잖아요. 겁 없이 막 했다라고 해야 할까? 그런데 많은 걸 재니까 오히려 더 못하는 거예요. 그때가 오히려 순수하게 막 나가니까 그 분들이 조금 밀어주더라구요. 열심히 해 보라고. 그래 그분들이 차도 소개해 주고.

# 대학에서 경영학을 공부하면서 탈북자들의 미래를 설계하다

**[내용 요약]**

사업을 접고 보다 큰 그림을 그리기 위해 대학의 경영학과로 진학했다. 탈북자 사회에서 리더로 서겠다는 원대한 포부를 가지고 있다. 스스로 탈북자이기 때문에 탈북자들의 문제를 가장 잘 알고 있고, 이를 해결할 수 있는 방안도 고민하고 있다. 탈북자와 남한 사람들이 더불어 함께할 수 있는 사업체를 구상하면서 남북한의 융화를 이루고 싶다. 그러기 위해서는 탈북자들이 북에서부터 가진 잘못된 사고방식을 개선할 필요가 있다. 대학에서 경영학을 공부하고 이를 실천에 옮기고 싶다.

**[주제어]** 대학 진학, 경영학, 탈북자 성향, 남북 융화, 리더, 탈북자 결속

작년 4월에 가게 딱 접고 다음부터 영어학원 다니고 그랬어요. 진짜 그때는 많이 혼란기라고 할까? 원래 회사, 교회, 회사, 교회, 회사, 교회거든요. 금요일까지는 회사 가고 그 다음엔 또 교회 거예요. 그렇게 살다가 갑자기 막 시간이 여유가 확 생겼잖아요? 그걸 어떻게 쓸지를 모른 거예요. 이게 갑자기 너무 시간이 많으니까 별 잡생각 많이 나는 거예요. 아, 그래가지고 공부도 잘 안 되고, 대신 8월 되기만 기다렸어요. 8, 9월.

'학교 떨어지면 다시 사업 시작한다.'

그런데 붙은 거예요.(웃음) 그래 학교에 와서 경영학을 전공했어요. 제가 기술경영 쪽으로 좀 더 생각해 보는 게, 그러니까 내가 생각하는 게, 한계가 있잖아요? 그러니까 내가 꿈꿀 수 있는 것도 한계가 있고. 좀 더 다른 시각에서 볼 수 있는 그런 게 좀 필요하지 않을까

하는 생각에 지원했죠. 대학을 마치고 나면, 나는 솔직히 지금부터 준비하고 있어요. 새터민들이 정착하기 위한 사회적 기업에 대해서요. 남한 사람 반, 북한 사람 반. 혹은 남한 사람 퍼센트를 높여 가지고 같이 융화해가지고, 지금은 북한 사람들이 계속 북한 사람들끼리 따로 놀거든요? 남한 사람, 북한 사람 같이 하면서, 서로 이렇게 공유하면서

"남한 사람들은 어떻게 생각하고, 북한 사람들은 어떻게 하는가?"

그런 회사를 만들고 싶은 거죠. 그래 지금도 그런 얘기를 하면, 이렇게 뜻이 있는 분들이 가끔 전화가 와요. 다음 주쯤에 그런 분들을 한 번 만나볼 거예요. 교회 안에도 그런 꿈꾸는 분들이 많고 하니까. 그런데 이게 중요한 게, 누군가 리더가 되어야 되는 거예요. 리더가 남한 사람이 되면 좋긴 하겠지만, 북한 사람들이 안 따라줄 가능성이 높아요. 북한 사람들이 리더가 되면 공평한 거예요. 리더가 됐는데, 남한 사람들은 그래도 순응, 순종적이잖아요. 만약에 리더가 돈 있고 하면, 그래도 뒤에서는 욕하더라도 앞에서는 순응하잖아요. 북한 사람들은 아니면 아니잖아요, 앞에서 대놓고.(웃음) 그러니까 그게 필요하지 않을까. 리더의 자질도 필요할 거고.

그리고 분명한 거는 여기 온 사람들은 단순 일용직인데, 대학생으로 대학 공부했다고 하는 것만 해도 남한 분들도 그렇고 북한 분들한테 그래도 영향력이 있으니까. 그래도 대학 문턱이라도 넘어본 사람이, 대학에서 제일 하(下)라고 해도, 거기 가서는 거기 뭐 4년제 대학생이 뭐 임원진 한두 명 빼고는 다 아닐 거잖아요.

지금 제가 여러 가지 생각하고 있어요. 그러니까 머릿속에 3가지가 있어요. 판금·도장·세척·광택 쪽에 하나 있고, 미싱 쪽, 재봉이 하나 있고. 그런 건 지금 새터민 여자 분들이 그쪽으로 학원에서 기술을 많이 배우고 있고, 지금도 많이 양성하고 있어요. 그런데 거

기에 진정한 리더가 없어 가지고, 그냥 우왕좌왕할 뿐이에요. 이걸 누군가 잡아 주면 될 거라는 거죠. 그리고 하나가 뭐냐 하면은 '바른 샵'이라고 재활용 센터. 이 업종은 크게 머리 쓸 필요 없고 연결 고리를 잘해 주면 충분히 일자리가 형성이 될 거예요. 그리고 북한 분들이 쉽게 할 수 있는 일인 거예요. 이 세 업종으로 생각하고 있어요.

지금 남한에서 제일 취업이 안 되는 게 40대부터 60대예요. 제일 방황하는 사람들이죠. 방황하는 분들이 많아요. 미싱 같은 경우에도 운전기사가 필요해요. 미싱 기구를 나르는 사람이 필요하고. 다른 데서 재활용 센터에서도 짐을 싣고 나르고 하는 사람이 필요하고, 짐을 들고 옮기는 사람이 필요하고. 판금·도장 쪽도 남자가 할 일이 많아요. 그런데 미싱 같은 경우는 여자를 더 많이 써요. 재활용 센터도 여자들이 청소하고 닦고 판매하는 일도 할 수 있고. 광택에는 남자를 좀 쓰고. 그럼 이게 세 업종이 어우러지는 프로그램이 될 수도 있어요.

탈북자들을 보고 사회주의 체제에서 생활했던 사람들이라 배급 체제, 이런 거에 익숙할 거라고 생각하는데, 이제 10년이란 기간이 흘렀잖아요. 배급 안 준지 10년이 더 됐어요. 그 10년 동안 많은 변화가 생긴 거죠. 이제는 믿을 게 하나도 없는 겁니다.

'내 밥, 내 밥그릇은 내가 책임진다.'

이 개념이 강해요. 장사를 해야 된다는 개념이 더 강한 거 같아요.

이제 함께 작업을 하다 보면 작업량이 떨어져도,

'뭐, 나 아니어도 다른 사람이 한다.'

라는 그런 생각을 하는 사람들이 있거든요. 그래서 제가 생각한 게 도급인 거예요. 옷이면 옷을 몇 벌 만들었냐에 따라 인센티브를 주고, 운송은 거리도 중요하지만 얼마만큼 많은 물량을, 중금속 같은 경우는 얼마나 많이 들여오고 팔았느냐에 대해서 인센티브 주고, 판금 같은 경우도 얼마나,

"한 것만큼 준다. 없으면 안 준다."

이 개념을 주면은 북한 사람들 막 밤새면서 해요. 북한 사람들이 도급제에 강해요. 그러니까 그거를 잘 활용하면은 그건 고민할 게 아니라고 생각해요. 심지어 내가 같이 일할 때 아홉 시부터 해가지고 다음 날 여섯 시까지 일해 본 적도 있고, 밤에. 그거에 대한 인센티브를 확실하게 주고 하면 그러니까 물불을 안 가려요. 남한 사람들은 딱

"아 내일, 내일 다시 하겠다."

그만두잖아요? 만약에, 아홉 시에 차가 들어왔어요. 내일 아침까지 해달라고 하면, 좀 더 주겠으니까 해야 한다고 하면 무조건 해요. 그리고 그 사람들에게 감동을 줘야 되고. 오직 돈의 논리로 하면 안 해요. 동기부여를 하게끔 감동을 줘야지만 그게 가능한 거지, 꼭 돈으로 계산하면, 야박하면 사람들이 그러겠죠.

"내가 돈에 미쳤냐?"

그러니까 자존심도 안 건드리게 하게끔 하려면, 친분이 많이 중요한 거죠.

그런데 솔직히 새터민분들이 단합이 안 되는 원인 중 하나가 북에서 생활총화 같은 거를 해서 그런지 몰라도 비판이 강하고, 남에 대한 욕을 잘하거든요. 그 부분을 많이 생각했어요. 끊임없이 생각하고 있고, 나도 시행착오를 겪고 있어요. 그러니까 같은 장에서 같이 기술을 배우는 사람인데 서로가 좀 무시하는 경향이 있어요. 사람들이 좀 뒤에서 서로에게 욕을 하고. 그러면서 느끼는 건데,

'아− 이 사람들이 지금 인정을 받지 못하고 있구나.'

서로가 서로를 인정하고 있지 않고, 서로를 이해 안 하려고 하는 거죠, 대부분.

'제일 필요한 게 뭘까?'

많이 고민했거든요. 그런데 이게 한두 달, 일 년으로 풀릴 게 아니에

요. 그나마 위안이 교회에 그나마 되먹은 분들이 있잖아요. 절대로 남을 욕 안 하고 진짜 칭찬하시는 분들. 지금도 같이 일하시는 분 중에는 회사에서 임원으로 있다가 그만두신 분도 있거든요. 그 분들하고 얘기를 나누다보면, 그 분들도 느끼는 공감대인데, 그런 자리에 있던 분들은 절대 남을 욕 안 하거든요. 다 품어주려고 하고. 그런 분들의 삶을 보여 주면서

"저 분들 봐라. 절대 욕 안 하지 않느냐?"

이런 말을 자주 얘기해 줘서 현재 내가 잘못됐다는 걸 뉘우치도록 하는 거죠. 한두 달 동안으로는 안 돼요.

"지금 분명히 우리가 잘못도 있고, 잘못된 생각을 가지고 있다. 저 사람은 바보가 아니다. 저렇게 나왔지만, 다 품어서 다 받아 주지 않냐? 절대 욕 안 하지 않냐? 그런데 우리는 뭐냐. 자꾸 서로를 비방하고 서로를 비판하고 있다. 그리고 서로에 대해서 인정 안 하고 있다. 저 분들은 우리보다 못해서 우리를 인정하고 받아 주냐? 아니다. 저 분은 대학까지 나왔고, 그 회사 임원까지 하던 분이다. 그런데 우리 말을 들어주고 공산주의도 들어주지 않냐?"

자꾸 하다 보니까 한 분은 변화하고 있어요. 그러니까 이게 짧은 기간에 될 수 있는 게 아니고, 그 분들한테 부단한 교육이 필요하다고 생각해요. 실질적인 삶으로 보여 주는 분들하고 계속 대화하고 나누다 보면, 나의 문제점이 뭔지를 알 수 있게 돼요.

굳이 뭐를 잘못하고 있다고 말하지 않고, 삶으로 어울릴 수 있는 게 중요하지 않을까? 그걸 위해서는 내 자신이 일단 준비돼 있어야 하고. 그런 준비된 사람들이 여럿이 모여서 그 사람들한테 진짜 그런 삶을 보여 주는 거죠, 스스로. 어찌 보면 백 마디 말보다 삶을 보여 주는 게 제일 중요한 거 같아요. 한 분은 변화하고 있어요, 지금.

지금도 제 사업 구상에 대한 푸쉬가 들어오긴 해요. 그런데 들어오기는 하는데, 대학생활 하면서 일을 한다는, 2개를 하는 게 너무

어려워요. 그래도 가치 있는 일을 하고 싶은, 그런 거 있잖아요. 그러니까,

'이 인생을 어떻게 가치 있게 살아 볼까?'

정주영 같은 사람도 그렇고 전부 돈 다 못 쓰고 갔잖아요. 죽는 순간 얼마나 안타까웠을까 이런 생각을 했어요.(웃음) 한 번 인생이잖아요.

'가치 있게 산다는 게 뭘까?'

내가 누구한테 필요가 되고, 누구한테 이렇게 쓸모 있다는 것 자체, 조금이라도 필요하다는 거 자체가 되게 뿌듯한 거 있잖아요. 이 세상에 태어나지 말아야 될, 태어나지 않았으면 좋았을 사람도 꽤 있잖아요. 살인하고 강간하는 그런. 그 사람들이 잘못된 건 안타깝지만, 그래도 그런 사람에 비해서 남한테 조금이라도 필요가 되는 사람이 되는 거.

TV에 나갔을 때 느낀 건데, 내가 좀 민망한 게 앞뒤 편집을 다하고 나니까, TV에 나온 나를 보고 내가 닭살이 쫘악 돋는 거예요. 좋은 모습, 좋은 멘트, 좋은 거로만 다 편집 해놓으니까, 막 닭살이 돋고. 나 안에 다른 나를 보는 그런 느낌 있잖아요.

'야- 내가 저런 모습이 있구나.'

뭐, 나에 대해서 다시 한 번 반성하고 있었어요. 그런데 어떤 사람이 그러더라구요. 딱 그 TV 보더니

"표정 밝아졌다."

막 이러는 거예요. 훗날에 어떻게 그게 나라는 걸 알게 돼서,

"난 너가 그런 사람이었다는 게 되게 힘이 됐다."

하는 거예요. 실제 포장된 모습이지만, 그렇지만 거짓말이든 선이든 누구한테 희망을 준다는 거 자체가 나한테는 되게 좋았던 거 같아요. 뭐 힘들어서 좌절하는데,

"넌 잘 할 수 있어."

이 한 마디 듣고 다시 일어서가지고 성공했다는, 이런 것처럼 '내가 분명히 누군가에게 선한 영향을 주고, 희망을 줄 수 있구나. 한 사람이 운명도 바꿀 수 있겠구나.'

그런 생각이 들더라구요. 모르겠어요. 이게 힘들지만 일편단심이 돼야겠다는.(웃음) 인간의 마음이 워낙에 간사해 가지고.(웃음) 그런데 진짜로 느끼는 건데 내가 돈 만질 때 마음하고 없을 때 마음이 분명히 차이가 나요. 그래가지고 느끼는 건데 절대 돈 만지지 말자. 리더라면, 진짜 리더라면 돈하고 여자하고 멀어야 되니까.(웃음)

어찌 보면 나는 지금 탈북자들이 이렇게 손가락 받는 그런 상황이지만, 이제 10년, 20년 후에 되면, 지금 탈북자가 전 세계에 다 나가 있어요. 또 이 사람들의 집결력이라는 게 중국사람 이상이에요. 이제 이 사람들도 해외에 나가서 공부하는 사람도 꽤 많고, 하버드나 이런 데서 공부하는 친구도 있고, 또 와세다 대학에서 공부하는 친구들도 있어요. 지금은 기반을 다지고 있는데 이 친구들이 이제 한 번 딱 결속만 되면 이게 큰 힘이 되지 않을까 생각해요.

독일에도 있고 캐나다에도 있고, 그러니까 전 세계에 안 나가 있는 데가 없어요. 탈북자들은 그때 같이 고생했다는 동질감 때문에 결속을 잘해요. 지금도 탈북자가 무슨 일 있다 하면, 탈북자 일이라면 내 일이 아니라도 다 발 벗고 나서서 도와줘요. 만약에 탈북자가 이런 일이 있는데, 싸인 좀 해 달라, 서명해 달라 하면 다 해 줘요. 같이 발 벗고 나서줘요.

# 교회 신앙 속에 삶이 변화하다

**[내용 요약]**

한국에 들어와서 처음에는 교회에 나가는 친구들을 비난했는데, 성령체험을 통해 교회를 진심으로 믿게 되었다. 교회에서 위안을 얻게 되었고, 성격도 온화하게 변했다. 술을 잘 마시던 체질도 변해 이제는 마시기 힘들다. 교회에서 만난 사람들을 통해 많은 도움을 받게 되고, 의지가 된다. 나 혼자만의 삶을 생각했는데 교회를 통해 보다 넓은 세상에 대해 고민하게 되었다.

**[주제어]** 교회, 선교사, 성령체험, 술, 기독교 신자

교회 이야기를 하자면, 사람들이 보기에 탈북자들이 교회에서 전도나 이런 거에 이용당하고 있다고 생각할 수 있어요. 당연히 가질 수 있죠. 그런데 실질적으로 탈북자분들이 눈치가 진짜 빨라요. 진심과 가식을 빨리 캐치해요. 왜 그러냐 하면 삶 속에서 눈치 하나로 목숨을 유지해 왔잖아요. 한 번만 보면 그 마음을 알죠. 삶의 속에서 수없이 쫓기고 쫓기던 이니까. 고생한 사람과 안 한 사람 차이가 마음을 읽을 정도로까지 나타나는 거거든요. 또 나이 드신 분들은 자기를 이용하고 있다는 걸 알아요. 알면서 속아 주는 사람이 있고, 이용당한다면 때려치우고 나가는 사람도 있고. 내가 보기에는 그 맞불작전으로 같이 이용하는 사람도 있어요. 대놓고,

"나는 이게 필요하니 이거 달라. 너는 날 이렇게 이용하잖아."

라고 하는 분들도 있어요.

저는 스스로 독실한 신자라고 작년도까지는 그렇게 생각했어요. 그런데 그거에 대해서 뭐랄까, 아— 선교사로까지 갈 수 있다고 생각할 정도였으니까요. 나는 장사를 했으니까 되게 계산적이고 그런

사람이었는데. 성령체험이란 거 있잖아요. 신들린 사람들, 작두 타
는 분들, 그런 것도 신내림을 받아야 되잖아요. 그런 비슷한 체험이
있잖아요. 그걸 하고 나면 할 수 있을 것 같아요. 저 체험해 봤어요.
(웃음)

그리고 실질적으로 그런 일들이 막 일어나는 거 보면서,

'아- 이게 이러니까 그렇게 되겠구나.'

이런 생각이 드는 거예요. 진짜 그렇게 돼요. 기도를 열심히 안 한
사람도 그렇게 될 때가 있어요, 때로는. 진짜예요. 막 날라리 같은
애들이 말도 안 들었는데 막 이렇게 되고. 그리고 신기한 게 그런
사람들마다 각자에 맞게끔 그런 기적들이 진짜 내 안에서 일어나고
있거든요. 그러니까 그런 거 보면서 무시할려고 했는데 무시 못 하
게끔 상황이 몰아가요. 그러면 그런 거 보면서

'아! 하나님이 진짜 있구나.'

하게끔 몰아가요. 그런 일들이 일어나요.(웃음) 진짜예요. 원래 내가

"미쳤냐 교회를 왜 가? 야 이 또라이 아냐?"

교회 가는 애들 보면 거의 뭐라 했어요.

"이거 미친놈들. 너그가 그만큼 속는 거다."

그런데 내가 경험한 자체가 나도 좀 신기하고.(웃음) 브레이크 잡는
다고 했잖아, 이게 안 돼, 내 의지가 경계심 없이 막 대해요.

그런데 좋은 게 뭐냐면, 그로 인해 가지고 어떤 상황에서도 긍정
적인 마인드를 갖게 되는 거예요. 어떤 상황에서도. 예를 들면, 계단
에서 떨어져라. 떨어지면 내가 잡아 준다, 내가 살려준다. 그런데
넌 왜 안 떨어지냐. 근심 걱정 하지마라. 오늘 일은 오늘에 하고,
내일은 내일 걱정해라. 니가 오늘 일 걱정하는 데, 달라지는 거 하나
도 없다. 맞는 얘기거든요. 그러니까 진짜 고민을 100%한다면,
93%, 96%는 일이 안 일어 난데요. 실제 일어나는 일이 3%도 안
된데요. 그런데 인간이 되게 걱정을 하잖아요. 딸 시집보낼 일 걱정

되지, 고등학교 입시해야 할 때 어느 대학 갈까, 여름휴가 뭐 할까? (웃음) 그런 거 있잖아요. 그런데 그런 걸 내려놓게 되고.

제가 한국에 와서 잠을 못 잤어요. 스트레스가 너무 강해가지고 두통이 생기고. 그런데 이게 어느 사이에 그런 체험하면서 잠 잘 자요. 이런 여러 가지 일들이 일어나니까. 내가 술을 되게 좋아했어요. 5000cc 페트병 하나 씩 먹고 자는 사람이었어요. 5000cc 그거 있잖아요. 그거 못 먹고는 못 자는 사람인데 술을 딱 끊게 되는 거예요. 술을 딱 떼니까 몸에서 딱 안 받아요, 토하고. 그런 게 어느 순간 체험 가능하니까. 애들한테 내가

"안 마신다."

하면

"미쳤냐?"

그래요. 보통 내가 소주 4병, 5병이거든요. 그런데 내가 안 마신다고 하니까.(웃음) 그런데 그걸 딱 먹으니까 웩 하면서 다 토하는 거예요, 애들 앞에서. 그래서 애들이 먹으란 소리를 안 해요. 먹으란 소리 자체를 안 해요.(웃음)

선교하는 사람도 죽는 사람들 있잖아요. 그런데 누가 그러더라구요. 그럴만한 사람한테 일어나는 일이라고. 내가 아직은 그렇게까지 미칠 정도로 선교사로 나설 정도의 사람은 안 되지만 배우는 게, 느끼는 게 긍정적으로 살고, 그 다음 마음 편하게 살 수 있고. 그리고 항상 모든 상황을 긍정적으로 보게끔 한다는 그 자체가 좋은 거죠. 좀 힘들어도 다시 회복이 돼요, 그게. 예전 같으면 회복이 안 돼요. 술로 풀고 그랬는데, 지금은 술이 원체 싫어지고.

내 이런 꿈들, 비전들도 애들이랑 술 먹고 그랬으면 작은 데서만 볼 수밖에 없는데, 대한민국 시스템이 나 하나 살기 힘든 시스템이잖아요. 그런데 교회 친구들이랑 나누다 보면 나 외에 북한이라든지 중동이라든지, 남을 위해서 더 많이 생각을 하고, 더 많이 기도를

하고, 더 많이 하는 걸 보니까 배우게 되는 거예요. 여기 친구들 생각이라면 대학 졸업하면 취업 어떻게 할까? 이 고민을 했을 거예요, 아마. 그런데 나도 이제 꿈꾸게 되는 게 교회 친구들 무리 안에 들어가 놓으니까 나 외에 다른 것들을 생각하게 되는 거죠. 그러니까 이 연합을 생각하는 이유도, 남북한 연합을 생각하는 이유도 그 안에서 배우게 되는 거예요.

"너만 살려고 하지마라. 너를 살려놓은 목적이 분명히 있다."
그러니까 꿈이 점점 커지잖아요. 그러면 이게 스케일에 맞게끔, 심지어 어떤 경우가 있냐면, 교회 다니는 형이 한 명 있는데

"니가 만약 이런 사업을 한다면 내가 1억 대줄게. 어떤 일 대줄게."
이렇게 나오는 거예요.

"형 날 뭘 보고?"
"그냥. 니 꿈보고."
이게 세상 사람은 아니잖아요. 이렇게 할 수가 없잖아요. 나를 뭘 보고?(웃음) 그런 일들, 말할 수 없는 일들이 계속 일어나고.

지금도 알바를 계속 하게 되는 것도 사장님이 진짜 진실한 기독교 신자더라구요. 그런데 그 분이,

"너 대학 다니는 동안 일체 안 받을 테니까 그냥 니가 일한 만큼 다 가져가라."
이러는 거예요. 그러니까 나도 계속 어려운 상황들이 막다른 골목에 많이 갔는데 그때마다 신기한 일들이 계속 일어나고 있거든요. 저도 부인하고 싶어요.(웃음) 저도 좌나 우로 치우치는 거 싫어요. 뭐 남북 사람들보고

"하나님을 믿으세요."
이런 얘기 안 해요. 그런데 중요한 건 성품이 바뀌었다는 거. 옛날에는 눈이 막 돌아가고. 아는 교수님이 그랬어요.

"나는 정말 니가 사람 하나 때려잡을 줄 알았다."

그게 내가 군인 기질이 딱 배여 있고, 사람들이 딱 다가오면 되게 날 무서워하고 그랬어요. 내 눈빛 자체가 그런 거죠. 내 눈에서 빛이 나갔대요. 그러니까 그게 안 좋은 말로는 살기가 나오는 걸 느끼는 거죠. 그런데 지금은 물러터진 바보처럼 되게 퍼진 성격이, 되게 온화해졌다고 해요.

강미진 이야기

## 〈조사 상황〉

조 사 일: 2011년 8월 12일 금요일
조사시간: 오후 4~6시(2시간)
구 술 자: 강미진(가명, 여, 1989년생, 채록당시 23세)
조 사 자: 김종군, 황승업
조사장소: 서울특별시 광진구 능동로 120 건국대학교 문과대학
　　　　　교수연구동 611호
조사장비: 디지털 HD캠코더, 디지털 레코더, 디지털 카메라

　구술자는 건국대학교 국어국문학과 재학생으로, 조사자의 강의
를 듣는 학생이었다. 북한의 학교에서 농구선수를 할 정도로 키가
크고, 준수한 외모를 가졌으며, 교우 관계도 좋아 보였다. 학과 행사
에도 적극적으로 참여하여 아르바이트 기회가 있으면 추천하기도
하였다. 교내 탈북대학생 간담회에 적극적으로 참여하여 주도적으
로 다른 탈북대학생들을 챙기기도 하였다.
　구술을 들으며 한국 적응 과정에서 우울증을 앓았다는 말을 듣고
적이 놀랐다. 항상 밝고 명랑한 성격의 내면에 감추어진 고민들을
읽어낼 수 있었다. 구술자는 부모님과 언니, 남동생까지 다섯 식구
가 살다가 북한의 경제가 어려워지자 어머니가 먼저 중국으로 나가
면서 굶주림을 겪었다고 한다. 아버지가 사고를 당해 반신마비가
되고, 남동생이 병사하는 곡절을 겪을 때 탈북한 어머니에게 연락
이 와서 많은 도움을 받았고 윤택하게 살았다고 한다. 그러나 언니
가 갑자기 탈북을 하고, 탈북자 가족에 대한 검열을 호되게 받고는
탈북을 결심하여 어머니에게 도움을 청한다. 아버지를 두고 올 수
없어 같이 가자고 설득을 했지만 응하지 않아 브로커를 따라 혼자
탈북 길에 올랐다고 한다. 남한이 고향이었던 할머니의 유언을 생

각하고 할머니 무덤의 흙까지 챙겨 나오면서도 아버지에게는 탈북한다는 이야기를 못했다고 그 상황의 안타까움을 이야기했다.

두만강을 쉽게 건너고, 중국에서도 어렵지 않게 남방으로 이동하여 곤명에서 어머니를 만나 눈물로 상봉을 했다. 그런데 메콩 강을 건너 태국으로 입국하면서 잘못되어 감옥에서 2개월을 지냈는데, 이 시기가 가장 힘든 시간으로 기억에 남는다고 했다.

우여곡절 끝에 한국에 들어왔는데, 온 가족이 함께 모여 살 것이라는 기대와는 달리 엄마와 언니는 각자 삶을 살고 있었고, 구술자는 이것을 참기 어려웠다고 거듭 토로하였다. 탈북민에게 주어진 가족해체의 상처를 소상하게 읽어낼 수 있었다. 그 과정에서 우울증으로 2년 정도를 고생했다고 한다.

아버지까지 탈북에 성공하여 부녀가 둘이서 살고 있는데, 아버지는 한국에서 직장을 갖지도 못하고 술로 소일을 한다고 매우 안타까워했다. 농담으로 "술로는 세계에서 1등은 못 돼도, 아시아에서 1등은 할 것이다."고 하면서 아버지의 건강을 걱정하는 효심을 드러냈다.

탈북민들의 정착에 대한 고민들을 자신의 경험을 통해 구체적으로 드러냈고, 더러는 비판적인 시각을 보이기도 하였다. 자신의 경험과 속내를 진솔하게 드러낸 구술자였다.

# 구술 이야기 목록

- 탈북으로 가족 이산을 맞게 되다
- 탈북민 가족 검열로 탈북을 결심하다
- 할머니의 무덤 흙주머니와 수호신 같은 소금주머니
- 탈북 노정, 두만강-곤명-메콩 강-태국 감옥을 거쳐 한국으로
- 가족의 해체로 어려웠던 한국 사회 적응
- 아빠와 함께 살기
- 한국에 있던 친척들
- 대학 생활 적응하기
- 탈북민 정착 프로그램의 문제점
- 한국에서 친구 사귀기
- 교회에 대한 생각

# 탈북으로 가족 이산을 맞게 되다

## [내용 요약]

98년에 탈북하여 2001년에 한국에 정착한 엄마가 보내주는 돈으로 아빠와 언니 세 식구가 윤택하게 살았다. 언니가 사정으로 중국으로 나가고, 다시 엄마와 연결되어 한국으로 가게 되었을 때 무척 안타까워서 한국행을 생각했다. 그러나 아빠가 극구 거부하여 하는 수 없이 북한에 남기로 결심한다.

**[주제어]** 엄마의 탈북, 부유한 삶, 자본주의

제가 거기서, 북한에서 간호대학을 한 학기 다니다가 왔거든요. 그러니까 원래 집에서는 의대를 갔으면 했는데, 의대는 6년이거든요, 6년이고, 그리고 좀 집에서 많이 떨어져 있어가지고, 나가 사는 게 두려워서. 근데 간호대학은 저희 집에서 되게 가까웠거든요. 그래서 간호대학을 한 학기 과정 마치고, 그리고 왔죠. 한국으로 오게 됐어요.

한국에는 어머니가 제일 먼저 오셨어요. 어머니가 탈북하신 연도는 98년도구요, 98년도에 탈북하셔서 중국에서 한 2년인가 3년 정도 계시다가, 한국에 2001년도에 왔어요. 어머니가 맨 먼저 오셔서 정착해서 여기서 사셨고, 저희는 아빠랑 언니랑 같이 북한에서 있었거든요. 그러면서 어머니한테 도움도 많이 받고, 계속 연락도 하고 해가지고, 그러다보니까 이제 자연적으로 한국으로 오게 됐구요.

저희도 되게 곡절도 많고, 설명하자면 탈북하게 된 계기도 되게 좀 복잡해요. 다 한 번에 오지도 못하고, 그러니까 엄마가 젤 먼저 오시고, 그리고 2005년도에 언니가 왔어요. 언니가 2004년도에 탈북해서, 아마 언니는 2005년도쯤에 한국에 오고, 그리고 나서 이제

2년 뒤에 또 제가 왔거든요. 그리고 아빠는 작년에 오시고. 그렇게 이렇게 한 번에 다 못 오고.

원래 연락은 돼 있었어요. 연락은 돼 있었고. 저도 언니랑 아빠랑 셋이서 있을 때는 선뜻 뭐,

'한국으로 가겠다.'

이런 마음은 없었거든요. 한국에 대한 막연한 그런 꿈, 궁금함, 그런 건 있었는데. 그러니까 북한에서는 저희가 부유하게 잘 살았기 때문에,

'가고 싶다.'

그런 마음은 크게는 없었어요. 가는 길이 막 춥고 이러면 되게 위험 하잖아요. 가다가 잡히면 죽고 막 이러니까. 그런 무서움 때문에도 별로 그랬는데, 언니가 한국으로 온 거예요. 아빠랑 저희도 몰랐어 요, 언니가 한국으로 온 거를. 언니가 많은 일들이 있어 가지고 중국 으로 가게 됐어요. 중국으로 갔는데, 막상 언니도 다시 북한으로 나 오면 막 잡혀가고 그럴까봐 겁나고 이래가지고 엄마한테 전화를 한 거예요.

"지금 중국에 있다."

해가지고. 엄마가

"그럼 중국에 있으면 한국으로 와라."

그렇게 해서 언니가 한국으로 가게 됐는데, 아빠는 또 언니가 며칠 동안 연락이 안 되고, 집을 나가서 없으니까 또 엄마한테 연락하고

"혹시 소식을 아냐?"

그래서

"아, 지금 중국에 있다는데, 한국으로 데려오면 어떻겠냐?"

그랬대요. 그런데 아빠가 또 흔쾌히 승낙을 하시더라구요.

"아, 그러면 그렇게 해라. 그러면 너는 큰딸을 데려다가 엄마랑 큰딸이랑 살고. 나는 얘, 막내 데리고 그냥 여기에 있겠다."

그렇게 돼가지고 언니랑 이렇게 갈라지게 됐어요. 근데 저는 그거를 용납을 못하겠더라구요.

그러니까 제가, 열한 살 땐가, 열 살인가? 그때 엄마가 탈북하셨거든요. 그래서 진짜 언니가 저한테는 거의 엄마 같은 존재였어요. 그렇게 서로 의지가 많이 됐었거든요. 그런데 갈라지니까, 갈라져서 이제 다시 못 볼 상태가 된다고 그러니까 안 좋은 거예요. 그래서 그때 엄마랑도 통화하고, 언니랑도 또 연락해서 언니가 가면 안 된다고 했죠. 언니도 그때 엄마한테 안가고 다시 북한으로 가겠다고 했어요. 저도 엄마랑 아빠한테 그랬어요.

"어떻게 둘밖에 안 되는 자매를 갈라놓으려고 그러냐? 엄마하고 아빠하고 다 미쳤다. 그렇게 못 한다. 헤어지지 못 한다."

그러니까 엄마는 당연히

"너도 와라. 너도 오면 되지 않느냐?"

나는 또 엄마랑 헤어지기 싫으니까 가고는 싶은데 아빠는 안가겠다는 거예요.

"넌 가. 난 북한에서 그냥 살겠다."

근데 제가 또 아빠를 혼자 두고 그렇게는 못하겠더라구요. 아무튼 뭐, 언니는 다시 북한으로 나올 상황이 못 돼서 엄마가 한국으로 무사히 데려가고. 그 후로 계속 엄마랑 연락하고, 언니랑 연락하면서 '한국으로 가야되겠다.'

저도 결심을 한 거예요. 언니도 거기에 있고. 그래서 아빠를 설득하기 시작했어요. 그런데 안 먹혀요. 아빠는 이제 자본주의에 대한 부정적인 게 많거든요.

"나이도 많고, 여기서 터도 다 닦아놓고 살만큼 사는데, 그런 나라에 가서 내가 뭐 일을 할 수 있겠냐, 뭐를 할 수 있겠냐? 가면 무작정 또, 너네한테 손 벌리고 그렇게 살아야 되는데, 그렇게 사는 건 아빠 자존심에 허락 안 하니까 갈려면 너 혼자 가라. 아빠는 안 간다."

그래가지고 진짜 A4용지 한 세 장 정도 막 편지도 써보고 그랬어요.

"나는 언니랑 떨어져 있으니까 못살겠다. 아빠가 지금까지 이렇게 엄마 없이 잘 키워줬는데, 아빠를 버리고 나 혼자 가는 것도 말이 안 되니까 그냥 딴 거 생각하지 말고 함께 가자."

그런데도 안 되고, 이렇게 저렇게 지내다가

'아, 그냥. 그래도 뭐 언니랑 연락도 하고 그러니까 그냥 아빠 모시고 나는 여기서 살아야겠다.'

이렇게 생각을 했었어요.


## 탈북민 가족 검열로 탈북을 결심하다

### [내용 요약]

탈북을 감행한 결정적인 계기가 국경지역 탈북민 가족에 대한 대대적인 중앙의 검열 사건이었다. 엄마와 언니가 한국에 가 있다는 걸 알고 가장 먼저 검열을 했고, 집안을 난장판으로 만들었다. 그 공포감으로 한국행을 결심했고, 어머니와의 통화에서 빼내달라고 요청한다. 어머니는 금세 사람을 보냈고, 아버지에게 작별인사도 건네지 못하고 탈북했다. 이후 아버지도 나와서 이제 네 식구가 한국에 살고 있다. 그러나 어머니는 한국 사람과 재혼을 했고, 언니는 독립을 해서 따로 살아서, 아버지와 둘이 지내고 있다.

**[주제어]** 탈북의 계기, 중앙 비사회주의 그룹빠, 검열단, 가택수색, 추방, 관리소

근데 내가 또 탈북하게 된 결정적인 계기가, 그 북한에서 중앙 비사회주의 그룹빠라는 게 있어요. 그룹이죠. 여기로 말하면 그러

니까 검열단 같은 거거든요? 중앙당 간부들이랑, 그리고 함경북도 뭐- 안전부라고, 거기서 뭐 도위원들이 오고 막 이렇게 해가지고 실태조사 겸 검열이 온 거예요, 저희 지역에. 그런데 저희 집은 엄마가 탈북하고, 언니가 탈북하고, 가족 중에 그 반이 탈북한 가족이잖아요? 다 그 자료상에 보면, 다 알고 있죠.

그래서 저희가 거의 1차 대상으로, 검열 대상이 돼가지고 막 가택수색을 당했어요. 그런데 아빠가 지역 내에서는 간부들이랑 다 알고, 친분이 있었기 때문에 저희 집이 그렇다고 해도 막 건드리고 그러지 못했거든요. 근데 하도 높은 데서 오니까 지역에서도 막아주지를 못 하잖아요, 그걸. 거의 중앙, 김정일이랑 같은 건물에 있던 그런 대간부가 내려왔는데, 지역 내에서도 감히 누가 이렇게 빽을 못해 주는 거예요. 그러니까 그냥 쭉 명단 보면 저희 집은 제일 그렇거든요? 엄마가 없고, 딸이 없고. 그래가지고,

'조금 어려운 상황이 있긴 있겠다.'

예상은 하고 있었어요. 있었는데, 너무 그게 갑자기, 너무 크게 들이 닥친 거예요, 불행이.

그냥 여느 날처럼 아침 먹고, 아빠랑 둘이서 누워서 막 얘기하고 있고, 티비 보고 있고 한데, 갑자기 다섯 명 정도가 왔어요. 와가지고, 집에 막 신발신고 들어오는 거예요. 그래가지고 뭐 그런 공문서 같은 거 읽더라구요. 저희 아빠가 저희들한테 그게(탈북) 해가 될까봐 엄마랑 이혼수속을 해놨었거든요. 이혼수속을 했음에도 불구하고, 그게 상관없는 거예요. 이미 탈북한 다음에 이혼한 거라. 거기는 탈북했다 무슨 이런 소리 안 하거든요? 직접적으론 안 하는데, 이혼한 뒤 전처, 그리고 딸이 지금 행방불명된 상태로 남조선에 가 있다. 그것까지 이미 다 확인이 됐더라구요. 남조선에 가 있고, 서로 연락 그런 게 있다. 그런 관계로 해서 가택수사를 한다고 했고, 저는 그냥 무작정 다른 보안 한 명 딸려가지고,

"그냥 가라, 나가라."

고 했어요. 저는 그것만 듣고 나가라고 해서, 옷 챙겨 입고 그 사람 따라서 나왔어요. 나올 때도, 뭐 가지고 나가지 않나 몸을 다 뒤지더라구요. 나와서 저는 그 사람 따라서 안전부 조사실에, 조사실 아니고 사무실 같은데 거기에 따로 있고. 그리고 나서 저희 집을 다 뒤지고 그랬나봐요. 그때는 조사실이 아니고 가자마자 이렇게 경비실에 있었거든요. 거기 있는데, 점심 때가 지났어요. 아무튼 오전에 그런 일이 있고, 네다섯 시간을 제가 경비실에서 계속 기다렸는데, 네다섯 시간 후에 아빠랑 다른 사람들이 다 같이 오더라구요. 와서 건물 들어오면서 창문으로 이렇게 아빠랑 마주쳤는데, 아예 말을, 대화를 못하게 아빠를 딴 데로 데려가고. 그리고 나도 방을 따로 해가지고, 그러니까 취조 비슷하게 받았어요.

"어떻게 엄마랑 연락했냐?"

하면서,

"엄마 언제 갔냐? 지금 남조선에 가 있는 거 알고 있냐?"

뭐 이런 식으로 해가지고 한 밤 열한 시 열두 시, 그때까지 아빠랑 따로 조사를 받고, 그러고나서 집에 왔어요. 집에 와보니까 꼴이 진짜, 다 뒤지고, 막 북한에는 부엌이 있거든요. 불 지펴서, 그렇게 생활하는 데니까. 뭐 보니까 부엌 아궁이를 다 부쉈어요. 그러니까 그 안에다 돈이나 핸드폰 같은 걸 숨기지 않았나, 다 부수고 천정을 다 이렇게 찢고, 바닥도 다 깨고. 그거, 이불장도 다 뜯고 밑에 판자 이렇게 된 거 그것까지 다 뜯었더라구요. 옷가지들도 다 뒤지고. 전부 다 뒤졌어요. 그래가지고 그 상황들을 딱 들어와서 보는 순간, 아, 저는 완전…

'내가 이러면서까지 여기서 살아야 되나? 아, 진짜 더는 못살겠다. 내가 이 꼴까지 당하면서도, 여기서 산다는 거는 말이 안 된다.' 그러니까, 이렇게 살다가는 언젠가는 잡혀가서 죽을 거 같은 거예요. 막 겁나더라구요. 그래서 그냥 그때 딱 결심했어요.

'아, 진짜 기회를 봐서, 나도 가야겠다. 이거 못 살겠구나, 이거 못 살 나라다.'

이런 생각이 들더라구요. 그때 아마 아빠도 많이 충격 받으셨을 거예요. 그러고 나서 그게 한 6개월 정도, 그런 검열기간이 계속 됐어요. 근데 또 거기서도 돈이 있으면 되는 게, 그 저희도 그런 상태면 거의 관리소 같은데 가야 되는 거거든요. 관리소라는 게, 요덕수용소 같은 그런 정치범 수용소 같이, 교도손데, 그러니까 무기징역 같은 거처럼 영원히 못나오고 계속 그 안에서만 살아야 되는, 그런 데를 가거나 못해도 추방은 가야 되거든요? 뭐, 완전 험한, 못살 데로. 그래도 돈이면 되는 게, 돈도 진짜 엄청 많이 들어갔어요. 돈도 많이 들어가고, 돈을 엄청 찔러주고. 그리고 아마 그때 북한 돈으로 삼백만 원 정도. 그리고 또 인맥이 좀 있으니까, 그런 사람들이 또,

"이 사람들은 도망가지 않는다."

많이 이렇게 커버 좀 해 줘가지고 진짜 겨우 살았거든요? 겨우 살아났어요. 그 검열기간에. 한 6개월 정도 했거든요. 그래가지고 지금 생각해도 돈이 있으니까 살았지. 그만한 정도라도 그때 추방 엄청 많이 했어요. 아예 그런 가족들은 다 추방을 보내고.

저희 살던 곳도 뭐 시골이긴 하지만 진짜 산속으로 아예 추방을 보내요. 그러니까 추방을 가면 강제노동은 없어요. 근데 살기가 진짜 힘들고, 아예 그냥 외부와 단절되는 그런 거예요. 그 검열기간에 추방도 많이 가고, 그리고 뭐, 교도소 같은데 간 사람도 많고. 돈이 없고 빽이 없는 사람들은 그런 걸 많이 당했죠. 저희는 그래도 뭐 거의 진짜 살아남았거든요.

그래서 그 고비를 딱 넘기는 순간,

'아, 그냥 하루 빨리 난 떠나야겠다.'

그때부터는 진짜 거기서 사는 게, 뭐를 해야 되겠다 이런 목표도

없고. 그러니까 좀 불안한 생활이라고 그럴까?

'언젠가는 빨리 떠나야겠다.'

항상 이런 생각을 가지고, 그렇게 해가지고 그때부터 더 이제 아빠를 설득시켰어요.

"이런 꼴 당하고도 여기서 살아야 되냐? 난 진짜 못살겠다."

그랬는데 그때 아빠 주위에 친한 사람들이 그 보증 같은 걸 많이 섰거든요. 그러니까 저희 구에 여기로 말하면, 경찰서장 급이에요. 저희 살던 구에서 제일 짱인 사람이,

"아, 이 사람들은 절대 진짜 도망가지 않는다. 탈북하지 않는다. 그래서 내가 이 사람들이 만약에 탈북하는 날에 내가 정복을 벗겠다. 이걸 그만두겠다."

이 정도로 해가지고 다 막아 주고 이랬다고. 아빠도 항상 하는 말이,

"그런 의리를 버려도 되냐? 이렇게 하면서까지 우리를 살려줬는데, 그러면 안 된다."(웃음)

"이거는 진짜 우리 돈 많이 받아먹고 그랬으니까 살려준 거지, 우리가 솔직히 우리가 탈북했다고 해도, 저 사람이 해고되거나, 그런 일은 없다."

이야기했어요. 그래도 안 먹히는 거예요. 저는 올 때 아빠한테 얘기를 안 하고 엄마랑 통화해가지고,

"나 그냥 빨리 정리하고 그냥 한국으로 가겠다."

그러니까 엄마가, 엄마는 좋아하죠.

"그럼 알았다. 빠른 시일 내로 알아봐가지고 사람을 보낼 거다."

그렇게 통화가 돼가지고 이제 사람이 온 거예요. 저희 집에 저 데리러. 그런데 아빠가 집에 계셨어요. 집에 계셨는데, 딱 사람이 저희 집으로 직접 찾아온 것이 아니구요, 제가 친구네 집에 놀러갔다가 자전거 타고 오다가 그 사람을 만났어요. 집 골목에서 만났는데. 그 사람이 사진보고, 날 알아보고.

"혹시 이런 사람 아니냐?"

고 해요.

"맞는데요, 왜요?"

했더니

"엄마 성함이 혹시 ○○○ 맞냐?"

"아, 맞는데요."

"엄마가 보내서 왔으니까 같이 가자."

제가 깜짝 놀라서

"지금 당장이요?"

하고 물어봤어요. 그때 엄마하고 통화하고 나서 생각한 그 기간보다 엄청 빨랐거든요? 정작 간다간다 해도, 뭔가 마음에 준비가 안 됐는데 당장 가자고 하니까요.

"그러면 집에는 잠깐 들어갔다 나와야겠다."

하고 집에 들어왔어요. 아빠는 또 여유롭게 TV보고 계신 거예요. 옷을 주섬주섬 바꿔 입고. 그리고 가족사진 몇 장 챙겨서 주머니에 챙겨 넣고. 그리고 뭘 챙겼나? 아 맞다. 소금주머니. 소금주머니를 제가 집에 만들어놨어요. 빨간 천에다 해가지고 만들어서 걸어놨었거든요. 소금주머니랑 그 뭐지? 할머니 산소에 흙을 떠다가 그것도 주머니에다 제가 만들어놨었거든요. 만약에 내가 한국행을 성공해서 가게 된다면,

'할머니 고향에 꼭 가서 이걸 뿌려드리자. 그러면 할머니가 말하던 고향에 대한 그리움이 덜해지지 않을까?'

그런 생각도 해가지고 해서 흙을 챙기고, 소금주머니를 챙기고, 가족사진을 챙기고 나가려고 했는데, 아빠가

"어디가려고? 이제 저녁시간 다 됐는데, 어디 나가냐?"

고 하는 거예요.

"친구네 집에 잠깐 갔다가 올게요."

그리고 나왔어요.(웃음) 아빠는 아무렇지 않은데, 저는 되게 만감이 교차하는 거예요.

'아- 이러고 가면 혹시나 마지막이 될지도 모르는데 가야 되나, 멈춰야 되나?'

갈등도 하다가.

'가야지, 가자! 내가 가는 길만이 아빠를 또 데려올 수 있는 길이다.'

라고 생각하고 그 사람을 따라온 거예요.

저희 아빠가 되게 자식 때문에 살고 그런 사람이에요. 너무 집착하는 수준으로 보일 정도로 자식한테 빠져 있고, 여린 사람이거든요. 그런데 이제 저까지 없고 하니까. 그리고 저는 무사히 한국으로 와서 계속 전화통화하면 울면서

"빨리 오라, 오라."

언니랑 저랑 얘기하고 이러니까 아빠도 그냥

"알았다. 내가 너희들 때문에 사는데, 아무리 여기서 잘 먹고 잘 살아도 무슨 낙에 살겠냐? 그래 가마."

하셨어요. 그리고 이제 작년에 어렵게 아빠도 오시고. 그렇게 해서 다 오기는 왔는데. 엄마가 이제 2001년에 왔잖아요? 엄마가 오신지도 오래되고 그러니까, 엄마는 또 따로 한국에서 재혼을 하셨어요. 한국분이랑 재혼해서 잘 사세요. 언니는 지금 독립하고. 그리고 아빠랑 저랑 지금 살고 있어요.

# 할머니의 무덤 흙주머니와 수호신 같은 소금주머니

**[내용 요약]**

할아버지 할머니는 한국에서 전쟁시기에 월북을 하여 평양에서 윤택하게 살았다. 그런데 할아버지의 급작스러운 죽음 후에 함경도로 추방을 당해서 할머니는 5남매를 고생하면서 키웠다. 할머니는 항상 남쪽의 고향을 그리워해서 무덤도 남향으로 만들어 달라고 했다. 탈북을 결심하면서 할머니의 무덤 흙을 담은 주머니를 만들어서 그 흙을 할머니의 남쪽 고향에 뿌려주고 싶었다. 소금주머니는 탈북 과정에서 행운을 가져다 줄 것 같아 만들었는데, 둘 다 국정원 조사 과정에서 빼앗겼다.

**[주제어]** 할머니의 무덤, 의용군, 공산주의자, 숙청, 추방, 남쪽 고향, 소금주머니, 미신

저희 할머니랑 할아버지는 원래 다 한국 분이세요. 할아버지가 의용군으로 6.25 때 오셨거든요. 할머니랑 할아버지는 평양에서 계셨어요. 저희 할아버지가 평양에서 그 4.25촬영소인가? 거기 기자셨어요. 완전 잘나가던 그런 분이셨는데 원래 조금 고혈압이 있으셨대요. 그런데 갑자기 심장마비로 돌아가셨대요. 아빠가 한 열여섯인가, 열여덟인가 아무튼 어릴 때. 근데 그게 제 생각에는 할아버지가 돌아가신 시기를 따져보니까, 한때 남한 출신자들 막 숙청할 때, 딱 그 시기였던 거 같아요. 그냥 아빠나 할머니한테 들은 거는, 원래 고혈압이셔서 안 좋았는데 갑자기 심장마비로 돌아가셨다고 했는데, 제 생각에는 그런 시기였던 거 같아요.

할아버지가 되게 그거였어요, 빨갱이. 그러니까 젊었을 때 막스, 레닌 그쪽 사상에 막 젖으셔가지고, 사회주의 공산주의 신봉자였

요. 그러니까 50년대 전쟁 터지자마자 의용군 지원해가지고 북한으로 갔지요. 북한으로 와서 자기도 정권 뭐 그런 거에 한 몫한다고 했나봐요. 그런데 또 저희 할아버지랑 할아버지 형제들 사상이 완전 다르더라구요. 큰할아버지 같은 경우에는 미국 쪽으로, 자본주의 쪽으로 해가지고. 그래서 할아버지 형제는 남한에 다 계시고. 할머니는 당시 할아버지랑 결혼해가지고 저희 큰아버지 세 살짜리를 업고 남편 따라 간 거예요. 옛날에는 또 그런 게 있으니까

"남편이 가니까 너도 가라."

해서 할머니 부모님들이 보내셨더라구요. 근데 그때 당시 할머니가 저희 아빠를 임신한 상태였어요. 거기다가 할머니 맨 막내 동생, 그러니까 이모할머니가 열다섯인가 열여섯이었는데, 돌봐줄 사람이 옆에 그래도 있어야 되니까 딸려서 보내셨더라구요. 그렇게 해서 저희 이모할머니랑 할머니랑 그리고 할아버지 셋이 그냥 북한에 있고, 나머지는 여기 다 있어요. 지금도 여기에 있어요. 살아계신 분도 계시고, 돌아가신 분도 있고. 아무튼 그렇게 해서 평양에서 자리는 잘 잡았죠. 기자도 하고 그러면서 집도 엄청, 중앙동 쪽이 보이는 거기 제일 뭐 일호주택 이런 게 있대요. 그런 아파트에서 살고, 되게 잘 살고, 잘 나갔는데, 그러다가 할아버지가 그런 일이 있어서 돌아가셨고.

그때 저희 아버지 형제가 다섯 명이었어요. 딸 한 명에 아들 네 명이에요. 저희 할머니는 그냥 진짜 착하고 집에서 살림하고 애 키우고 이런 거밖에 못하는 사람이거든요. 근데 할아버지가 돌아가시니까 인제 할머니도 막막해지고

'아— 내가 자식 다섯 명을 데리고 어떻게 혼자 살아야 하나?'

이런 막막함에 고민하는 순간에 추방까지 당했어요. 평양에서 추방을 당해서, 저기 온탄, 온성. 완전 시골이죠. 추방을 해서 그쪽으로 온 거예요. 그래서 온성에서 터를 이뤘어요. 형제 중에는 저희 아빠

랑 제일 막내 삼촌, 고모 이렇게 세 명이 온성으로 왔어요. 큰아빠는 청진에 가고, 그리고 둘째 삼촌은 해주였나? 그러니까 군대로 갔었대요. 아마 제대해가지고 해주인가 뭐 어디에서 사셨는데, 연락은 잘 안 됐고. 고모는 온성에서 살다가 청진에 시집가서 살고.

할머니가 자기 자매들이랑 부모랑 헤어져, 어린 나이에 시집이란 걸 와가지고, 남편이란 걸 믿고 이런 땅에 와가지고 아무 연고도 없는 곳에서 자식 키우면서 고생만 하셨어요. 그러니까 제가 어릴 때도 기억나는 게 항상 남한에 대한 얘기도 많이 하셨어요. 그리고 할머니는 또 어렸을 때, 거의 십대는 일본에서 사셨더라구요. 그래 가지고 항상 사쿠라꽃(웃음) 그런 얘기도 많이 하시고. 사쿠라꽃이 필 때는 어떻고, 일본은 어떻고. 할머니가 일어도 잘하시고, 한자도 되게 잘하셨어요. 그래서 막 거의 죽을 때까지도 항상 고향을 되게 그리워하셨어요.

"내가 죽으면 남쪽에, 그러니까 남쪽이 바라보이는 데로 남향으로 묻어 달라. 죽어서도 고향을 볼 수 있게."

그런 말씀 되게 많이 하셨거든요. 그래가지고 제가 그런 모든 걸 겪으면서, 내가 이제

'북한을 떠나야겠구나.'

결심을 했을 때, 소금주머니랑 흙주머니를 만들어놓은 거예요. 소금주머니는 미신 같은 거죠. 그러니까 저희 할머니가 그랬거든요. 아빠가 무슨 일이 있어가지고 어디가거나 그럴 때, 이렇게 소금을 뿌리더라구요. 그러니까 무사무탈을 기원하는 일종의 의식인가 봐요. 그래서 뭔가 소금이 그런 좋은 기운이 있나보다, 그리고 빨간 천이 좋다는 이런 거 어떻게 알아서. 저의 아이디어였어요. 빨간 천을 가지고 잘 되기를 기원하는 마음에서 성공하라고 만들었어요. 작게, 되게 작았어요. 거기다가 소금 넣어가지고, 소금이랑 흙이랑. 근데 국정원에서 그걸 **뺏어가지고**, 뭐 이상한 거라고. 다 버려야 된

다고 그래서 **뺏겼어요**. 버려졌어요.

제 짐을 막 뒤질 때 소금주머니랑 흙주머니를 발견했는데, 그 소금주머니가 날씨 더운 태국을 지나오고 이러면서 다 녹아가지고.(웃음) 막 그렇게 됐더라구요. 아무튼 그 소금주머니 덕에 무사히 왔는지는 모르겠지만.


## 탈북 노정, 두만강-곤명-메콩 강-태국 감옥을 거쳐 한국으로

### [내용 요약]

엄마가 보낸 브로커와 국경수비대의 도움으로 두만강을 건넜는데, 무척 무서웠다. 차를 타고 바로 곤명으로 이동했는데, 거기서 8년 전에 헤어진 엄마를 눈물로 만났다. 엄마는 키가 부쩍 커버린 구술자를 알아보지 못했지만 구술자는 바로 알아 볼 수 있었다. 메콩 강을 건너 태국에 내렸는데, 신속하게 피하지 못해 태국 경찰에 잡혀 지옥 같은 감옥생활을 했다. 탈북의 노정에서 가장 힘들었던 시기였다. 2개월 동안 감금되었다가 한국으로 보내졌는데, 태국 감옥에서 겪은 인간 군상의 모습이 가장 기억에 남는다.

**[주제어]** 두만강, 국경수비대, 브로커, 탈북 노정, 엄마와 상봉, 곤명, 메콩 강, 태국 감옥


탈북할 때는 무조건 두만강을 건너야 되죠. 근데 군인들, 그러니까 거기 두만강에서 근무하는 군인들은 다 물길을 알아요. 물길을 알아서

"아, 여기는 물이 어느 정도 오고, 저기는 깊고, 여기는 뭐 물살이

세고.”

이런 지형을 다 알거든요. 아니까 그냥 알려주는데. 그 9월 16일 새벽이었으니까 아마 17일이었겠죠? 17일에 제가 나올 때 한 세 시쯤인가, 두 시쯤 세 시쯤 건넜는데 되게 무서웠거든요. 혹시나 빠지지 않을까, 밤이니까 물이 시커멓게 흐르는 게 되게 무섭던데. 이런, 그 남자(군인)가 건네줬거든요. 그 브로커들한테 돈 받고 다 연관되어 있으니까. 물이 허벅지까지밖에 안 오는데, 물살이 세서 손잡고 건네줬어요. 거기는 그 사람 구역이었어요. 국경수비대가 100m에 한 명씩 땅굴을 파고 근무를 다 서요. 100m는 자기 구역, 내가 지켜야 하는 구간이잖아요. 그러니까 딴 사람한테 그거 들키면 안 되죠. 건네주면서 가만히 가만히,

“여기가 괜찮으니까 이쪽으로 넘어가라.”

군인은 군인대로 다른 군인들이나 간부들이 혹시 순찰하고 그럴까봐, 감시하고 있고 그랬어요. 자기가 걸리면 무섭고, 생활 제재 먹고 고향으로 내려 가야하는 판인데, 그거를 봐주면서 건네주더라구요. 그래서 두만강을 딱 건너니까 저를 받으러 온 사람이 또 있더라고. 그 사람한테 이끌려서 차를 타고 또 가고. 그런 식으로 해서 넘었어요.

제가 올 때는 태국으로 왔어요. 저희 아빠도 태국으로 오구요. 저희 언니는 캄보디아로, 엄마도 캄보디아로 오고요. 이렇게 넘어오는 게 다 돈인데, 브로커비가 많이 드는데 엄마가 힘을 많이 썼어요.

제가 중국에 있을 때 곤명에서 엄마를 만났어요. 엄마가 그때, 거의 햇수로 한 10년? 만 8년, 9년 정도 됐네. 98년에서 2006년도면 8년이네. 8년 만에 제가 엄마를 만난 거죠.

“이제 북경에서 기차 타고, 곤명에 몇 시에 도착한다.”

이런 걸 브로커랑 통화해가지고, 곤명에 저 보러 왔어요. 못 참고 오신 거죠. 중국 들어와서도. 만나니까 좀 주름이 가고 늙긴 해도,

엄마 얼굴은 변하지 않잖아요. 그래서 엄마를 알아보겠는데, 근데 엄마는 저를 몰라보더라구요. 왜냐하면 (가슴 높이를 가리키며)요맨한 애가 (웃음) 갑자기 엄마보다 더 커버리고 이러니까 엄마는 모르죠. 저는 곤명이라는 역이 엄청 커서 사람들도 북적거리고 하는데도 멀리서 보니까 엄마를 딱 알겠더라구요. 뭐, 보는 순간, 그냥 "엄마-."

하고 달려가서 울고. 그때 저랑 같이 오는 사람들 일행이 열 명이었거든요. 그 사람들도 옆에서 덩달아 울고, 역사적인 상봉.(웃음)

곤명에서 엄마를 만나고, 또 중국 안쪽으로 깊이 들어가서 미얀마랑 라오스 거쳐서, 태국으로 가는 거예요. 그 과정에 막 메콩 강을 건너는데, 보트를 한 열여섯 시간 탔어요. 4~5인승짜리를. 그 작은 거 보트 있잖아요, 통통통통거리는 거. 근데 메콩 강이라는 게 엄청나게 크고 무섭고 막 바다 같아요. 그러고 악어 떼들도 엄청 많대요. 그때는 그걸 몰랐으니까 진짜 요맨한 배타고 넘어왔지. 물길 잘못 만나서 헉 뒤집어져서 죽은 사람도 있거든요. 말 들어보면 보트 타고 가다가 악아 떼 만나서 죽은 사람도 있고, 피해서 산으로 다 올라 갔는데, 행방불명되거나 못 만난 사람도 있더라구요. 그런데 저희는 모르니까 보트 딱 탔을 때 저는 막 신나서 물에다 막 손 담그고 그랬어요.(웃음) 그랬더니 태국 사람이 말도 안 통하는 태국 말로, 뭐라고 뭐라고 하는데, 하지 말라고 하는 거예요, 계속. 그래서 저는

'아, 저 사람이 왜 이걸 하지 말라고 그러지? 물에다 손도 못 담그나?'

그 사람은 악어 떼 있고 그러니 하지 말라고 혼낸 건데.(웃음)

엄마는 비행기 타고 태국으로 갈 수 있으니까 내가 무사히 오는 걸 보려고 비행기를 타고 가시는 거예요. 그래서 나는,

"엄마랑 비행기 타고 태국으로 가면 안 되나?"

엄마한테 막 물어봤어요.(웃음) 그러니까 엄마가,

"엄마도 너무 그러고 싶은데, 너는 지금 여권도 없고 아무것도 없으니까 어렵다. 이제 진짜 위험한 고비는 다 지났으니까, 조금만 참고, 조금만 더 고생하면 태국 간다. 이제 태국에서 다시 만나자." 하고, 핸드폰을 주시더라구요. 엄마 핸드폰을 내가 갖고, 태국에 도착하면 연락하기로 했어요. 엄마는 태국에 먼저 도착해서 호텔에서 기다리고 계시고. 이제 태국에 도착해서 전화를 했어요.

"엄마, 도착 했다."

그런데 바로 그 순간에, 그러니까 메콩 강 보트에서 내려서 땅을 밟는 순간에 경찰들이 막 몰려오더라구요.(웃음) 새까맣게 오토바이 타고 오고 막. 그래가지고 잡혔어요. 저희 일행이 열 명 정도가 모두. 브로커가 전화로 알려주기를,

"태국에 딱 도착하면 땅을, 육지를 일단 밟으면 신속하게 움직여라. 신속하게 움직이고, 버스나 택시를 타고 방콕으로 가서 거기 대사관을 찾아가라. 가서 북한에서 왔다 하면 그때부터는 거기서 다 알아서 해 준다."

그래서 잡히지 말았어야 됐거든요. 근데 보트가 두 개였잖아요? 먼저 온 보트는 신속하게 움직여서 빠져나갔어요. 안 잡혔는데 저희만 잡혔거든요. 저희 팀 다섯 명이 잡혔는데 주변 마을에 당황해서 아무 집이나 뛰어 들어가서 안 나오고 있고. 나오라고 소리 지르는데 안 나오고 있고. 그렇게 버티다가 결국 잡혔는데 뭐라고 뭐라고 해요. 말도 안 통하는데

"우리 사우스 코리아라고, 사우스 코리아라고. 잡지 말라." 고 막 했어요. 그런데 그 패스포트, 여권보자 그러는데, 여권도 없고 이래서 결국 잡혀가지고 감옥으로 갔어요. 메지아이 전에, 치앙마인가? 거기 감옥으로 차에 실려 가는 도중에, 나는 막 통화했죠. 엄마한테 전화해 가지고

"엄마, 지금 어떻게 하나? 나 지금 경찰에 잡혀서 감옥에 끌려가

고 있다."

물론 그렇게 해서 대사관까지 무사히 가면은 좋아요. 그렇게 가면 편하게 와요. 대사관에 가서,

"북한에서 왔는데, 한국 가겠다."

이렇게 인터뷰하면은 대사관에서 저희를 후원해 주는 교회로 보내줘요. 한국에 오는 과정이 다 만들어지기까지 교회에서 다 먹여주고, 보살펴주고. 방콕에 있는 한인교회, 선교회에요. 거기서 그냥 편하게. 다 정부에서 지원해 주니까, 거의 호텔이에요. 호텔 같은 데서 생활하면서 몇 개월 정도 있다가. 오는 순서가 다 있거든요. 순서대로 유엔 인터뷰하고, 대사관인터뷰하고, 막 그래가지고 이제 한국으로 오는 거예요. 좀 편하게 오죠.

근데 저희 같은 경우엔 잡혔잖아요. 잡히면 좀 안 좋죠. 고생을 되게 많이 해요. 감옥도 막 여기저기 다녀야 되고, 막 재판도 받고, 이래가지고 저희는 교회로 가는 게 아니고 방콕에 있는 이민 수용소로 보내요. 여러 경로 거쳐서 가면은 거기 수용소에 이제 유엔 사람들이랑 한국 대사관에서 사람들이 나오는 거예요. 거기서

"이런 북한 사람들이 있다."

하고 통보를 하면 나와가지고 인터뷰하고

"한국에 가겠다."

그럼 그때부터 그런 주선 절차가 밟아지는 거예요. 아무래도 호텔에 있는 거랑 감옥에 있는 거랑 다르죠.(웃음) 어쨌든 엄마한테 전화해서

"어떡하냐, 이거 북송하는 거 아니냐?"

너무 겁이 나니까요. 그러니까 엄마가 하는 말이

"이제 태국에 온 이상, 중국만 벗어나면 북송은 안 하니까 걱정하지 말아라. 그래도 잡혔으니까 엄마가 생각했던 거보다는 고생을 좀 많이 할 거다."

그래도 엄마는 막, 그렇게 힘들다 이런 말은 안 하고

"그래도 다 견딜 만은 하니까. 한국 올 수 있으니까 좀만 참으면 괜찮다."

치앙마이인가? 감옥까지 갔는데, 거기서는 다 뒤지더라구요. 소지품을 다 내놓으라고. 그리고 핸드폰 있는 거 보더니 뺏을라고 막 그러는 거예요. 안 된다고, 안 뺏길려고 했죠. 그래서 안 뺏겼어요. 소지품 검사하고 이제 감옥으로 들어갔어요. 감옥에 들어가서 있는데. 거기는 밥도 안 주더라구요. 밥도 안 줘요. 저희가 돈을 내야지 밥을 사 준대요. 그 돈으로 밥을 사주는 거래요. 자기들은 밥을 안 준대요. 말도 안 통하는데. 아무튼 밥도 안 주고 진짜, 열여섯 시간이나 보트를 타가지고 와서 힘든데다가 잡히기까지 했으니 사람들 심정이 험악하죠. 말도 안 통하는데다가 우리가 어떻게 될지, 말로는 북송 안 한다 해도 어떻게 될지 모르잖아요. 하ㅡ 속이 시커매져가지고.

'에이, 모른다, 이제 될 대로 되라. 뭐 어떻게든 되겠지.'

그러고 드러누워서 있었어요. 밤중인데 잠이 들었는데 엄마 목소리가 막 나더라고요. 그래서 자면서

'아ㅡ 꿈이겠지.'

진짜 저는 꿈이라고 생각했어요.

'아, 무슨 엄마가 감옥으로 왜 와, 일로 왜 와? 꿈일 거야.'

이러고 있는데

"야, 저 너 엄마 목소리 아니냐?"

옆에 아줌마들이 그러는 거예요.

'그런가? 꿈이 아닌가?'

이러고 일어났는데, 진짜 엄마가 온 거예요. 엄마도 말이 안 통하니까 거기서 호텔을 경영하시는 분을 어떻게 모시고 왔어요. 그래가지고 그 분이 도와주셔가지고 쭉 얘기하고

"북한에서 온 거 맞고, 빨리 어떻게 처리해서 이민 수용소로 보내 게끔 해 달라."

뭐 그렇게 해서 또 거기서 엄마랑 헤어졌어요.

"그래도 너 무사히 올 수는 있으니까, 좀 시간이 걸리더라도 견뎌야 한다. 엄마는 이제 한국으로 갈 거다."

그렇게 해서 엄마는 가고, 저희는 그 감옥에 한 열흘 정도 있다가, 메사이라는 감옥으로 이송됐어요. 거기는 되게 작았어요. 감옥이 두 개밖에 없더라구요. 교실 반만한 감옥이 남녀 칸으로 두 개 있었어요. 두 개밖에 없었는데 다시 이송돼서 좀 더 큰 감옥으로 가니까 거기는 또 엄청 크더라구요. 막 뛰어놀 수 있게끔.(웃음) 근데 거기에 또 한 삼십 명 정도의 북한 사람들이 있는 거예요.

'아, 뭐야. 이거 익숙한 말이 왜 들려?'

막 이러고.(웃음) 감옥을 옮길 때는

'우리 이제 이민 수용소인가 거기로 보내는 건가?'

이러고 왔는데, 또 감옥이야. 작은 감옥에서 큰 감옥으로. 결국은 변한 게 없어요. 그래서,

'아, 뭐야 또 감옥이잖아.'

이러고.

"빨리 내려가라."

이래서 내려가는데, 사투리가 들려요. 딱 보니까 삼십 명 정도의 북한 사람들이 있더라구요. 그 사람들도 잡혀서, 이제 그런 과정을 거쳐서 온 거죠.(웃음) 그 사람들은 거기 있은 지 3주 정도, 3주 동안 거기에 있었던 거예요.

거기는 밥을 줘요. 주기는 주는데, 하루에 두 끼를 줘요. 두 끼 주는데 양도 엄청 작고. 진짜 먹고 나면 금방 배고프고. 그래서 저희 돈으로 라면인가, 그런 거 사먹고 그랬어요. 아무튼 거기서도 되게 배고프고 힘들게 있었던 기억이 나요. 그리고 거기서 2주, 14일 정

도 있다가 이제 큰 법원 같은 데로 가서 그거 뭐야 재판을 받았어요. 재판을 받았는데, 이렇게 수갑 채우고 태국말로 뭐라 뭐라 하고 그러는데 우린 못 알아듣겠어요. 아무튼 뭐라 하고, 그게 끝나고 나서 이제 차로 이송해서 간 게 결국 방콕. 저흰 이민 수용소라 그래서 그냥

"아, 그냥 그런 데로 간다. 감옥은 아니겠구나. 여기보단 좀 편한 데로, 배고프지 않은 데로 가는구나."

이러고 있었어요.(웃음) 그런데 딱 도착했는데, 제일 큰 감옥으로 가는 거예요. 근데 거기는 진짜 그 감옥 안에 한 삼백 명 정도 있었나? 북한 사람들이 삼백 명. 삼백 명 정도 있고, 다른 나라 사람들도 있었어요. 뭐 우즈베키스탄, 러시아, 중국 이런 사람들이요. 거긴 미국으로 망명하려는 그런 사람들이 있거든요. 그래가지고 거기서 이제 그 감옥에서 지긋지긋한 방콕에서 한 2개월 정도, 보통 3,4개월 정도 있어야 돼요. 3,4개월 있어야 되는데, 저는 미성년자 보호자가 없으니까, 또 60세 지난 노인들, 그리고 환자들은 좀 더 빨리 보내거든요. 그 빨리 보내는 거 가지고 그 안에서 엄청 싸워요.

그러니까 지금까지 얼마나 지옥 같은 생활을 하면서, 그러니까 한국이란 나라에 가려고, 그런 엄청난 희망을 품고, 목숨 걸고 왔겠어요.

'중국까지만 두만강만 건너면 되겠다.'

그래서 두만강 딱 건넜는데, 그게 아니야. 더 큰 고생이 계속 계속 그렇게 하면서, 이게 이렇게 돼서 이렇게 된다는 결과를 알면 마음을 좀 놓겠는데, 한 치 앞도 이게 어떻게 될지 모르는 상황이니까. 그러니까 사람들이 지치고 막 찌들고, 이제 막 진짜 건드리면 터지고. 감옥에 삼백 명 정도 있으니까, 눕는 자리도 좁아서 잘 때도 막 (모로 눕는 시늉을 하며) 이렇게 자요. 화장실 가다가 밤에 조금만 건드려도 싸움 나고 그러거든요. 그만큼 사람들이 막 예민해져가지고,

짜증만 나가지고 다들. 그런데 미성년자니 노인이니 환자니 하는 사람들을 먼저 보내주니까

"나는 여기 와서 몇 달째 이러고 있다, 근데 넌 이제 온 지 며칠이나 됐다고."

그러니까 그게 순서가 뭐냐면, 다 들어온 순서가 있어요. 물어보면 자기는 며칟날 왔고, 며칟날 왔고. 그 순서대로 인터뷰도 진행되고, 그 순서대로 다 보내줘요. 거기서도 그렇게 보내주는 게 또 공평한 거고. 근데 저 같은 미성년자나 이런 사람들은 빨리 보내주니까, 막 또 의견을 부리는 거죠.

"무슨 애라고 해서 차이가 나는 게 얼마나 있냐? 완전 어린애도 아니고 다 큰 애들인데."

그런 거 가지고 뭐라 뭐라 그러는 거예요. 감옥에서 이제 이름 불러서 누구누구 나오라. 이렇게 해서 아래 내려가거든요, 인터뷰하러. 그러면 인터뷰 끝나고 2주 정도, 빠르면 열흘? 이제 곧 간다는 거예요. 인터뷰를 하고 나면

'아- 난 이제 많이 있으면, 14일. 오래 기다리면 14일 정도 있으면 한국행, 한국으로 간다.'

그러니까 이제 사람들이 자기 이름 나오기만을 계속 기다리는 거예요. 맨날 태국 경찰들이 올라와서 이름을 불러요. 누구누구는 나와라. 그래서 내려가게 되면 유엔에서 나온 사람들이랑 한국대사관 사람들이 계시거든요. 인터뷰를 해요.

"고향은 어디고 탈북경로는 어떻게 되고, 어떻게 해서 여기까지 오게 됐냐?"

그런 걸 다 쓰고, 얘기를 하고. 그런 과정이 끝나서 다 확인하고 완료가 되면 이제 불투명하거나 그런 것만 없으면 한국으로 오게 되는 과정이거든요. 그래서 저는 빨리 왔어요. 두 달 정도 거기 있었는데, 보통 3,4개월 있어야 돼요. 그런데 제가 빨리 나오니까 뭐라 하

죠, 당연히.

"마냥 어린애도 아니고, 무슨 열일곱이면 알 거, 뭐 다 혼자 할 수 있는데, 미성년자라고 왜 빨리 보내줘야 되냐?"

그런 거가지고 싸우고. 그 안에서 말도 많고. 아무튼 거기 있었을 때가 제일 힘들었던 거 같아요. 날씨도 엄청 덥고 그런데 달랑 선풍기 두 대밖에 없고.

저희는 캄보디아 사람들하고도 엄청 싸웠었어요. 캄보디아 사람들도 그 감옥 안에 잡혀 있더라구요. 불법체류하거나 아니면 뭐 대부분 미국으로 망명하려는 사람들이 많더라구요. 중국 사람들도 많구요. 중국에 그 뭐지? 그 뭐 이상한 그거 믿는 거요. 그런 단체 같은 거 있잖아요, 파룬궁이라 그러는. 망명하는 사람들이거나 불법 체류자들이 이송되기 전에 잠깐 있는 거. 뭐 우즈베키스탄, 러시아, 캄보디아 여러 나라 사람 많았죠. 근데 우리나라 사람들이 제일 많죠.(웃음) 삼백 명 정도 되니까. 그렇게 있는데, 캄보디아 사람이랑 북한 사람이랑 자리 때문에 싸움이 났는데, 캄보디아 사람들끼리 막 그러니까 우리도 뭉쳐서 막 싸웠죠.(웃음) 경찰이 와서 갈라놓기도 하고. 아무튼 그렇게 해서 거기서 2개월 정도 있다가 전 한국에 왔어요.

그때 그 과정에 엄마가 또 한 번 왔었어요. 엄마가 면회 가려고 한다 그러니까 방송국에서 알아가지고 촬영하러 왔었어요. 저희 언니가 그때 활동을 하고 있을 때였거든요. 언니가 여기서 그 '달래음악단'이라고 거기 멤버였거든요. 그래서 그때 당시 한창 TV에 엄청 나가고 이슈가 돼서 좀 잘 나갈 때였어요. 그러니까 이제 엄마가

"막내딸이 오고 있다는데, 한 번 면회 가야겠다."

하니까 방송국에서 그걸 알고 촬영하려 왔는데 촬영은 못했어요. 그래서 그때 엄마 면회 한 번 오고, 이제 한국으로 왔어요.

# 가족의 해체로 어려웠던 한국 사회 적응

## [내용 요약]

한국에 입국해서 엄마와 언니가 이미 정착해 있었기 때문에 하나원 생활도 단기로 하고 사회에 나왔다. 엄마와 언니가 함께 살 줄 알았는데, 따로 살고 있어서 당황스러웠다. 언니가 거주하는 서울에 와서 영어와 컴퓨터 학원을 다니면서 대학 입시를 준비했는데, 한국 사람들의 말을 알아들을 수 없어 힘들었고, 북한의 친구들이 그리워졌다. 우울증 증상이 시작되어 고생을 하면서 북한의 아빠와의 생활이 자꾸 떠올랐다. 가족과 함께 살기 위해 탈북을 했는데, 한국의 현실이 그렇지 못해 무척 힘들었다.

## [주제어] 하나원, 조기 퇴소, 가족, 사투리, 소외감, 우울증, 대인기 피증, 친구, 고향

한국에 와서, 국정원에서 한 40일 있었나? 기다리는 시간이 그렇게 되고. 그 조사 끝나고 이제 하나원으로 보내졌어요. 지금은 안 그렇다는데, 제가 있을 때까지만 해도 하나원에서는 미성년자의 보호자가 한국에 있으면, 그러면 내보내더라구요. 그래서 저는 하나원에 안 있었어요. 한 1주일 정도만 있다가 나왔어요. 엄마가 물어보시더라구요.

"그냥 빨리 나오고 싶냐, 아니면 거기서 그냥 조금이라도 더 한국 사회에 대해서 배울 거냐?"

그런데 전

"아, 난 여기서 배울 것도 없고, 그냥 빨리 나가고 싶다."

그래가지고 1주일 정도 있다가, 조기 퇴소했어요. 하나원 교육과정 안 마치고. 그때 나왔을 때는 엄마가 평택에 사셨거든요, 평택에 좀 살았고. 언니는 그 연예 활동하니까 서울에서 따로 자취하고 있고. 저는 평택에서 엄마랑 있는데 나쁘진 않은데, 아무래도 떨어져 있던 시간이 기니까 언니랑 있는 게 더 편하고 좋을 거 같더라구요. 또 언니가 서울에 있다 하니까

'아, 그러면 나도 그냥 서울에서 학원을 다니든, 학교를 다니든, 생활해서 같이 살아야겠다.'

그래서 서울에서 언니랑 살았어요. 서울에서 살면서 영어학원 다니고, 컴퓨터학원 다니다가

'이제 대학을 가야 되겠다.'

생각하고, 입시준비 비슷한 거 그냥 했죠. 그렇게 해가지고 2008년도에 대학에 붙어서 여기로 왔어요. 북한에서 졸업하고 왔으면 한국의 고등학교 과정을 마친 거랑 동등한 학력으로 인정을 해 줘요. 그런데 저 같은 경우에는 그런 교육과정을 아예 못 받았죠. 못 받고 그냥 2년 동안 영어학원을 좀 다니다가, 영어학원을 한 6개월 정도 다니는데, 발전도 없고 아무리 들어도 모르겠더라구요. 진짜 막 짜증나더라구요.(웃음) 너무 스트레스를 받아서 때려치우고, 컴퓨터학원을 되게 오래 다녔어요. 컴퓨터학원 다니면서 자격증 웬만한 거는 다 따고, 이제 입시준비 같은 거 하고, 그러다가 대학교 오고.

한국에 와서 누가 따라 붙을까 그런 걱정은 없었는데, 그냥 아무것도 모르고 그러니까, 두려움은 많았어요. 어디 나가 다니려고 해도 일단 말을 못 알아듣겠더라구요. 난 되게 이상한 게 같은 언어이긴 한데 대화를 못 알아듣겠더라구요. 처음에는 하나도 못 알아들어요. 저 사투리 쓰죠. 사투리 쓰니까 위축돼서 어디 가서 말을 안하게 되고. 지금 생각하면 뭐 어떻게 보거나 그렇지도 않은데, 괜히 저 혼자 소외감 들고 위축이 돼서 말도 안 하고.(웃음) 말이 안 되니까, 말도 안 하고, 말을 해도 무슨 말인지 못 알아듣겠는 거예요. 그리고 말을 하면서도 모르는 단어나 영어 같은 거 많이 섞여서 하

니까. 어디 은행에 일 보러 가고 그래도 못 알아듣는 말이 많으니까. 처음엔 그랬어요.

거의 2,3년 동안 우울증에 조울증까지 겹쳐가지고 너무 힘들었어요. 그 한 2년 정도가, 2007년도에 와가지고 2009년도까지가 제일 힘들더라구요. 첫 번째 힘들었던 게 뭐였냐면요, 내가 한국에 온 이유는 이제 가족이 다 떨어지지 않고 모여서 산다, 한국에 가면 모여서 살 수 있다는 거였는데, 와서 보니까 그게 아니었던 거죠. 엄마는 뭐 재혼을 하셨고 아빠와도 멀어져 버렸죠. 다시 저희 가족이 모여 산다는 거는 불가능한 일이잖아요. 거기서 일단 충격 받았어요.

'내가 왜 왔나?'

그러니까 그게 목표였는데, 그게 실현 불가능한 거잖아요. 거기서 이제 생각이 많아지고,

'아- 이럴 거면 내가 왜왔냐, 여기.'

그리고 여기에 와서는 진짜 혈연, 언니 빼고는, 엄마랑 언니 빼고는 친구가 없잖아요. 그래서 아- 친구들이 너무 보고 싶은 거예요. 한 2년 동안, 2, 3년 동안, 대학교 들어와서도 그랬으니까. 2007년에서 2009년까지는 그렇게 계속 그런 고민과 그런 것 때문에 힘들었어요. 대인기피증처럼 사람들도 기피하고, 우울증 걸려서 맨날 울고 막 그렇게 살았었거든요. 한 2년 동안 계속

'다시 북한에 가고 싶다.'

다시 가고 싶더라구요. 내가 왜 여기 있는지, 왜 여기서 이렇게 살아야 되는지를 모르겠더라구요. 되게 많이 힘들었어요. 지금은 많이 나아졌죠. 지금은 가끔 그러니까. 지금은 뭐 여기서 살기 힘들어서 그런다기보다, 아무래도 거기서 태어나서 살고 그랬으니까

'아, 한 번쯤 가보고 싶다. 고향이 그립다.'

그 정도지, 뭐 다시 가고 싶다 그런 건 없어요.

# 아빠와 함께 살기

## [내용 요약]

아빠까지 탈북에 성공하여 지금은 아빠와 살고 있다. 탈북민들이 누구나 다 겪는 부적응 상황을 아빠도 겪고 있다. 북에서 추락사고로 다친 허리와 과음으로 간이 좋지 않아 더욱 힘들어 하신다. 정신력이 대단해서 반신마비에서도 일어났는데 한국 생활에는 직장을 잡을 수도 없고 해서 술로 소일을 하신다. 보험에 가입하여 경제적으로 도움을 받기는 하지만 큰 병원비는 충당을 할 수 없어 어렵다.

[주제어] 아빠, 문화차이, 이질감, 반신마비, 정신력, 폭음, 병원비, 보험

아빠는 작년에 오셨어요. 언니랑 살면서 나름 안정은 됐어요. 근데 처음 와서 시행착오나 문화차이나 이질감, 그런 것 때문에 고민을 하고, 그렇게 아프고 했어요. 그런 거는 누구나 다 겪는 거 같아요. 저희 언니도 그랬대요. 저 아는 주위 친구들도 그랬고, 저희 아빠도 지금 그러시거든요. 그런 증상이 보여요.

아빠가 한 16m인가? 거기서 추락해가지고요, 다리에서요. 북한에 있을 때 떨어져가지고 그때 허리가 부러지고, 손목이 부러졌어요. 그때 북한에서는 의료, 이런 것도 잘 안 되어 있어가지고요. 그때 막 대소변 받아내고 거의 누워서 계셨거든요. 그냥 반신마비 불구가 돼서 가능성이 없다고 진단을 내렸었는데, 지금은 많이 좋아지신 거죠. 정신력으로 아빠가 일어나신 거예요, 진짜.

사고 당하신 게 99년도였으니까, 엄마 탈북하시고 난 다음에 그랬어요. 그때 저희는 막내 동생이 있었거든요, 남동생이. 지금은 죽었는데. 그래서 자식은 세 명이지, 엄마는 없지, 엄마가 탈북하시고

나서 한 3년 동안은 진짜 어려웠어요. 거의 굶어 죽을 위기였거든요. 90년대도 후반, 딱 김일성이 죽고 나서부터 기울어지기 시작한거니까, 95년도부터 2000년도까지 그때가 고비였어요. 엄마가 탈북하시게 된 이유도 결국은 경제 사정 때문에 돈 벌어오려고 간 거였거든요.

"중국에 가서 몇 달 일해서 돈 벌어가지고 다시 온다."

그리고는 이렇게 됐지만… 그때 99년도에 엄마가 탈북하시고 나서 진짜 어려웠어요. 모이면 하루에 한 끼 정도 밥도 아니고 죽 같은 거, 야채만 엄청 많이 넣고, 밀가루 한두 스푼 정도 넣은 그런 죽을 먹었어요. 죽도 하루에 한 끼 정도밖에 못 먹고, 그렇게 어렵게 살았어요. 그런데 아빠가 사고 당하시고 나니까 어떡해요. 자식은 세 명인데.

거기 살 때는 언니랑 저랑 어렸을 때부터 다 가사를 맡아 했어요. 빨래하고 밥하고 이런 거 다 했었어요. 이제 아빠도 사고를 그렇게 당하셔서 막막했고, 의사들은 그렇게 진단을 내리고, 약을 쓰자니 돈이 있나. 그랬는데 진짜 기적적으로 다시 움직였어요, 아빠가. 생각해 보면 그건 진짜 정신력인거 같아요.

"이거는 진짜 불가능한 거였는데, 대단하다."

의사들도 놀랄 정도로. 그래가지고 결국 일어나서, 처음에는 양쪽 목발을 짚고 몇 걸음씩 이렇게 움직이시다가, 이제 점점 더 하나하나 찍다가, 그리고 이제 저가 부축하고 다니실 때 조금씩 이렇게 계속 움직이니까 또 되더라구요. 그런데 아빠가 척추가 세 마디 부러지셨거든요. 부러졌는데, 그게 제대로 붙지가 않아가지고 지금도 좀 무거운 거 드시거나 피곤하시면 계속 허리가 아프신가 봐요. 그러니까 아버지가 돈을 벌기는 힘들죠. 나이도 일단 안 되잖아요. 이제 환갑인데 누가 회사에서 쓰겠어요, 경비직도 힘든데.

그리고 또 간도 안 좋아요. 술을 또 그렇게 좋아하셔서 가지고. 아―

진짜 술을 북한에 있을 때 비하면 지금은 많이 안 드시는 거긴 해요. 폭음정도는 아닌데 술을 너무 즐기셔가지고요. 한두 잔 정도는 괜찮죠. 그런데 밥 먹을 때 반주한다 하는 게 두, 세 병이니까.(웃음) 문제는 반주가 두, 세 병인데 몸이 견뎌나요? 이제 나이가 점점 드니까 그거를 못 받잖아요. 아빠도 스스로 아시고 이제 조금씩 조절은 하는데, 그래도 계속 뭐. 요즘도 반주한다 그러고 맨날 드시고 하는데, 간경변이어서 간도 안 좋지, 허리도 안 좋지. 이제 정기적으로 일 년에 두 번, 세 번 정도는 입원을 하셔야 되거든요.

1종 의료보험증인가? 그런 게 있더라구요. 병원비에 거의 웬만한 거는 다 보험이 되기는 해요. 그런데 큰 병원비 정도는 아마 안 되는 거 같아요. 그래서 아빠 오시자마자 보험 들어놨어요. 저희는 기록이 없잖아요. 기록이 없으니까 그냥 말로 해서

"어디 아파요?"

"아뇨, 다 건강하죠."

이렇게 해서 가입했어요.(웃음) 그래서요 보험 혜택은 보는데, 진짜 혜택은 아니죠. 왜냐하면 나가는 병원비, 보험료가 또 많으니까. 보험 세 갠가 들었거든요. 근데 하나는 또 해지 당했어요. 나중에 너무 아픈 거 아니까 해지시키더라구요. 아빠가 퇴소하자마자 바로 보험부터 들어야 된다고 했었어요. 진짜 다행히 보험이 있으니까 그렇지, 작은 병도 아니고, 맨날 재활치료 받고, 물리치료 받고, 입원하면 버티기 힘들죠.

# 한국에 있던 친척들

**[내용 요약]**

할아버지와 할머니 두 분이 모두 고향이 남쪽이셔서 탈북 후 아버지의 친가와 외가 친척들을 만날 수 있었다. 친가 쪽은 큰할아버지가 미군 통역 일을 맡아 해서 월북한 할아버지로 인한 피해를 피한 것 같았다. 그런데 아버지의 외삼촌은 할머니가 월북한 사실 때문에 모진 고문을 당해서 젊은 나이에 반신불구가 되어 평생을 북으로 간 사람들을 원망하고 살았다고 했다. 탈북하면서 가져온 할머니 무덤의 흙을 국정원에서 빼앗겨 할머니 고향에 뿌려 드리지 못해 안타깝다.

**[주제어]** 할아버지, 할머니, 한국의 친척, 빨갱이, 고문, 할머니 묘지 흙

한국에 와서 할머니 할아버지 친척분들을 찾아 뵀어요. 막내 삼촌이 여기에 와 있어요. 아빠보다 좀 먼저 와가지고 막내 삼촌이 먼저 다 찾아 놨더라구요. 할아버지 쪽이랑 할머니 쪽 다 찾았는데, 할아버지 고향은 경상도 의령 쪽이구요, 할머니는 강원도 고성이라고요. 친척들 다 찾았는데 큰할아버지 이런 사람들은 다 돌아가시고 없고, 그 자식들이 있어요. 아빠한테 사촌이고 형제들이잖아요. 아빠 사촌형이 부산에 대학교수라 그랬나? 부산에 계시고.

그리고 할머니 동생들, 평양에 이모할머니는 아직 살아 계세요. 연락은 못 하죠. 그래도 안부는 전해 줬는데, 전화통화 같은 거해 보고 싶어요. 그러려면 평양에 계시는 할머니가 국경선 쪽으로 와야지 연락을 할 수 있거든요. 그런데 그게 또 어려워가지고 두 번인가 만났어요. 이모할아버지랑 이모할아버지 만나고.

아버지 외삼촌 그 분은 저희가 찾아갔을 때 할머니만 계셨어요, 할아버지는 돌아가시고. 근데 맨 처음에 삼촌이 찾아갔을 때는, 막 내쫓더래요.

"빨갱이 새끼, 나가라. 꼴도 보기 싫다. 나가라, 너네 종자들은 보기도 싫다."

그게 왜냐하면 월북가족 때문에 여기도 그런 게 있어가지고 할아버지가 끌려가서 전기고문 받고 그래서 병신이 되신 거예요. 반신불구가. 그때면 엄청 젊었을 때였을 거잖아요. 그때 끌려가서 막 고문받고 해가지고, 거의 평생을 환자로 앉아서 지냈대요. 불편한 진실을 지니셨다고. 그러니까 그럴 수밖에 없죠. 돌아가실 때까지도 용서를 안 하고 그랬었다고 하더라구요. 지금은 할머니 혼자 계신데 저도 그때 한번 갔었거든요, 가서 뵙고 했었어요. 그런데 할머니도 그렇게 돌아가시고.

할아버지 쪽은 그런 피해가 덜했나 봐요. 그러니까 저희 할아버지 형이 미국 부대에서 통역을 했더라구요. 그런 일을 하고 그러다 보니까 저희 할아버지만 빼고는. 할아버지만 특별하게 공산주의에 젖어가지고 그런 거고. 그래서 그 피해가 할아버지 쪽은, 친가 쪽은 없는 거 같고, 외가 쪽이 아마 그 할아버지가 그렇게 되셔가지고, 재작년엔가 그때 돌아가셨다고 들었어요.

북한 나올 때 할머니 묘지 흙을 가져왔잖아요? 그거를 제가 국정원까지 모셔왔어요. 그런데 여기서 그걸 또 뺏더라구요. 그래서 소금주머니도 다 뺏기고.(웃음) 국정원에서 짐을 검사를 하는데, 그게 나온 거예요. 나쁜 거 아니라고 해도 가지고 가면 안 된다고 하더라구요.

# 대학 생활 적응하기

[내용 요약]

대학에 진학할 때 전공을 유아교육과와 간호학과, 국문과 순으로 가고 싶었다. 두 학과에는 불합격됐고, 건대 국문과에 합격을 해서 서울에 있는 대학을 다니고 싶어 오게 되었다. 지금까지 고생하며 살아온 이야기를 글로 써보고 싶은 마음이 컸다. 그런데 강의 내용을 알아들을 수 없어 좌절도 하고, 포기할까 고민도 했다. 대학생활에 적응하기 위해 친구들과 어울리는 행사에는 빠지지 않으려고 애를 많이 썼다. 탈북민으로서 정체성 때문에 고민하고 적응하지 못했던 기억이 많다. 그래서 사투리 말투를 고치려고 많이 노력했다.

[주제어] 대학 진학, 국문과, 한국 친구, 정체성, 말투, 사투리

저의 어렵고 힘든 상황을 뭔가 글로 쓰고 싶다는 그런 생각을 했었어요. 그래서 국문과에 오게 됐는데, 사실 제가 그렇게 오고 싶었던 거는 국문과가 아니었어요. 저는 유아교육 쪽에 관심 많아가지고 원래 유아교육과를 갈려고 했어요. 유아교육과 아니면 간호학과. 그래서 다른 학교들은 유아교육과랑 간호학과 원서를 냈어요. 아무튼 제일 하고 싶은 거는 유아교육과고, 두 번째는 간호학과고, 그리고 이제 국문과는

'글을 써보고 싶다, 나중에 나의 이런 상황을 글로 써서 세상에 알려야 되지 않겠나.'

뭐 이런, 글 쓰는 거에 좀 관심이 있어서 국문과도 괜찮겠다고 생각했는데, 다른 데는 다 떨어졌어요.(웃음) 그리고 성신여대, 인하대, 국민대, 건대 이렇게 붙었어요. 그중에서 건대가 그래도 좀 괜찮으니까. 집에서 가장 가까운 건 인하대였어요. 그래서 집에서는 인하

대를 가라고 했어요. 그런데 인하대는 유아교육과가 없어가지고, 소비자아동학과인가 아동소비자학관가 아무튼 그걸로 해가지고 넣었어요. 그런데 거기는 뭐 따로 임용고시 같은 걸 봐서 자격증을 따야 되는 거거든요. 그래서 안 했어요. 인서울도 하고싶었구.

학교에 입학해서 예비대학 때부터도 다 가고, 오리엔테이션도 갔어요. 그 전에 찾아보니까 수시생이랑 해가지고 클럽이 있더라구요. 그래서 클럽에 가입했어요. 수시생끼리 모임을 1월인가 해서 그때 모였었거든요. 그때 선배들도 몇 명 오시고. 그리고 이제 예대, 예비대학 오고, 그리고 오티 가고. 그래도 그때는 우울증이 좀 나아질 때라서(웃음) 이제 이러고 있을게 아니라 열심히 살아야겠다, 정신 차려야 한다 그럴 때라 노력을 했던 거죠.

그런데 학교 와서는 힘들었어요. 그냥 그만둘까 고민했어요. 다른 학생들을 못 따라간다기보다 강의 자체를 다 못 알아듣죠. 저는 어렵더라구요. 무슨 말인지 잘 이해가 안 되고, 전공이나 교양이나 다 어려웠어요. 그리고 이게 교육과정도 다 다르잖아요. 한국의 교육 시스템이 어떻게 되는지 저는 경험도 못해 보고 그냥 북한에서 졸업했는데, 대학에서 그걸 인정을 한다고 끌려왔잖아요. 그러니까 그런 게 다 힘들죠. 처음으로 이런 교육을 받아 보는 거니까. 1학년 때는 아휴- 힘들었죠. 지금도 힘들지만. 그래서 1학년 땐 진짜 그만 두고 싶었어요.

'못 다니겠다.'
그냥 대학 포기하고 직업전문학교 같은 거,
'미용사나 메이크업 이런 거 해가지고 차라리 그냥 그런 거 하고 바로 취직해서 돈 벌까?'
이런 생각도 했었거든요. 근데 그럴 때마다
'그래도 좀만 더 견뎌보자. 좀, 좀.'
하다 보니까 벌써 3학년이네요.

그러다 보니 진짜 친한 친구도 몇 명 되고, 대부분 다 친하긴 친해요. 저는 딱 학교 들어왔을 때부터, 1학년 때부터,

"저는 북한에서 왔거든요."

얘기를 했어요. 그리고 반응은 그냥 뭐, 신기해하기도 하고, 놀라기도 하고, 무시하기도 하고, 불쌍해하기도 하고, 여러 가지 시선이 많더라구요.

처음 한국 와서 한 2년 동안 힘들었던 게 정체성 그런 거 때문에 고민이 많았었죠.

'나는 누구인가, 어디서 왔나, 여긴 어디지?'

그때는 막 말씨가 좀 달라지고 사람들이 어디서 왔냐고 물어보면 그냥 중국에서 왔다고, 조선족이라고 했어요. 북한에서 왔다고 말하기 싫더라구요. 그래서 말을 안 했었어요. 숨기고 이랬었죠.

'아, 내가 사람들이랑, 보통 사람들이랑 조금 다르구나.'

하는 거를 느꼈거든요. 말씨가 다르고 하니까. 뭔가

'나는 이 사람들이랑 다른가? 이 사람이 보기에도 나는 좀 다른 사람인가보다.'

그래서,

'일단 말부터 조금 바꿔야겠다.'

고 생각하고 열심히 연습을 했죠. 그래도 가족들이랑 말할 때는 당연히 사투리 써요. 사투리가 아직은 편하긴 편하죠.

# 탈북민 정착 프로그램의 문제점

**[내용 요약]**

　탈북민들의 한국 적응을 돕는 프로그램에 문제가 많다고 생각한다. 북한에서의 학력을 인정해 주는 것은 좋지만 나이에 상관없이 북한에서의 학력을 기준으로 한국의 어린 친구들과 같은 학년에 배치하는 것이 부적응을 지속한다. 별도의 교육 프로그램이 필요하다고 생각한다. 북에서 왔다는 사실을 주변에 알릴 수 있는 사회적 분위기가 마련되어야 한다. 사투리 때문에 적응하지 못할까봐 북에서 온 사실을 숨기고 강원도에서 왔다고 교육하는 하나원 프로그램도 문제다. 당당하게 탈북민임을 밝힐 수 있도록 교육하면 좋겠다.

**[주제어]** 학력 인정, 적응, 탈북 사실 오픈, 교육 프로그램, 사투리,
　　　　 하나원

　학교생활은 그냥 그래요. 저는 음— 북한에서 왔으니까 학력을 인정해 주는 건 좋아요. 그런데 거기서 그치는 게 아니고 뭔가 적응할 수 있는 프로그램이 있어야 될 거 같아요. 그런 이유 때문에 중간에 그만두는 대학생도 엄청나게 많더라구요. 그러니까 통계 같은 거 보면요. 그러니까 북한에서 온 저 같은 애를 대상으로 해서, 한국 고등학교 교육과정을 알려주는 그런 프로그램이나 학원 그런 거를 따로 만들어야 되지 않나 해요. 왜냐하면 졸업을 아직 못해가지고, 학력이 안 돼가지고, 여기서 다시 다니는 애들도 있잖아요. 그러면 그 애들은 제 학년에 못 들어가요. 대충 테스트해 보고 맞는 학년에 보내요. 현실이 그렇거든요. 그러면 내가 지금 고3이어야 되는데, 중학생이 되고 이런 거 때문에 많은 애들이 어려워하죠. 제 친구 중에도 두 명 정도. 제 사촌이 그렇게 다녔어요. 다녀서 지금 졸업해

서 대학 들어갔지만, 아무튼 다니는 과정에서 엄청나게 고생을 해요. 제 친구 중에도 한 명. 걔도 중2부터 다녔거든요. 근데 뭐, 그런 게 엄청 힘들었다고 하더라구요.

게다가 이런 친구들이 오픈하는 거를 싫어해요. 이게 내가 북한에서 왔다고 말하는 순간에 시선이 다르거든요. 제가 대학교 들어올 당시는 사투리 같은 것도 별로 안 하고 하니 잘 몰라요. 내가 얘기를 안 하면 모르는 상황이었는데, 그럼에도 불구하고 저는 오픈했어요. 그런데 오픈을 했을 때 부작용도 있어요. 막 여러 가지 시선이 있어요. 그냥 불쌍하게 보는 시선, 무시하는 것도 있고, 그냥 신기하다 요런 것도 있고. 아무튼 그런 거로 인해서 이익보다는 어떤 상처나 불이익을 너무 받으니까.

그러니까 아마 그런 상처들 때문에, 그런 경험이나 상처가 있었기 때문에, 분명히 오픈하는 거를 싫어할 거라고 저는 생각하거든요. 그런데 저도 그런 게 있고, 그래서 좀 힘들기는 했지만, 어차피 이런 과정도 뭐 내가 이겨나가야 되는 일련의 과정이 아닐까 생각해서 아무렇지 않게 하려고 노력해요.

그런데 그게 또 잘못된 게 하나원에서 우리한테,

"강원도에서 왔다."

하라고 알려 줘요. 왜 그걸 그렇게 말해 줘서 사람을 위축되게 하는지 모르겠어요. 저는 하나원 교육을 못 받아서 모르겠는데, 저희 아빠가 그러시더라구요. 하나원 선생님이 말씨 때문에 적응에 어려움이 있으니까 혹시나 그런 거 물어보면 강원도랑 북한말이 가장 비슷하니까,

"강원도에서 왔다."

고 얘기를 해라. 이렇게 말하더라는 거예요. 하나원이라는 게 대한민국에 적응하기 위한 그런 교육프로그램인데 왜 거기서부터 그런 말을 들어야 하냐는 거죠. 하나원에서 사람들이 그 말을 듣는 순간

어떻겠어요?

"아, 나는 북한에서 왔다는 이유로 한국 사람들이랑 다르구나."

이런 걸 또 느낄 거잖아요. 그걸 오히려,

"북한에서 왔다고 당당하게 말씀하십쇼."

이렇게 왜 교육을 안 하고 왜 강원도에서 왔다고, 그걸 굳이 알려 주나.

## 한국에서 친구 사귀기

**[내용 요약]**

한국의 친구를 사귀는 일은 자라 온 환경과 문화가 달라서 친밀
감 형성이 어렵다. 한국 친구들이 누리고 살았던 문화를 이해할 수
없을 때 소외감을 느낀다. 그래서 중년이나 노년층들과 대화가 더
잘 통한다. 하나원을 조기 퇴소해서 북한에서 온 친구들과 연고가
없었는데 대학에 와서 많이 알게 되었다. 한국의 친구보다는 북한
에서 온 친구가 더 편하다.

**[주제어]** 한국 친구, 북한에서 온 친구, 친밀감, 문화, 성장환경, 소외

아무래도 한국 친구들이랑 어울리는 과정에 힘든 점은 되게 많아
요. 문화도 다르고, 자라 온 환경도 아예 다르기 때문에. 나는 거기
서 사춘기도 다 보내고 성장을 다 한 상태에서 여기로 온 거잖아요.
친해져서 얘기하다 보면 친밀감과 좀 더 깊게 친해지는 게 힘든 거
같아요. 왜냐하면 인간관계가 형성되고 친해지는 것도 어떤 공감대
가 형성이 되면서 그런 건데. 자라 온 환경이 다르다보니까, 아무래
도 서로 공감할 그런 게 없어서 더 이상은 친해지기 힘든 한계가
있더라고요.

예를 들어 애들이 무슨 만화는 어쩌니 저쩌니 얘기를 하면 저는 또 소외되거든요. 애들이 막 모여서 우리 어릴 때 어땠고 그때 그 껌이 어떻고, 그 아이스크림이 어떻고 이러면 저는 뭔지 모르잖아요. 그때는 할 말이 없어지고 그러죠. 그래서 그런지 40대, 50대, 그리고 할아버지, 할머니랑 얘기하면 너무 잘 맞는 거예요.(웃음) '아— 그렇구나. 내가 북한에서 오고, 어린 시절이나 이런 거를 얘네랑 같은 또래들이랑 함께하지 못했으니까, 뭐 모르는 게 당연하지. 니네 어릴 때는 이랬구나.' 제가 경험한 것들은 여기 한 80년대랑 비슷한 거 같아요. 그래서 할머니, 할아버지랑 얘기 진짜 잘해요.

저는 북한 사람들하고 연고가 별로 없어요. 하나원도 조기퇴소하고, 그리고 나와서도 북한 사람들이랑 어울리질 않았거든요. 처음부터 한국 친구 사귀고 이러니까 연고가 별로 없어요. 그냥 대학교 와서 다 알게 되고, 그랬는데, 북한 친구들이 더 좋은 거 같아요.


## 교회에 대한 생각

### [내용 요약]

탈북 과정에서 태국의 수용소에 있다 보니 한국의 교회와 연결될 기회가 없어 교회를 다니지 않는다. 서울에 처음 와서 영어학원 다니면서 마음에 드는 오빠를 따라 1년간 교회를 다녀 봤는데, 오빠에 대한 매력을 잃고 교회에도 나가지 않는다. 큰 교회에 다니는 탈북대학생은 교회에서 생활비 지원을 받는다는 이야기를 들었다. 아빠하고 둘이 살아가는 생활비가 빠듯하지만 아직 교회에는 나가지 않는다.

**[주제어]** 교회, 교회지원금, 기초생활수급자, 생활비

지금은 교회 안 다녀요. 전 수용소에 있다보니까 교회랑 연결될 기회가 없었어요. 한국에 와서 한 1년 정도 다녔었어요. 영어학원 다니다가 회화반에서 친구들 알게 되고 그랬었어요. 그런데 거기에 교회 다니는 오빠가 있었어요.(웃음) 그 오빠가 교회 다니더라구요. 그래서 오빠 따라 교회 나가고 한 1년 정도 다녔어요. 1년 정도 다니면서 초등학교 2학년인가 하는 유년부 교사도 하고 그랬는데 별로더라구요. 그 오빠는 제가 좋아한다는 것도 아마 몰랐을 거예요. 제가 좋아하면서 지켜봤는데, 조금 별로더라구요. 그래서

'아, 이 사람은 아니다.'(웃음)

그래서 바로 마음 접고, 교회 한 1년 다니고 지금 안 다녀요. 그런데 교회를 다니면 지원해 주는 게 있으니까, 대학생들한테 한 달에 30만 원씩 생활비를 지원해 줘요. 다 그런 혜택 때문에 다니는 거예요. 아무래도 저 같은 경우도 경제상으로 진짜 엄청 힘들거든요. 아빠도 뭐 그런 상태고, 내가 학교 다니면서 돈을 버는 입장이 아니니까. 솔직히 등록금만 대준다 뿐인데, 대학이 등록금만 드는 게 아니잖아요. 교재비가 들고, 뭐 밥도 먹고 살아야지, 교통비도 있구요. 저 같은 경우엔 교통비 10만 원씩 들고 이래요. 그런 거 때문에 다니는 학생들도 많아요.

저희는 아빠가 기초생활수급자라서 한 달에 몇 십만 원, 그렇게 지원해 주는 게 있거든요. 그거 빼고는 없어요. 그리고 엄마가 한 달에 50만 원씩 저한테 용돈을 보내줘요. 그러면 그거 두 개 가지고 생활하는데, 월세 나가고 여러 가지 관리비 이런 거, 보험료 해서 한 3, 40만 원 정도 빠지고. 나머지는 교통비하죠. 집에서 먹고 살아야 되니까. 이런 거 저런 거 필요한 거 사고 하면 진짜 빠듯하거든요. 몇 군데 교회에서 대학생들에 한해서 한 달에 30만 원씩 생활비처럼 지원해 주는 데가 있어요.

이상혁 이야기

## 〈조사 상황〉

조 사 일: 2011년 9월 21일 수요일

조사시간: 오후 1~2시 30분(1시간 30분)

구 술 자: 이상혁(가명, 남, 1986년생, 채록당시 26세)

조 사 자: 김종군, 정진아

조사장소: 서울특별시 광진구 능동로 120 건국대학교 문과대학
　　　　　교수연구동 611호

조사장비: 디지털 HD캠코더, 디지털 레코더, 디지털 카메라


　구술자 이상혁은 건국대학교 재학 중인 탈북대학생 간담회에서
만나게 되었다. 탈북대학생들이 대체로 자본주의 경제구조에 대해
가장 잘 이해할 수 있는 대학의 전공이 경영학과라고 생각하고 그
분야로 진학을 하는 경우가 많은데, 구술자는 특이하게 정보통신대
학에서 컴퓨터를 전공하고 있다고 했다. 여느 탈북학생들과 달리
북에서 군 단위의 명문인 1중학교를 다녔고, 함흥 건설대학에 진학
하여 중퇴한 전력을 가지고 있었다. 본인 스스로도 자신이 북에서
공부를 잘했고, 대학생활을 하다고 온 것을 자랑스럽게 드러내는
입장이었다.

　대학생활의 적응에 대해 이야기를 들려달라고 청했는데, 기꺼이
응했다. 다만 북한의 고향에 아직 부모님들이 계시기 때문에 실명
이나 얼굴이 노출되는 것은 꺼려진다고 미리 말했다. 얌전한 성격
으로 구술 도중에 부끄러움을 드러내기도 했다. 그러나 자신이 살
아온 이야기를 차분하게 잘 정리해서 이야기했으며, 처한 상황에서
느낀 감정의 변화에 대해서도 주저하지 않고 표출했다. 자신의 감
정을 드러내는 상황에서는 농담식으로 말을 돌려하면서 웃음으로
마무리를 하는 특성을 보였다.

1986년 평안도 순천에서 태어나 열 살 무렵 함경북도 온성으로 이주하여 성장하였다. 2006년 두만강을 건너 중국으로 나와 2년여의 중국 체류기간을 거치고, 2008년 국내에 입국하였다. 구술자의 입국 후 곧바로 탈북한 남동생을 입국시켜 형제가 열심히 공부하면서 살고 있다고 했다. 할아버지의 고향이 경북 예천 쪽으로, 어려서부터 듣고 자란 가문과 남쪽 고향에 대한 자긍심을 가지고 있었다.

　할아버지께서 일제강점기에 서울의 대학에서 법학 공부를 하면서 사회주의 사상을 접했고, 한국전쟁시기에 형제분들과 월북하여 정착하게 되었다고 했다. 할아버지는 함경북도에서 변호사로 일을 하면서 비교적 안정되고 유복한 생활을 한 것으로 기억하고 있었다. 엘리트인 할아버지 덕분에 공부를 한 아버지에 대해서는 세상 물정에 어두운 분으로 구술하고 있다. 대신 교원이셨던 어머니에 대한 기억이 애잔하고, 구술자의 성장에 긍정적인 영향을 미친 존재로 표현하고 있다.

　비교적 안정적이었던 북한에서의 생활이 김일성 사후의 경제난으로 급격하게 어려워지면서 구술자의 삶도 곡절을 겪게 된다. 평안도 순천에서 부모와 형제 네 식구가 경제적 어려움으로 할아버지가 계신 함북 온성으로 이주하였고, 이후 아버지가 부역 도중 큰 사고를 당해 하반신이 마비되는 어려움을 겪으면서 집안이 경제난에 허덕이게 되었다고 했다. 아버지의 사고와 대학 진학이 맞물려 고민하던 중 어머니의 강력한 권유로 대학을 갔지만, 제대군인 동급생들의 횡포와 배고픔을 이기지 못하고 집으로 돌아왔다. 부모와 상의를 하지 않고 대학을 중퇴한 일로 아버지와 갈등을 겪은 것으로 보이는데, 그 과정에서 술을 한 잔 먹고는 두만강을 건너게 된다. 그리고 중국에서 2년을 지내면서 겪었던 배신과 공포, 그리고 한국행이라는 희망의 감정을 구체적으로 드러내고 있다. 할아버지가 두고 온 남한의 큰아버지와 고모들에게 경제적인 도움을 요청했을 때 반가움에서 냉랭함으로 돌변한 서운함도 자주 언급하였다. 한국 입국 후 잇따라 탈북한 남동생을 입국시켜 두 형제가 열심히 공부하면서 살아가고 있으며, 자신들이 성공하여 북에 계신 부모님들을 모시고 나올 것이라는 희망도 제시하였다.

　한국에서의 적응은 중국에서 겪은 2년의 생활이 완충적인 역할을 한 것으로 보였다. 문화적인 격차에서 오는 충격도 많이 완화되었고, 연변에서 접한 한국의 문화를 통해 자연스럽게 한국의 생활과 한국 사람들에 대해 이해한 것으로 보였다. 대신 중국에서의 경험이 전혀 없는 남동생의 경우는 국내 적응과정에서 어려움이 많았다고 했다. 외형적으로는 얌전해 보이지만 내적으로 강단이 있고 치밀하여, 탈북의 과정과 국내의 정착 과정을 슬기롭게 이겨낸 사례자로 볼 수 있다.

# 구술 이야기 목록

# 유복했던 엘리트 집안이 고난의 행군시기 어려워지다

## [내용 요약]

서울에서 법을 공부했던 할아버지는 전쟁 당시에 금방 돌아온다며 아들들만 데리고 북한으로 올라와 내려가지 못하고 북한에 남아 변호사로 일을 했다. 경제적 어려움 없는 집안에서 아버지는 남한 출신 집안의 어머니와 결혼하였다. 그러나 94년 이후 북한 경제가 어려워지면서 동물들이 먹는 풀을 먹고 살 정도로 궁핍해졌다. 주변에는 굶어 죽는 사람까지 생겼다.

**[주제어]** 인텔리 집안, 유복한 가정, 경제난

1986년에 태어날 때는 앞에서, 앞쪽에서 순천에서 태어났습니다. 순천은 평안남도, 평양 가까이 있습니다. 이제 할아버지가 남한출신이다 보니까 그때 막 통일이 된다고 한때가 있었습니다. 이제 할아버지가 자기는 이제 늙었으니까 우리 아버지 대에는 빨리 가서, 고향을 찾아보라고 해서 순천에서 살았습니다.

그런 마음에 이제 앞쪽으로 보냈는데, 물이 맞지 않고, 또 거기서 이제 94년도인가, 그때 김일성 죽은 다음에 경제사정이 어렵고 하니까, 그때 아버지 나이도 삼십대이고 하니까. 뭐, 자립심이 없었던 것 같습니다. 그래서 다시 아홉 살, 내가 아홉 살 때, 다시 들어왔죠. 북으로, 함북 쪽으로. 할아버지는 원래 함북 쪽에 자리를 잡으셨습니다. 북에서는 이주 지역에 친지라든지, 부모가 있다면 쉽게 이주할 수 있습니다. 그런 조건이 돼 가지고 옮길 수 있었습니다.

할아버지가 그때 48년도인가? 여기 서울에서 법 쪽으로 공부를 하셨죠. 그 뭐야, 사회주의 사상이 막 들어오고 그럴 때는 지식이 조금이라도 있는 사람들은 그쪽에 많이 넘어갔다고 그러더라구요.

그래서 전쟁이 났을 때는 저기 그 예천에 있는 고향에까지 내려왔다가 숨어 있었습니다. 그러다가 이제 다시 후퇴할 때, 할아버지가 그때 장가를 가가지고 자식이 세 명이 있었는데, 딸이 하나 아들 둘. 근데 할아버지랑 형제 둘, 세 명이 다 그 후퇴 시에 이제 북으로 올라갔답니다. 1주일이면 다시 오겠다고 가족들한테 말했다가. 그렇게 올라간 게 내려 못 오고. 할아버지 삼형제가 다 올라간 거지요. 북한에서도 내가 유치원 때는 왕래했는데, 90년대 들어오면서 막 경제사정이 안 좋고, 기차가 안 다니고 하니까 왕래도 없어졌어요. 그렇게 올라오실 때에 할머니랑 여자들은 다 두고 온 거지요.

그때 당시 어느 땐가 김일성이 남한출신들, 우리처럼 남한출신들을 공부 시키라 해서, 인텔리들이라고 공부 시키라 해서 이렇게 남한출신들을 다 공부시켰답니다. 우리 할아버지 같은 경우는 지금 김일성종합대학에 들어갔는데 법대, 법전문학, 아무튼 법 쪽 대학을 김일성이 이제 지시를 해서 공부하고. 이제 그래서 배치 받은 게 아마 그때는 남쪽 출신이고 하니까 평양 쪽에 배치 안 한 것 같습니다. 남쪽 출신들이 거의 다 함북 쪽으로 들어왔습니다. 그래서 이제 회령 쪽에서 재판소에서 변호사를 하셨지요. 그러다가 이제 할아버지가 온성 쪽으로 옮기셨어요.

이렇게 저렇게 해서 아버지도 또 공부하고, 중소기업 부기로 있었습니다. 여기로 말하면 경리. 그러다가 엄마를 만난 거지요. 엄마 만난 것도 엄마의 사촌언니 남편이 소개를 했답니다. 그니까 사촌언니 남편이 남한출신이었거든요. 남한에서 올라온 사람인데 전쟁시기에 올라왔던 사람이에요. 그래서 이모부 연세가 엄청 많습니다. 여기도 그렇지 않습니까, 새터민들끼리 연계해 가지고 혼인도 하고. 그런 식으로 북에서도 남한출신들끼리 모여서 막 이렇게 해 가지고 연결이 된 거예요.

그래서 이제 만났는데 엄마는 교원을 했고 하니까, 뭐 인텔리 집

안에서 저희도 좀 살았다고 봐야죠. 94년도까지는 어렵지 않았습니다, 진짜. 집안이 어렵지 않은 게 아니라 사회 전체가 그랬어요. 근데 김일성이 죽고 난 다음부터 경제 관리가 안 되고, 97년에 고난이 시작되고. 그러다 보니까 이제 집에서도 엄마는 교원을 해서 장사하는 것도 모르고 있었는데 갑자기 이렇게 고난이 찾아오고 하니까, 아들 둘이 있는데 어떻게 살겠어요. 그래가지고 다시

"안 되겠다. 부모들 곁으로 가자."

해서 엄마 고향도 함북도 쪽이고 하니까 아버지랑 같이 가자 해서, 함북도 쪽에 오게 됐죠. 그래가지고 거기 와서 엄마는 또 교원 생활을 하다가,

'아, 이건 아니다.'

뭘 배울 것도 없지, 아무것도 먹을 것도 없고 하니까. '새투리'라고 들어봤어요? 새투리 풀. 돼지하고 토끼 먹는 풀은 다 먹어 봤습니다. 삶아가지고 그걸 이제 불렸다가 강냉이, 옥수수 쌀 섞어서 죽해먹고. 어우, 진짜 살기 어려웠습니다. 그때가 열 살 땐가, 열한 살 땐가 그랬어요. 이제 그러다 보니 애들도 먹을 것이 없고 굶어 죽고 이랬어요. 우리 옆집에서는 막 굶어 죽어 나가고 이러니까 애들이 학교 공부를 할 수가 없어요. 그러니 김정일이가 97년도에 경제관리책을 바꾸었죠.


## 대학 진학과 아버지의 사고

### [내용 요약]

99년부터 각 군마다 1중학교라는 엘리트 중학교가 생겼고 교사인 엄마의 체면을 위해 열심히 공부해 1중학교에 입학했다. 1중학교 졸업자는 군대에 가지 않고 대학에 진학할 수 있었다. 대입 시험

즈음에 아버지가 큰 사고로 허리를 다쳐 하반신에 마비가 왔고, 대입 시험은 봤지만 결과가 좋지 않을 것이라는 생각에 군입대를 자원했다. 그러나 대학에 합격했고 군대를 미루고 대학 기숙사에 들어갔지만 선배들의 괴롭힘과 생활고로 학교를 포기하고 아버지의 수술비와 생활비를 벌기 위해 국경을 넘으려 시도했다. 그러나 두려움에 도강할 수 없었다.

[주제어] 명문 1중학교, 대학 진학, 아버지의 사고, 대학 포기, 도강 시도

99년도에 이제 군마다 그런 걸 내났습니다. 1중학교, 그 1중학교라는 게 군에서 공부 좀 하고 엘리트들 모이는 명문 중학교 같은 곳이에요. 거기에 제가 갔어요. 엄마가 또 교원이다 보니까 학교에서 공부 안 하고 그러면 엄마 얼굴에 또 먹칠하고 그러니까 열심히 했죠. 열심히 해서 거기 뽑혀 가지고 갔는데 2000년도에 가서 2003년도에 졸업하고. 김정일이가 그 학교를 만들 때, 거기 졸업한 사람들은 무조건 본인의 의향대로 대학 가라고 했어요. 그 다음에 운 좋게도 내가 3기로 졸업했는데 대학을 가게 됐죠. 열일곱이 됐는데도 군대 안가고 바로 대학으로 간 거죠.

원래 지원은 평성수의축대를 갈려고, 수의축산대학이 있습니다, 평성에. 수의축대하면 제일 좋은 대학이라서. 거기하고 이제 평양 쪽에 있는 전자정보통신대학 그런 데가 있었습니다. 그 대학 지원했는데 안 돼 가지고 뭐야, 함흥에 건설대학이 있습니다. 거기도 뭐, 나름대로 중앙대학이라고. 북한에는 여기서 인-서울권, 지방대학 이러는 것처럼, 북한에는 중앙대학하고 일반대학이 있습니다. 중앙대학은 알아 주는 대학, 그러니까 중앙대학. 평양에 어느 대학, 평성에 이과대학 이렇게요. 일반대학은 평범한 대학, 사범대학 같은 거,

뭐 교원을 할 수 있는 1사범대, 2사범대, 이렇게 쭉 있는데, 1사범대는 중학교 교원을 할 수 있고, 2사범대는 국민학교 교원을 할 수 있는 대학이고. 아무튼 좀 큰 대학이라고 해서 갔어요.

그게 원래 2000년도인가? 그때 2000년도에 이제 북쪽에서 건설 지구를 두 가지로 나눴습니다. 동해지구하고 서해지구로. 그래서 서해지구는 평양 쪽으로 쭉 하고. 동해지구는 이쪽 위쪽으로, 함흥, 이렇게 함흥 위로해서. 원래 평양에도 건축 중앙대학이 있었습니다. 그게 이제 갈라지면서 함흥하고 평양에 떨어지게 돼 가지고. 그래서 함흥에 가게 됐습니다.

근데 내가 딱 졸업하는 시기에, 아버지가 다쳐 가지고. 아버지가 국가에서 동원하는 일에 나가서 다쳤어요. 동원이 많지 않습니까, 국가에서. 군 조직비서라는 사람이 내려와서 외국에 보이는 강변 둑 쪽에 재가 많이 쌓여서 낙후하다고 겨울에 그걸 까내느라고. 재가 이렇게 쌓였다 하면, 이걸 밑에서 뚫고, 위에서 이렇게 하는데, 구멍 파고 들어가는데, 거기에 아버지가 작업하고 나오다가 이게 꽝 무너지면서 허리를 다쳤습니다. 아버지가 앉은 자세에서 이렇게 눌려 가지고, 척추 두 마디가, 이 요추 쪽이 구부러져 가지고. 구부러지다 보니까 이게 안에 척수액이 딱 눌렸죠. 그러다 보니까 이제 하반신이 마비돼 가지고 누워 있었죠.

학교에서 수능 비슷하게 등수 매기는 게 있습니다, 대학은. 그런 시험까지 다 치르고 대학 지망까지 다 해놓고 그랬는데, 이렇게 되고 보니까,

'아 난 집안이 이러니까 안 되겠다. 군대나 먼저 가야겠다.'
하고 군대 서류를 제출했죠. 그런데 이제 학교 자체에서 시험 치고, 대학에서 시험 치러 오라는 통지서를 받으면 대학 가서 또 시험을 봐야 해요. 근데 이제 아버지가 수술하는 날짜에 시험을 치러 오라는 통지가 왔습니다.

그런데 병원에 가서 아버지 수술을 했는데, 수술이 괜찮게 됐다
해서,

"아버지, 나 일단 대학 시험이라도 쳐 보겠습니다."
해서 청진에서, 그때 강냉쌀, 그 옥수수 쌀 다섯 키로 들고 갔지요.
(웃음) 함흥에 가서 시험을 보고,

'뭐, 잘됐겠어?'
생각도 안 하고 있었어요. 그 다음에 이제 또 군대를 신청했으니까,
군대에서 또 통지서 와가지고 군사동원부에 오라고 해서 머리를 깎
고 갔죠. 그런데 엄마랑, 부모랑 모르게 했어요. 엄마는 군대에 간다
고 하니까,

"대학 가면 되는데 왜 군대 가느냐?"
머리까지 빡빡 깎고 왔는데. 군사동원부 가서

"내 아들 못 보내겠다."
그러고 막 야단치고 하는 찰나에 이제 대학에서 합격 통지서가 와
가지고, 대학 붙었다는 통지서 내 보이면서,

"군대 안 가겠다는 것은 아니고 공부부터 먼저하고 군대 가겠다."
그래서 이제 대학을 가게 됐죠.

대학 가서 대학 생활을 하는데, 아휴– 대학 생활 하는데 얼마나
힘든지. 감자,(손을 말아 쥐며) 요만한 감자 다섯 알씩, 그 다음 뭐야,
양배추 씻지도 않은 그걸 막 채쳐서 소금물에다 끓여 가지고 국이
라고 주고. 기숙사에서 주식이 감자였어요, 감자. 그 다음 죽, 그 다
음 가루밥이란 게 있습니다.

그때 집에는 아버지가 수술하고 난 후라 생활이고 뭐고 그냥 없
었습니다. 아, 배는 고프지, 그러다 보니까 뭘 먹어야 공부하니까,
다니면서 책, 교재를 외상집에다 맡기고 빵 바꿔먹고. 그 강냉이 국
수 있습니다. 옥수수 국수 하는 집에 가서 막 옷을 맡기고 국수 먹고
하니까 이제 나갈게 없어 가지고.(웃음) 그래서 집에 다시 왔죠. 집

에 와서 다시 좀 이삭도 줍고. 옥수수 밭에 가서 옥수수도 줍고, 벼 밭에 가서 벼이삭도 줍고. 그래가지고 또 나가서 그거 가지고 좀 더 공부하다가, 한 일학년 다니고. 그러고는 집에 있다 보니까 와- 더 못하겠더라고요.

또 기숙사 생활하는 애들이 12명인데, 12명이(조사 장소를 가리키며) 요만한 집에 살았었는데, 딱 요만한 집. 거기서 사는데, 아- 막 아침에 일어나면 세숫물 떠줘야, 그 사람들 자던 이불 다 개줘야지. 그 사람들이 다 제대군인이라 나이가 많다고, 밥을 다 타줘야지. 뭐, 심부름, 구타, 아우- 짜증났습니다. 내가 그때 당시에는 체력이 좀 있었습니다. 그런데 또 힘센 사람들은 좀 얕은 무리에서도 좀 약한 사람을 좀 그러지 않습니까. 아무튼 그래서 짜증나서, 배고픈 데다 맞기까지 하고, 그 사람들 공부까지 해 줘야지, 배워 줘야지, 과제해 줘야지, 더 못 있겠어서,

'에잇, 중퇴한다. 집에 가서 돈이나 벌어야겠다, 돈이 먼저다.'
하고서. 들어와서 생각한 게 이제,

'아, 중국에 한번 갔다 와야겠다.'
하고 생각해 가지고. 중퇴한 다음부터,

'이제 중국에 가서 돈 벌어 가지고 와야겠다.'
생각했죠. 그때에도 아버지는 하반신 마비로 그냥 누워 있었고. 수술 했는데 대소변 장애가 자꾸 이렇게 와서 어머니가 수발을 다하고.

'안 되겠다. 이제 내가 돈 좀 벌어 가지고 아버지 수술 다시 좀 해야 되겠다.'
해서. 그래서 딱 왔는데, 집에서 막 쫓겨났죠. 내 마음대로 중퇴하고 왔다고. 그 다음에 중국 가려고 막 결심했죠. 그런데 두만강 어느 위치에 가서 중국 넘으려 했는데 못 넘겠어요, 처음이라. 그래서 다시 와서 열심히 일해서 좀, 어떻게 틈새를 노려야겠다 해서 전자 쪽으로 막 배웠죠. 약전이라고 있습니다. TV도 수리하고, 라디오도

수리하고, 녹음기랑 수리하고 이런. 학교를 그만두고 기술자들 따라다니면서 배우고.

북한 대학에도 휴학 같은 개념이 있긴 있습니다. 그런데 저는 그냥 서류도 안 내고, 말도 안 하고 그냥 와버렸습니다. 가기 싫은 거죠 그냥, 그 생활이 너무 그래서. 그리고 이제 또 와서. 그거 배우면서 이쪽 라디오도 좀 들어봤습니다. 되게 신기했습니다. 남한 얘기도 듣고. 그때 박근혜가 박정희 딸인 줄 처음 알고. 할아버지는 절대로 남한이라든가 이런 것들. 국가를, 나라를 배신하는 일은 절대 못하게 했습니다. 변호사다 보니까, 부모님도 공산당원이고 그러니까. 우리 아버지는 공산당에 있었습니다. 저는 김일성사회청년동맹이고.

## 술김에 건너 버린 두만강

**[내용 요약]**

돈을 벌기 위해 여러 일을 하며 살다가 친구들과 남한 영화를 보게 되었다. 그것이 보위부에 적발되어 조사를 받게 된다. 그날 술을 마시고 친분이 있던 국경수비대에게 농담삼아 두만강을 건너겠다고 하다가 정말로 중국에 오게 되었다. 중국에 있던 친척에게 연락했지만 친척은 돌아가라고 했다.

**[주제어]** 남한 영화, 취중 도강, 친척의 거부

북한에서 돈 좀 벌려고 보니까 뭐, 이 일 저 일 하느라, 남의 집 가서 나무도 패주고, 남의 집 밭 김도 매주고, 잘 사는 집 가서 청소도 해 주고 이러면서 돈 받고. 그러다가 보면 우리 집 쪽이 국경이라서, 국경에는 이제 그런 게 있습니다. 그 무역회사에서 중국 물자들

이 나오면 그걸 보내주고 하는 사업이 있었습니다. 그걸 하다가 보니까 이제 중국 사람들이랑 조금씩 대상하게 되었습니다. 그래서 중국인 말을 듣게 됐죠. 그러다가,

'아 이게 아니다. 아버지가 빨리 일어나려면 돈 좀 있어야겠다.' 이 생각하고 저녁에, 그때 큰 맘 먹고 넘었죠, 집 앞 강을. 집이 두만강 근처에 있었거든요. 그때 국경수비대를 내가 조금 알아 갖고. 저쪽이 이렇게 보입니다, 중국의 집들이. 도문 앞에 그 쌍용아파트 다섯 채 쫙 있는 게 보여요.

그냥 술 한 잔 먹고 건넜어요. 그때가 9월 말이었어요.

'아, 이렇게 살아서 뭐하겠냐.'
하고 보니까 막 중국 쪽엔 불이 있고, 이쪽은 캄캄하고. 참 살기 막막하고 앞날에 대한 미련이 없고 뭐 그래서.

사실 넘어오게 된 계기가 있어요. 이제 거기서 남한영화를 좀 봤는데, 보위부 수사과 같은 데에서, 여기 검찰 수사과 같은 데에서 검열을 받게 됐습니다. 내가 남한영화를 보다가 걸렸거든요.(웃음) 한 달 동안 보위부 다니면서 조사를 받았어요. 조사 받았는데, 내가 본 거만 말하면 괜찮은데 딴 사람들 본 것까지 대라고 하니까 어렵더라구요.

그때 당시는 우리 집에 비디오 기계도 없고 하니까, CDR기계도 없고 하니까, 이참에 뭐 친구의 친구를 통해서 하다 보니까 이제 여럿이 모이게 되죠. 내가 이제 내 친구한테,

"어떻게 볼까?"
그러면

"글쎄, 우리 집에도 기계가 없는데. 내가 아는 사람 집에 있다."
이렇게 해서 쭉 모여 가지고 보게 됐는데, 아- 그게 한 6개월 전인데 그걸 들추어내가지고. 그게 원래 보게 되면 정치교화소로 가게 되어 있습니다. 근데 내가 CD를 빌린 것도 내 친구의 사촌 형한테

빌렸습니다. 그 사람이 도강, 강타기꾼이라서, 중국에서 한국 교회에 대한 영화를 많이 가져왔습니다. 그게 이제 걸리게 되면 진짜 그 사람은 죽고 나는 정치교화소 가고 이래야 되는데. 아- 한 달동안 진짜 다니면서 안 쓸 거 쓸 거, 진짜 양심에 꺼리는 일 많이 했죠. 지금 와서 생각하면 죄스럽죠, 그 사람한테. 그래도 그 사람들에게 피해 가는 일은 안 했습니다. 믿어주십시요.(웃음) 그런데,

"이걸 봤냐, 안 봤냐? 누구랑 같이 봤다는데, 너 솔직히 안 쓰면…"

또 그렇잖습니까, 수사하는 사람들은. 남한사람들도 다 똑같던데요 뭐. 너무 살기가 비쳐 가지고 친한 친구들도 불어야 되고 막 아-.

그날 술을 한 잔 먹고 평상시에 군대하고 친하게 지냈었는데, 그 사람들을 만나러 갔습니다. 군대들이 3명이 근무를 섰는데, 총 쥐고 이렇게(총에 기댄 흉내를 내며) 다 자는 거예요, 근무 서는 사람들이. (웃음) 잠복근무를 하는 게 잠으로 다 채우는 거예요.(웃음) 처음엔 나도 술 한 잔 먹고 농담식으로,

"야! 나 저기 한번 갔다올까!"

막 이렇게 소리쳤는데, 어우 이놈들이 막 정신없이 자는 거예요, 술을 먹고.

"야! 진짜 간다!"

하고 농담으로 두만강에 들어선 게 한 절반까지 오면서 소리치고, 이러다 보니까 절반 정도까지 와서,

'어? 이게 뭐야. 내가 지금 무슨 죄를 지었나, 안 되겠다.'

그 다음 후다닥 중국에 넘어왔죠. 도문으로 넘어가서 막 그 앞에 쌍용아파트 있지 않습니까? 그 집에 딱 찾아 들어갔는데, 아후- 몽땅 다 나가라고 해서 안 받아 줬습니다. 물 건너면서 미끄러워 가지고 신발이 다 찢어지고 막, 아주 거지꼴을 해가지고 갔는데.

"하루 저녁만 좀 재워 달라. 하루만 재워주면 내가 저쪽으로, 딴

데로 가겠다."

그래도 안 받아줘요. 그래서 저쪽 못 사는 동네를 찾아갔는데, 조선족 홀애비 집에서 다행히도 받아줘 가지고 거기서 잤어요. 들어가서 한 잠 잤는데, 이제 한 열시 반 돼 가지고 연길에 저희 친척이 있으니까 전화를 했는데,

"다시 넘어가라. 오지 말아라."

그 군대들하고 짜고서 넘어오면, 토의를 하고 넘어왔으며,

"내가 언제 언제 다시 간다."

이렇게 해서 넘어갈 수 있는데, 그게 아닌데 다시 넘어가라고 하니까, 죽으라는 거 같았습니다.


## 연길에서의 도피 생활

**[내용 요약]**

친척집에 머물렀지만 친척은 냉담하게 대했고, 마음 좋은 사장을 만나 가게에서 기숙하며 일을 할 수 있었다. 일을 하며 사는 중에 누군가의 밀고로 공안에 잡혀가기도 했지만 사장이 도와주어 나올 수 있었다. 시간이 지나 집과 연락이 닿았는데 그동안 죽은 줄 알았다며 매우 반가워했다. 중국에서 번 돈을 집에 보내주어 어느 정도 살림이 좋아졌다.

**[주제어]** 연길 생활, 마음 좋은 사장님, 공안 체포

연길 친척이 전화로 돌아가라고 해서 막막해 하는데, 나를 재워준 집주인이 옆에서 그걸 듣다가,

"괜찮다. 연길에 들어가면 할 일이 많다."

고 해서.

'이왕 이렇게 된 거 석 달만 벌어 가지고 집에 다시 가자.'

하고 생각했죠. 그래서 갔는데, 그래도 친척이라고 맞아는 줬죠. 아, 이틀 동안 밥도 못 먹고 잠을 잤습니다. 어우- 긴장하고 막 그냥 눈물만 흘리고,

'내가 왜 왔지, 이젠 다신 못 보는 건가.'

근데 거기서 있다가 다음날, 그러니까 이틀 자고, 3일 째 되는 날에, 그 친척이 나가서 일하라고 하는 겁니다. 중국말도 모르는데. 그 중국 사람한테 맥주 배달하는 게 있습니다. 연변 맥주공장 아시죠? 연변대학에서 조금 올라가면 빙천 맥주. 그 앞에 제 친척집이 있습니다. 그 옆에서 제가 일했거든요, 상점에서. 빙천 맥주 공장에서 나온 맥주를 연길 시내에 차타고 다니면서 이렇게 배달해 주는 겁니다. 상점, 뭐 식당 이런데. 거기서 한 달 하고 한 6백 원을 받았는데, 자기 집에서 먹고 자고 한 거 3백 원을 내라는 겁니다. 너무 짜증나서 3백 원을 줬습니다. 뭐 친척 때문에 또 온 것도 사실이니까.

'좋은 것도 있고, 나쁜 것도 있고, 그러니 참자.'

그러다가 중국 라디오 방송을 듣고 이제 연길 시 체육장, 여기 말로 하면 실내체육관, 거기 위에 보게 되면 조선족 문화 예술단이 있습니다. 그 안에 무슨 산장이라고 있어요. 거기는 잘 사는 동네입니다. 그 동네 상점에 들어가서 한 일 년 반 일했죠. 친척집에서 나와서. 상점 점원으로 들어갔는데 거기서 먹고 자고 했어요. 사장이 너무 좋아 가지고, 사장이 이제 조선족이었는데 돈이 굉장히 많습디다. (웃음) 식당 같은 곳이 아니라 대형마트처럼 큰 곳이었습니다. 지금은 막 여러 개 생겼는데 그때는 한 개밖에 없었어요. 사장도 저를 자기 아들처럼 진짜 되게 잘해 줘서, 글도 배워 주고, 뭐 말도 배워 주고 그래서 창고 관리도 맡게 돼 가지고 창고관리도 하고 했습니다. 한 일 년, 아니 거기서 석 달을 했는데 친척이 아마 신고한 거

같습니다.

거기 사장 말로는,

"친척이 했다."

하고, 뭐 딴사람 말로는,

"같이 일하는 조선족들이 했다."

했는데, 석 달 일했는데 갑자기 경찰들이 와 갖고 날 딱 보자마자 족쇄 채우고, 어쩔 수 없이 잡혀갔죠. 그래서 다시 연길 파출소에 가게 됐는데, 그때 사장이 힘이 좀 있어 가지고. 조선족 자치주 고위층 친구의 친구를 통해서 어떻게 나왔습니다. 어우- 죽는 줄 알았습니다. 족쇄 채워지고 가서는,

"나는 중국 사람이다. 중국 사람이다."

말했는데도 맞아야 되고, 그러다가 한두 시간 있는데 데리러 왔습니다. 중국은 돈이면 다니까 뭐. 나오라 그래 가지고, 다시 거기 가서 일하다가 거기서 한 일 년 반정도 일을 했습니다.

그리고 게임장에서 또 일을 했는데, 이런 한국 게임기들을 자동으로 돌려서 이제 아이템들을 모아서 아이템 파는 장사에요. 그렇게 해서 2년 동안 일하다가 집에 연락이 됐죠. 집에는 연락된 게, 이제 제가 편지를 썼죠, 중국 친척 주소로 해서. 내가 여기 왔으니까, 전화번호를 알려주고 이리로 전화하라고. 그 상점에서 내가 한 여섯 달 된 다음에 전화가 왔습니다. 전화가 왔는데,

"아유- 진짜 상혁이 맞느냐?"

엄마가 막 울면서, 아버지 엄마한테 말없이 나왔으니까 나를 죽었다고 경찰서에 신고했대요. 대학 중퇴하고 왔는데 생활이, 집이란 게 생활이 말이 아니지, 이건 뭐 그러니까,

"애가 생각하다가 자살하러 갔는가 보다."

하고. 그날 또 나올 때도 아버지하고 수수죽을 먹고 이런저런 생활 얘기하다 나왔으니까. 그러다가 친구들이랑 술 먹고, 그러다 보니

이제 부모님이,

'애가 그것 때문에 이제 자살했나보다.'

생각했답니다. 그러다가 이제 전화가 되니까,

"아- 진짜 살아서 다행이다. 한 달 동안 너 생각하며 울었다."

그래서

"나 살았으니까 이제 조금만 더 벌어서 집에 가겠다."

"그래 알았다. 여기 법이 조금 약화될 때 알려주겠으니까 그때까지 조금 기다려라."

그래서 매달마다 돈 보내주고 이래서 집에 생활도 좀 괜찮아지고, 아버지도 치료도 해서 괜찮아지고 했어요.


## 한국으로 입국을 결심하다

**[내용 요약]**

친척 중에 한국으로 간 사람이 있다는 것을 알게 되었다. 인터넷으로 남한으로 가는 것이 생각보다 어렵지 않다는 사실을 알게 되었고, 남한에 있는 친척에게 도움을 청했다. 그러나 친척은 금전적 도움을 요구하자 사기꾼으로 의심하며 냉담하게 반응했다. 남한에 온 후 어머니에게 연락을 했더니 걱정을 하셨지만 이제는 좋아하신다.

**[주제어]** 금전적 지원, 친척의 오해, 남한 입국


그러다가 집에서 어떻게 다시 연락이 됐는데, 우리 엄마의 외사촌 언니가 한국에 먼저 왔다고 엄마가 말을 했어요. 그 후로는 전화를 자주 했으니까. 그래서 저한테 연락을 해 보라고 해요. 도움 좀 받을 수 있으면 도움 좀 받으라고.

한국에서는 돈 많이 버니까. 그래서 연락을 했는데,

"어휴- 여기 한국도 그렇다. 나도 여기 와서, 여기 온 다음에 알았는데, 나도 한국에 오면 돈 많이 벌 줄 알았는데 그렇지 못하다."

"이모, 우리 이렇게 바빠서 나까지 들어왔는데 좀 도와달라."

막 웃습디다.

"너도 여기 한국 와봐라."

그 다음부터

'아, 이제 한국을 좀 가야겠다.'

생각하게 됐죠. 그래가지고 게임 작업장에서 일을 하니까 이제 인터넷을 하게 돼 가지고, 인터넷을 딱 보니까 탈북자동지회가 나왔습니다. 탈북자동지회를 딱 봤는데, 이제 태국 외교관으로 있던 사람인데, 그 사람이 동지회 회장으로 있습니다. 그 사람이 운영하는 동지회인데, 거기 보니까 탈북자들이 한국에 와서, 한국에 오니까 어쩌고 저쩌고 하는데,

'어? 이게 뭐야. 탈북자들이 거기 갈 수 있나, 이렇게 쉽게?'

그때는 꿈도 안 꿨죠. 그러다가 이모 통해서도 알게 되고 해 가지고, 가려고 막 생각했지요. 그래가지고 이제, 그럴 찰나에 집에서 연락이 왔죠.

"남한에 친척 연락처를 찾았는데 한번 연락해봐라. 도와 줄 수 있는지 아닌지."

이제 북한에도 그런 게 있습니다. 남한에 있는 친척을 찾아 주는 사람. 그래가지고 이제, 찾았다고 그래서,

"누구 연락처를 가져왔는데, 믿기 어려워서 그 다음 진전이 없다. 네가 한 번 알아봐라."

해서 전화를 했는데, 전화하니까 맞다고 그래서 막 주고받은 다음에 인터넷에서 화상채팅을 했습니다. 어우- 반가워서, 나도 얼마나 반가웠는지 모릅니다. 스물네 살에 할아버지가 올라갔는데 스물네

살의 손주가 내려왔으니까, 60년 만에 이렇게 연결이 되니 또 거기서 막 울며 불며 했습니다. 잘 보여야 돈 받잖아요.(웃음) 근데, 아 처음엔 좋다가 돈 소리를 하니까 탁 달라져 버리더라고요.

'아, 이게 사기꾼이구나.'

그때 사기꾼이 좀 유행해서. 그 다음부턴 뭐,

"우리도 실제로 그렇게 생활이 풍족한 생활도 아니고, 생활이 풍족하지 않아서 도움 주는 거는 진짜 다시 생각해 보고. 우린 도와줄 정신이 없다."

큰아버지가 뭐 그런 식으로 얘기합니다. 큰아버지, 작은아버지, 고모 다 60이 넘었었어요. 그래서 사촌 형들, 그 아들들 연락처를 알아 가지고 막 연락해 봤는데, 전화도 안 받고 막 쌩까고. 돈 소리했다고 해서 사기꾼인줄 알고, 그래서

'이건 안 되겠다, 내가 가야 되겠다. 할아버지 고향에 가서 할아버지가 어떻게 살았고, 할아버지가 어떻게 돌아갔고를 얘기해 줘야겠다.'

그 결심하고 이제 집에다 전화를 했죠. 집에다 전화해서

"내 저기 중국에 남방, 남방 쪽에 들어가면 돈 잘 버니까 이제 들어간다. 그래서 당분간은 연락이 안 될 것이다."

엄마한테 그렇게 말하고 들어갔죠. 브로커랑 연락 취해 가지고. 이제 딱 들어가서, 태국에 딱 들어가서 집에다 연락했죠.

"나 지금 한국에 왔다. 성공했다. 한국에 가서 친척도 만나고 대학 공부도 하겠다."

그랬더니 좋아하죠 뭐. 성공했으니까. 엄마가 처음에는

"너 그러면 진짜 다시는 못 만날 텐데. 중국에 있으면, 잡혀서라도 나오면 볼 수 있을 텐데."

처음에는 좀 그렇더니 요즘에는 뭐 돈도 좀 보내고 하니까 엄마가 뭐 너무 좋아합니다.

# 한국에서 할아버지의 자손을 만나다

**[내용 요약]**

한국에 입국하여 친척들과 연락하였지만 그들은 의심을 거두지 않았다. 할아버지가 말씀하시던 할아버지의 고향에 찾아가니 감회가 새로웠다. 친척들에게 서운한 마음이 남아 있지만 그들은 그 상황에서는 어쩔 수 없었다고 말한다.

**[주제어]** 할아버지의 고향, 할아버지와 닮은 외모, 친척들에 대한 서운함.

이제 태국에 딱 들어와서 한국 친척에게 다시 또 전화했는데 그래도 안 믿어요. 이제 하나원에 딱 들어와서 전화하니까

"그래? 언제 나오나?"

언제 나온다고 해서 친척들이, 고모랑 큰아버지랑 막 내가 받은 집에 와서 내 모습을 딱 보니까 할아버지 옛날 모습하고 똑같으니까, 사진만 가지고 사진으로만 봤지만 실제로 보고 울며불며 난리였습니다. 3형제, 아들딸들이 다 와서 막 안고 울었습니다.(웃음) 아이구 – 중국에 있을 때나 좀 잘해 주지. 돈이나 보내주지.(웃음) 또 좋게 말했죠.

"나는 친척들 때문에 이렇게 다 오게 된 거다."

그래서 만나서 할아버지가 사셨던 고향에도 내려가니, 아– 진짜 감회가 새로웠습니다. 여기 있던 3형제 중에 제일 큰할아버지 할머니는 살아 계셨는데, 이렇게 분간을 못하고 그런 정도였어요. 작년에 돌아갔습니다. 우리 할아버지의 본 할머니는 먼저 돌아가셨죠, 아들들 다 키우고. 할머니가 할아버지 1주일 만에 온다고 그랬다고, 죽을 때까지 이제 치마끈을 안 풀었대요, 한번도. 기다리느라고. 얼

마나 우는지.

할아버지가 한국에 아들 둘, 딸 하나를 두셨고, 북에는 아들 셋에 딸 둘을 두셨어요. 저 1중 다닐 때, 기숙사 생활했는데, 그때 할아버지가 그래도 변호사 하다 보니까 월급을 이제 딱딱 받았었어요. 그때 7백 원인가 했는데, 그걸 모았다가 나한테 주고 그랬습니다. 공부 잘하라고. 할아버지가 이런 꽃을 좋아했습니다. 여기 와서도 보았는데. 고향 이야기하면 우리 조선 지도첩이 있습니다. 지도첩에 이제 보게 되면, 한국까지 다 나와 있는 지도첩인데, 항상 보면서 "여기가 내 고향이다. 예천군 몇 번지."

하면서 맨날 이야기했어요. 술먹고 울면서. 그 지도로만, 책으로만 보던 그 땅을 내가 직접 보니까 꿈도 못 꾸던 일을 어떻게 내가 와 가지고. 감회가 새로웠습니다.

진짜 처음에 올 때는,

'아, 이제 친척보다 더 잘 돼 가지고 내 친척도 다신 안 본다.' 막 이 생각하고 왔는데. 매 명절 때마다 내려가서 말하면 큰아버지가 이제 큰엄마랑,

"아휴, 너 속에 담아두지 말고. 그때는 어쩔 수 없이 그랬다."

(웃음) 많이 마음에 맺혔죠. 진짜 막 조금이라도 도와주기를 그런 바람이었는데. 하ㅡ 일절 도와주지도 않고, 눈물까지 흘리면서 진짜 막 안 하던 쇼를 다 했었는데.(웃음)

엄마도 막 전화할 때

"니가 어떻게 하기 나름이다, 이제 친척들한테 어떻게 좀 해 봐라."

집이 좀 먹고 살아야 하니까.(웃음)

아무튼 와서 할아버지 고향도 찾고, 친척들을 찾았습니다. 나도 뭐 오기 전부터 소리도 많이 듣고 했으니까 좋았습니다.

# 동생의 탈북과 한국 생활 적응기

**[내용 요약]**

북한에서 전문학교를 다니던 동생이 부모님께 알리지 않고 도강하여 중국에 있다는 소식에 당황했다. 중국에 있는 친구를 통해 동생을 한국으로 데려왔다. 동생은 중국에서 고생을 겪지않아 한국 생활에 적응하며 어려움을 겪었다. 지금은 동생이 구술자보다 더 열심히 살고 있다.

**[주제어]** 컴퓨터 학원, 동생의 탈북, 한국 적응

이제 여기는 공부도 무상으로 해 주니까 공부할 생각을 했지요. 이제 딱 2월 달에 나왔는데 대학 입시 그런 게 다 끝나 가지고 대학 준비를 하면서,

'기술이라도 하나 배워야겠다.'

생각하고 학원 들어가서 컴퓨터 웹디자인 쪽으로 한 6개월 배우고, 아르바이트도 했습니다.

그런 과정에 이제 동생이, 동생한테 전화 딱 와 가지고,

"형, 나 지금 형한테 갈라고 중국에 왔다."

혼자서 아버지 엄마한테도 알리지도 않고 중국을 나온 겁니다. 개가 6학년 때 내가 넘어왔어요. 나를 사망이라고 신고는 했지만 행방불명으로 됐기 때문에 개가 군대를 못 나가게 됐습니다. 그래가지고 내가 돈 좀 보내줘서, 그 자동차 직업 전 학교가 있습니다. 자동차 기술, 수리하는 기술이랑 배우는 일 년 반짜리 전문학교. 전문학교 졸업하고 와서 취직을 했는데, 이제 취직해 봤자 월급도 못 타니까 자기 친구하고,

"저기 가서 뭐 자전거 하나라도 훔쳐오자, 돈 좀 벌어오자."

이래 가지고 친구를 데리고 왔는데, 넘어올 때는 군대들하고 다 이 야기 해가지고 팬티바람으로 수영해서 왔대요. 팬티바람으로 왔는데 개가, 친구가 팬티만 입고 숲속에 딱 숨어 있다가, 내 동생 옷 좀 입자고 해서

"나가서 차 잡을 테니 여기서 좀 기다려라."

그래 나가서 재수 없게 공안 차를 딱 붙들어 가지고, 그 친구는 잡혀 나갔어요. 그래 갖고 내 동생은 그 어떤 집에, 나처럼 좀 하룻밤을 있자 하고는 그 집에서 전화했는데,

"형, 나 왔는데 어떻게 해야 하나?."

그래서 당황스럽죠.

"일단 알았다."

나도 이제 중국에 한 2년 있었으니까 친구들도 있고 하니까 친구를 보내서, 친구 집에 데려다가 한 1주일 있다가 브로커 통해서 데려왔죠.

나중에 집에다 전화했는데 엄마가 동생이 없어졌다고 하는 거에요. 혹시 연락 안 왔느냐고. 아 근데 차마 말을 못 하겠더라구요. 또 부모들이 그걸 들으면,

"야, 거기 갔다가 죽으면 어쩌니?"

솔직히 말하면 그 나쁜 말로 재수 없는 말을 해서.(웃음) 그럴까봐 연락도 안 했습니다. 그러다가 동생이 태국에 도착했을 때는 중국에 있다 하고, 한국에 들어왔을 때 한국에 들어왔다 하고, 이제 그냥 여기서 열심히 살겠다고 하고, 뭐 그렇게 됐습니다. 그래 가지고 저기 들어와서 동생이랑 같이 살고 있는 거죠.

제가 넘어왔을 때는 스물한 살 때였어요. 2009년도 그때는 스물한 살 때에 아파트를 줬었거든요. 미성년자만 안 주고. 처음에는 사천에 받았었어요, 경남 사천. 그런데 우리 그 같은 기수의 총무가 있었는데 그 분에게 사정을 말하고, 서울에서 공부 좀 하겠다고 사정을 하니 다행히 그 사람이 집을 바꿔줬습니다.

제가 중국에서 한 2년을 고생하다 보니까 한국에 왔을 때에 동생보다는 어려움이 덜 했습니다. 그런데 동생 같은 경우에는 직행으로 오다 보니까 와서 처음에는 어려워했어요. 말이라든가 그런 거는 괜찮은데, 그런 것보다도 문화적 충격, 북한 사람들 자체가 또 욱하는 면도 있고 어떤 사람들은 또 나처럼 순진한 사람도 있고,(웃음) 그런 게 있습니다. 뭐 말하다가도 막 손 먼저 나가고 싸움하고 이러는 게 북한 사람들의 최대 단점이라면 단점일 수 있죠. 아무튼 너무 그래서 내가 딱 형이다 보니까 이렇게 책임지고. 좀 그래서 적응하기가 힘들어했습니다. 지금은 뭐 학교를, 나보다도 더 열심히 다니고 있습니다. 지금은 직업전문학교, 전문대는 아니고 그냥 전문학교인데 2년제. 금정인가 그쪽에 있는데 거기 졸업하고 사이버 강의로 학점을 듣고, 그렇게 해서 전문학사 받을 수 있다고 합니다. 동생이 공부도 열심히 해서 표창장도 받고. 그리고 교수들이 좀 잘해 줘 가지고 일자리도 해 주고. 새벽 4시 반에 일어나서, 나가서 뭐야, 이번 학기는 야간에만 배우니까. 낮에는 일하고 밤에는 공부하고. 남자 둘이서 밥해먹고 그러면서 사는데 동생이 내보다 키가 좀 더 크고 하니까 옷도 니 꺼, 내 꺼 없이 입고 뭐 좋습니다.(웃음)

## 컴퓨터학과로 대학을 진학하다

**[내용 요약]**

98년경 중학교 시절에 처음으로 컴퓨터를 접했을 때에 많은 관심이 갔다. 한국에 와서 대학에 진학할 때에 북한에서의 접한 컴퓨터에 대한 관심으로 컴퓨터학과를 선택했다. 대학원에 진학하고 싶지만 주변보다 학업에 많은 어려움을 느끼고 있기 때문에 걱정을 하고 있다.

**[주제어]** 대학 진학, 컴퓨터학과, 대학원 진학

이제 대학 초기에 딱 들어왔을 때는, 야- 아는 사람도 없지, 건대에 대한 정보도 없지. 그래도 다행인 게 제가 교회 다녔으니까 교회 다니는 형들 소개받아 갖고,

"대학생활 어떻다."

"뭐 그런 분야는 어떤 책을 좀 많이 읽어봐라, 들어가기 전에." 그래서 그런 도움을 많이 받았습니다.

내 하나원 동기로 남자가 스물 몇 명인가 나왔습니다. 그게 다 보면 나이가 있는 사람들이고. 그리고 우리 20대가 한 세 명, 네 명, 다섯, 일곱 명 정도 되는데, 우리 또래 애들이 나랑 같이 나온 애들 중에서 대학 간 애들이 두 명밖에 없습니다.

북에서는 건설공학과 다녔습니다. 그때 98년도인가 처음 컴퓨터를 저쪽에서 접하게 되었는데, 그 막 컴퓨터 IBM이랑 나오고, 플로피 디스크 3.5인치짜리 나오고, MS도스 상에서 막, 그 글이랑 타자랑 하고 이런 그걸 하게 됐어요. 이제 그때 99년도에 처음으로 컴퓨터 언어에 대해서, 그 프로그래밍, 그때는 컴퓨터를 하지 않고 이제 책에다 막 쓰고 그랬죠. 그때 선생님들도 있었습니다. 프로그래밍 가르쳐주는 선생님들. 평성에 있는 이과대학 졸업한 선생님도 있었고, 평양에 뭐, 정보통신 그런 대학 졸업하고 컴퓨터를 되게 잘하는 선생님들도 있어 가지고 그때 배운 언어가 잘 생각 안 나는데 MS도스 상에서 하고 그랬어요. 윈도우XP 나오기 전에 윈도우98인가? 아무튼 그 상태에서 인제 프로그래밍 짜는 걸 배웠습니다. 1중학교 다닐 때에. 학교 때부터 컴퓨터학이라고 딱 나왔습니다, 그때.

그때 컴퓨터에 관심이 많았어요. 근데 참 나보다도 머리 좋은 사람들이, 좋은 애들도 많았고, 돈 있는 애들도 많았고 하니까 그런 애들만 컴퓨터를 자주 접하고, 주로 알았으니까. 대학가서도 배우

긴 했는데 MS도스 상에서 막, 글이나 타자나 치고, 기초적인 것만 하다 보니까 별로 접할 일이 없었죠. 그 다음에 중국에 와서 딱 보니까 어우, 인터넷도 하고 컴퓨터 이런 거에 너무 관심이 많고 해서, 그래서 컴퓨터과를 선택하게 되었습니다. 지도교수님도 제게 관심을 많이 가지고 있구요.

그런데 아무래도 북한 사람한테는, 여기 와서 대학 졸업했다 해도 "에이, 북한사람."

이런 인식이 남아 있기 때문에 북한 사람이 뭘, 뭘 알겠냐. 솔직히 말해서 우리나라 사람들, 북한에서 왔다고 그러면 뭐 이런 IT쪽은 완전 꽝인 줄 알고, 컴퓨터도 완전 모르는 줄 알고 우습게 보는 사람들 되게 많습니다. 왜냐면 IT쪽으로 공부하고 전문대학, 사이버대학 졸업한 사람이 한 다섯 손가락에도 안 듭니다.

대학원도 가야 되는데. 여기서 석사는 거기서 준박사니까, 준박사라고 합니다. 석사라고 하니까, 석사가 뭔지 몰랐습니다. 그런데 말만해서 되는지도 모르겠고. 노력은 하지만 머리가 못 따라가서 걱정입니다. 주위 애들은 얼마나 잘하는지 모릅니다. 나 같은 경우는 이제 2003년도에 그만두고, 이제 6년 동안 공부를 못했는데, 오직 살아남기 위해서, 남의 집 일해 주고, 뭐, 화장실 청소해 주고.


## 북에 두고 온 부모님에 대한 걱정

### [내용 요약]

연길의 친구를 통해 어머니에게 휴대전화를 전달했다. 부모님을 한국으로 모시고 싶지만 몸이 불편한 아버지와 도강시 발각의 위험 때문에 아들들이 반대하고 있다. 한국에서 대학을 졸업하면 대학원에 진학하여 좋은 직장에 취업해 안정을 찾은 다음 부모님을 모시고 싶다.

**[주제어]** 다리가 불편한 아버지, 대학원 진학, 부모님 걱정

대학을 졸업하고 나면 이제 취직보다는 석사과정을 가려고 해요. 아버지 엄마가 여기 있으면 계속 공부하고 싶은데… 이제 석사까지만 하고 대기업이 아니더라도 월급 잘 주는 기업에 취직해서, 취직한 다음에 뭐 부모도 데려올 수 있으면 데려와야죠. 원래 전략적으로 보면 통일이 되는 게 가장 좋고.(웃음) 어머니는 지금도 오고 싶어 하는데, 아버지 자체가 이제 다리가 그렇고, 그렇다고 아버지를 버리고 나오는 것도 아니고, 그건 우리 아들들이 반대하고 있습니다. 한국 올리면 같이 오라고, 엄마도 말은 안 하지만 마음은 있습니다. 혼자서라도 나와서 돈 좀 보내고 하고 싶어해요. 그런 엄마들이 많지 않습니까.

여기서 제가 엄마한테 돈을 보내주고 있습니다. 한 백만 원 보내주면 6개월, 많게는 한 1년씩 생활합니다. 보낼 때는 브로커를 통해요. 그러니까 우리 연락처가 다 있습니다. 비밀 연락처가, 집에 전화가 있으니까. 중국에 있을 때 내 동생이 도강해서 와 가지고 그때 제가 핸드폰 한두 개 보내줬죠. 내가 중국에서 2년 살 때 동생이 한번 들어왔습니다. 한번 왔다갔었어요. 그 전화요금은 내 친구들이 내고 있습니다.

어릴 때부터 공부를 안 한다고 엄마한테 맞기도 진짜 많이 맞고 했는데, 지금도 생각나는 게 다섯 살 때 저는 유치원 가니까 엄마가 늦었다고 막 뛰어서 수업하러 가는데 막 울면서 뭐 달라고 했어요. 그래서 엄마가 돌아서서 왜 그러냐고 그러면 또 도망치고 한 기억이 납니다. 엄마 수업, 강의하는데 막 문 열고 들어가서 소리치고.(웃음) 아직도 생각납니다. 그래서 더 잘해 줘야 하는데, 집에 전화할 때마다 부모님께 한국으로 오라는 이야기를 하긴 합니다. 그런데 넘어오다가 들키면, 붙잡히면 좀 그렇고. 이제 그것보다도, 우리가 이제

취업해서 돈 버는 것도 아니고 공부하는 시기인데 와서 이제 엄마 자체도 쉰 넘고 하니까, 일자리도 제대로 된 일자리 못 찾을 것 같으니,

"너희 공부나 좀 하고 나서 생각하자."

우리 생각에는 와서, 뭐 우리 대학 다닐 동안 옆에서 좀 봐주면 좋죠. 근데 또 엄마, 부모들은 아, 뭐 우리 부모도 참 욕심이 많은 것 같습니다.(웃음)

"아들들이 성공하면 오겠다."

하는 거 보면 말입니다.(웃음) 그리고 가장 큰 문제가 아버지 자체가 수술하고 걷는다 하지만, 다리가 일반사람처럼 그렇지 않아 가지고 약간씩 살짝살짝 절고, 하반신 마비가 왔었으니까요. 처음에는 아예 뭐, 움직이지도 못했으니까.

## 한국에서의 친구 관계

**[내용 요약]**

여자친구를 만들고 싶은 생각이 아직은 없다. 북한에서는 남자와 여자가 친하게 지내지 않는다. 심지어 부모님들도 다정한 모습을 보이지 않았다. 북한에서 도둑질을 하다가 붙잡혔었는데 그때 구술자를 잡았던 여자아이를 한국에 와서 만났었다. 한국에서 오랜만에 만난 친구들이 많다.

**[주제어]** 여자친구, 도둑질, 옛 친구들

아직 여자친구 생각은 없습니다. 원래 여기 와서 처음에 와서 있긴 있었는데, 하나원에서 만났었어요. 근데 저기 북한에 있을 때는

진짜 남녀공용이지만, 혼합반에 다녔지만, 여자하고는 절대로 말도 안 했습니다. 이제 저희 아버지 엄마가 또 그러니까, 아버지 엄마가 집안에서 딱 그랬습니다. 우리 아버지 엄마 자체가 가정에서 말을, 우리 있을 때는 말을 안 하고, 우리 없을 때는 말을 하는지 모르겠는데. 딱 무슨 말하는 순간에 우리 들어오면 딱 끊고.(웃음) 북한이 그런 게 많습니다. 또 자식들한테 그런 교육을 많이 시킵니다.

저 같은 경우는 열한 살 때 그때 막, 그런 쓰리(도둑질) 같은 게 유행이었습니다. 함북도에서. 그래가지고 친구랑 같이 하다가, 담배를 어떻게 훔쳤는데 도망치다가 여자애가 따라오는 거예요. 그래가지고 붙잡혀 가지고 담배 돌려주고 했는데, 그 여자애가 어떻게 한국에 와 있는 거예요. 13년 만에 만나 갖고. 그때 담배 훔쳤을 때 잡혀서 담배 뒤로 뿌리고 도망쳤었는데.(웃음) 그 탈북자들 모이는 사이트가 있습니다. 거기 들어가서 이제

"어, 나 누구다."

해서 딱 보니까 진짜로. 내 또랜데 개가 이제 공부는 안 하고 장마당 나와서, 시장 나와서 나무해서 팔고, 담배도 팔고 이러다 보니까 공부도 못하던 게, 초등밖에 졸업 못했는데 여기서 연세대까지 가고.(웃음) 만났을 때 이야기했어요. 그때 담배 쓰리했던 일을. 그랬더니 장면은 기억나는데 얼굴은 기억 안 난대요.(웃음) 13년 만에 만난 친구들 참 많습니다.

이재인 이야기

### 〈조사 상황〉

조 사 일: 2011년 11월 14일 월요일
조사시간: 오후 1시 30분~3시(1시간 30분)
구 술 자: 이재인(가명, 여, 1992년생, 채록당시 20세)
조 사 자: 김종군, 정진아, 강미정
조사장소: 서울특별시 광진구 능동로 120 건국대학교 문과대학
           교수연구동 611호
조사장비: 디지털 HD캠코더, 디지털 레코더, 디지털 카메라

　구술자 이재인은 건국대학교 경영학과에 재학 중인 학생으로 탈북대학생 간담회에서 처음 만나게 되었다. 세련된 외모에 함경도 사투리를 전혀 사용하지 않아서 한국에서 성장한 대학생으로 보였다. 한국생활의 적응에 대해 듣고 싶다는 말에 주저하는 모습을 보였는데, 결국 용기를 내 주었다.

　연구실에서 시작된 구술조사 현장을 보고 구술자는 캠코더와 카메라에 대한 거부감을 드러냈다. 방송을 내 보낼 것도 아니며 녹취를 해서 연구 자료로 활용하겠다는 취지를 듣고, 가명으로 처리해 달라는 요청이 있었다. 구술을 하면서도 경험담을 매끄럽게 이어가지 못하고 주저하는 모습을 보이기도 하였다.

　구술자는 2008년 봄에 한국에 혼자 입국하여 현재 대학 기숙사에서 살아가고 있다. 가족도 없고 친한 친지도 없는 상황이라 외로움과 경제적인 어려움을 함께 겪고 있었다. 구술자의 기본 정보를 듣고 어떻게 한국에 오게 되었는지를 묻는 말에 배시시 웃으면서, "아, 미쳤나봐. 괜히 온 거 같아요. 남한에 와서 혼자서 다해야 되고, 아무 것도 모르겠고."라고 말해서 조사자들을 놀라게 했다. 초창기 탈북민의 상황과는 탈북 경위나 과정이 많이 다르다는 생각이 들었다.

구술자는 1992년 황해도 사리원에서 교수인 아버지와 살림을 하던 어머니 사이에서 태어나 비교적 유복하게 자랐다고 했다. 일곱 살 무렵 부모님이 이혼을 하면서 계모가 들어오고, 할머니 손에 자라면서 엄마에 대한 감정의 골이 깊어진 듯했다. 구술자의 이야기 속에 엄마와의 갈등 이야기가 많은 비중을 차지했다. 무작정 탈북을 하게 된 계기도 엄마와의 갈등이고, 한국으로 입국하면서도 엄마에게 알리지 않았다고 했다. 이 지점이 여느 탈북민과는 많이 다른 점이었다. 탈북의 계기를 충동적이었다고 이야기하면서 한국 생활의 어려움을 겪을수록 엄마가 더 보고 싶고, 소중함을 알아간다고 했다. 한국 생활의 적응에 많은 어려움을 겪고 있으며, 부적응이 상태에서 아직도 마음을 정하지 못해 외국으로 나가고 싶다는 말을 반복했다. 그러면서도 장래의 포부를 묻는 질문에는 대학생활을 잘 마쳐서 탈북민들의 국내 정착을 돕는 일을 해 보고 싶다고 희망적인 꿈을 드러내기도 했다.

## 구술 이야기 목록

· 북한에서의 삶–이혼한 부모, 엄마와의 갈등
· 무작정 한국행을 결심하다
· 수녀원을 택해 시작한 한국 생활
· 한국 친구들의 빡빡한 삶과 친구 사귀기
· 한국살이의 어려움 속에 엄마를 생각하다
· 빡빡한 경쟁 속에 사는 한국 사람들
· 탈북민의 정착을 돕는 일을 하고 싶다

# 북한에서의 삶-이혼한 부모, 엄마와의 갈등

## [내용 요약]

황해도 사리원에서 태어나 교수인 아버지와 어머니가 이혼을 하자 할머니 손에 자랐다. 중학교를 중퇴하고 어머니의 고향인 함경도로 이주하여 외할머니와 생활을 하는데, 어려서 자신을 버리고 간 어머니에게 정을 붙이기 어려웠다. 국경 장사를 하는 어머니 덕분에 먹고 사는 일은 어렵지 않고 윤택했지만 어머니와의 갈등이 심각했다. 무료한 일상 가운데 남한의 비디오도 많이 접했고, 중국에 대한 호기심이 생겼다.

[주제어] 부모의 이혼, 국경 장사, 한국 드라마, 엄마와 갈등


제가 황해북도 사리원 근처 출신이에요. 엄마는 함경북도 출신인데 황해북도로 시집을 간 거예요. 한국에는 친척 아무도 없고 저 혼자 왔어요. 북한에서 중학교를 좀 다녔어요. 그런데 일학년 다니다가 관뒀어요. 열세 살, 열두 살이었나? 그리고는 놀았어요.(웃음) 안 다녔어요.(웃음) 막 그때 열두 살, 그 일학년 다녔는데 막 어렵고 힘드니까 그냥 안 갔어요. 저 나올 때가 2008년이었는데 그때는 정말 어려웠어요. 평양은 그래도 좀 있는 사람들이고. 그 나머지 지방은, 그냥 서민들은 진짜 못 살아요. 배급 나오는 것도 없고, 나온다 쳐도 그걸로 그냥 며칠밖에 못 살아요. 그러니까 나머지는 그냥 개인이 알아서 버는 거죠.

아빠는 대학교 교수였어요. 야간대학교가 있었는데 거기 교수였어요. 엄마는 살림하셨고. 그런데 제가 일곱 살 때 아빠랑 엄마가 이혼을 했어요. 그래서 엄마는 그때 함경북도로 다시 오고, 나는 그때 아빠랑 있었는데, 아빠는 다시 재혼하시고 나는 친할머니랑 있

었거든요. 할머니랑 같이 있다가, 엄마가 날 보러 왔어요. 그런데 그냥 학교도 못 다니고 막 꼴이 말이 아니니까 데려간 거죠, 함경북도로. 엄마는 외할머니랑 살았어요. 아마 엄마는 거기서 장사 같은 거 하고 있었던 거 같아요. 그런데 엄마가 자꾸 같이 가자고 하는 거예요. 그래서 같이 가겠다고 했어요.

엄마는 한국에 안 왔어요. 그러니까 엄마랑 원래 같이 오려고 했는데, 그게 같이 온다는 게 잘 안 되더라고요. 가족이 움직인다는 것도 좀 어렵고. 그래서 그냥 엄마한테 일단은 간다고 말은 하고 왔어요. 아무튼 중국 간다고 말은 했어요. 중국 간다는 건 엄마가 권하지는 않았어요. 제가 그냥 알아서.(웃음) 중국 좋잖아요. 북한보다 낫잖아요. 황해도 있을 땐 모르잖아요. 근데 함북에 오면 다 국경지역이잖아요? 그러니까 당연히 중국 물 먹게 돼 있어요. 가기 싫어하는 사람 없을걸요, 아마.

엄마 고향이 함경북도 회령인데 거기에는 한국 온 사람들 많아요. 거의 다 그냥 집 건너 집이 다 왔다 그러고. 사실 한국까지 올 생각은 없었어요. 남한은 무섭잖아요. 그니까 어떻게 갈지도 모르고 너무 멀리 있잖아요. 그런데 중국은 뭐 너무 가깝고, 몇 분밖에 안 걸리니까. 그때 한국 드라마를 많이 봤어요.(웃음) 비디오. 회령 쪽에는 한국 드라마 본 사람들 많아요. 중국 통해서 들어오는 걸로.

엄마랑은 원래 사이가 안 좋았는데,(웃음) 어릴 때 떨어져 있었으니까 정이 없어요. 근데 막 저는 그때 엄마 있어도 외로운 거예요. 막 싫고 그래서 차라리 없어도 될 만큼 정이 없었어요. 엄마한테 왔지만 딱히 할 게 없고, 그냥 뻔한 생활이니까. 학교 가려고 해도, 제가 황해도에서 왔으니까 막 호적을 떼서 옮기고 해야 되는 거예요. 그런데 호적 떼서 옮기는 게 되게 오래 걸려요. 여기는 뭐 전입신고하면 바로 땡인데, 거기는 안 그렇거든요. 거의 몇 달 걸리고, 귀찮고 그래요. 그래서 거기 가서 엄마랑은 같이 안 있고요, 외할머니가 시골에 계세요. 농사짓는데 거기서 있었어요. 그래서 거기서 막 일도 하고 그랬어요.(웃음) 그래서 뭐 먹는 거랑 돈 쓰고 이런 건 안 불편했어요.(웃음) 엄마가 돈을 잘 버니까.

엄마가 장사를 했거든요. 나라에서 하지 말라는 그런 거.(웃음) 중국이랑 가깝고 하니까, 간단하게는 중국 CD같은 거 있잖아요, 비디오 같은 거 몰래 다 내오고. 그거 빌려 보는 거 돈 되게 많이 되거든요. 그런 거 가지고 있으면 들키잖아요. 어차피 중국 다시 내가야 될 거잖아요. 그러니까 그것을 이제 몰래 몰래 했어요. 그거 공개적으로 했다간 우리 엄마 큰일 나는 거죠. 이제 사람들이 엄마한테 얼마씩 주고 빌려와서 보고 다시 갖다 주고. 그 드라마 같은 건 길잖아요. 거의 20부작으로 된 거 그런 게 그때 15만 원이었나, 그렇게 된 것 같아요. 그때 돈으로 하면 되게 비쌌죠. 근데 잘 사는 집은 15만 원 아무 일도 아니니까. 밀무역하는 사람은 거의 뭉칫돈을 버는 거 같아요. 그때 암튼 15만 원이면 되게 돈이 많았죠. 큰돈이었어요.

엄마도 그걸 사오는 게 아니에요. 엄마도 그 친구 분이 중국에 다 있잖아요. 그 사람들에겐 비디오 빌리는 게 아무 일도 아니죠 뭐. 그치만 엄마한텐 위험하니까, 엄마가 제일 위험하잖아요. 엄마가 걸리면 되게 엄격하게 처벌 받고 하니까. 그래서 신뢰성 있게 하되, 그냥 며칠 이렇게 기간 딱 정해 가지고 다시 내가고 흔적을 남기면 안돼요. 그리고 막 북한에 송이 같은 것도 중국에 갖다 팔면, 대개 자연산 송이잖아요. 비싸게 팔고 그래요. 근데 엄마는 송이 그런 감각이 없어서 잘 안 하고요.(웃음) 그냥 중국에 옷들 있잖아요. 그거 떼다가 막 팔고 그런 거 했어요. 그런데 저는 장사를 할 생각은 안 했어요. 무섭잖아요. 그게 언제 어떻게 될 지 그래서 별로 싫었던 것 같아요.

돈 쓰고 먹고 사는 거는 어려움이 없었는데, 엄마랑 의사소통이 별로 없고 이야기를 많이 못하고, 대화가 부족하고 그러니까 별로 맞는 게 하나도 없는 거예요. 결국은 떨어질려고 한 거 같아요. 막 엄마 보기도 싫고 막 그랬었어요. 중국 와서 전화했더니,

"쟤 그럴 줄 알았다. 내 말 안들을 때 알아봤다."

이래요.(웃음)

## 무작정 한국행을 결심하다

### [내용 요약]

어머니에 대한 반감과 중국에 대한 호기심으로 두만강을 건넌다. 국경 장사를 하는 어머니의 지인들을 따라 연변으로 나오게 되는데, 국경수비대가 두만강을 건너는 것을 도와줬다. 중국에서 어머니 지인들 집에 한 달 가량 전전하다가 한국행을 권하는 말에 솔깃해서 어머니에게 말도 않고 한국행을 택했다.

### [주제어] 국경 장사, 연변, 한국행, 태국, 브로커

그러다가 그냥 저 혼자(웃음) 그냥 오면 어련히 알아서 되는 줄 알고 그냥 왔어요.(웃음) 두만강 건너는 건 엄마가 얼굴이 되게 넓어 가지고 아는 사람이 많아요. 근데, 엄마가 나서서 해 준 건 아니고 그냥 제가 엄마 딸이라고 하니까 또 저를 다 알거든요. 엄마도 잘 알고 나도 다 아니까 그 사람들이 이렇게, 여기로 말하면 거의 무역항 같은 거잖아요. 근데 거기는 합법적인 게 아니고 불법이니까 그냥 몰래 몰래 막 청진이라든가 거기서 장사를 하는 거죠. 북한에 자원 같은 거 팔면 되게 돈 되거든요. 그래서 장사하는 사람들 많아요. 엄마 친구들도.

장사하는 사람들이 그 강을 건너는데 다 군대들 끼고 해 가지고,

군대들이 다 건네줘요.(웃음) 그러면 다 돈 주고. 황해도에서 함경북
도로 와서 한 3년 있었어요. 그래서 엄마 친구 분이 중국에 있다는
걸 저도 알거든요. 그래서 첨에는 엄마 친구한테 가 있었어요. 거기
서 엄마한테 또 핸드폰 가지고 가끔 통화를 해요. 그러면 나도 바꿔
주고 막 통화하고 그랬어요. 그 뿐만 아니라 또 아는 사람도 많고
하니까 그 전화번호를 다 따가지고 가지고 있다가 다른 집에 가서
엄마한테 전화해서 (한국에)가겠다고 했어요. 연변에 한 달 있었던
것 같아요. 허- 못 있겠더라고요. 뭐 밖에도 못 나가고, 말도 못하고,
무섭고. 그 엄마 친구 분이,

"한국 가겠냐?"

고 그래서,

"아 가겠다."

생각해 보니까 한국도 좋은 것 같아요. 중국보다 낫다고 생각해서.
마침 그때 또 가는 길이 열려 가지고 아는 사람 추천해서 그냥 태국
으로 왔어요. 올 때 진짜 개고생했어요.(웃음) 뭘 모르니까 왔어요.
(웃음) 근데 일단 태국까지 오면 괜찮아요. 근데 태국까지 오는 게
막 힘들었어요. 다른 사람들은 오는 거 보면 거의 중국에서 몇 년
살아 가지고, 다 시집까지 가서 돈도 많이 챙긴 거예요. 근데 저는
딸랑 돈 하나도 없이 그냥, 엄마 친구도 다 자기 살림 있고 하니까
나한테 돈 챙겨주고 할 거 없거든요. 그래서 그냥 오게 됐어요.

그런데 브로커한테 돈 주는 거는 한국 와서 줬어요. 거의 다 계약
할 때 계약서를 쓰는데 여기 싸인 하래요.

"니 이름 쓰면 된다."

해서 계약서를 읽어보니까 한국 가면 내가 돈 얼마를 내기로 하는
거라고 그래요. 그래서

"일단 가면 얼마라도 낼 수 있다."

고 그렇게 해서 왔어요.

엄마한테 한국 간다는 말은 안 했어요.


## 수녀원을 택해 시작한 한국 생활

**[내용 요약]**

한국에 들어와 하나원 생활을 마치고 탈북학생들끼리 공부하는 한겨레 학교에서 6개월 생활하다가 수녀원으로 옮긴다. 교회에 나가서 탈북민들끼리 뭉쳐 다니는 게 싫었다. 수녀님의 도움으로 고등학교를 마치고 대학에 진학했는데, 경제적인 어려움이 가장 컸고, 지금도 걱정이 많다. 그래서 북한에서 농사짓고 살던 기억이 자꾸 떠오른다.

**[주제어]** 수녀원 생활, 성당, 교회, 보조금, 대학 생활


한국에 와서는 돈이 없었어요. 하나원 마치고 한겨레 학교에 한 6개월 정도 다녔는데 거기서 한 6개월 있으면서 어떤 친구가,

"아는 수녀님이 있는데 같이 가지 않겠냐?"

그래서 그때 그냥 나왔거든요. 그래서 안성에서 서울을 한 번 가봤어요. 수녀님을 만났더니 괜찮은 거 같애요. 착하신 거 같애서. 수녀님이 탈북한 청소년들을 이렇게 모아가지고 같이 살았거든요. 한 네 명 있었던 거 같아요. 나랑 내 친구까지 포함하면 여섯 명, 6명이 딱 좋은 거 같아요. 그 수녀원에서 살면서 이제 양천으로 이사를 온 거예요.

지금은 수급자가 돼서 그거로 보조금 받아 생활하고 있어요. 그런데 그게 대학교 4학년을 졸업하면 바로 그게 끊겨요. 한 달에 한 삼십오만 원 정도. 제가 학교 기숙사에 사는데, 여기 단과대학에서

아르바이트를 하거든요? 거기에 아는 교수님이 계셔서 지원을 좀 해 주세요. 그래서 식비 정도만 내고 있어요. 양천구로 와서 수녀님이랑 살았잖아요? 거기 나오면 찬밥신세예요. 일단 거기서 나오면. 거기에 새로운 친구가 또 오고 하니까 수녀님은 그 친구를 또 보살펴야 하잖아요. 이미 나는 나갔으니까 좀 관심이 덜하다고 봐야죠. 당신한테 벗어났으니까. 수녀님 말고 여기서 어려운 일이 있을 때마다 돌봐주시는 대모님 같은 분이 한 분 계세요. 그런데 자주 못 봬요. 가끔 추석 때 이렇게 가서 음식이나 하고 그래요.

명절 때나 돼서 저 봐주시는 분한테 가보지 않으면 그냥 친구 만나거나 그래요.(웃음) 그런데 저는 시골에 있다가 왔잖아요, 3년을. 그래서 그런지 이제 방학 때면 시골에 가 가지고, 어디 가서 일 좀 하고 왔으면 싶어요.(웃음) 저는 서울에 사는 거가 스트레스잖아요. 이 서울에 오면 스트레스가 시작인 거예요. 그래서 뭐 1주일씩이라도 머리 좀 쉬고 농사짓는 게 좋아요. 농촌 봉사활동 같은 거 가봐야겠어요.(웃음) 송이도 뽑고 싶고.(웃음) 저 잘 뽑아요. 북에서 송이 많이 캤어요. 인터넷 쳐보니까 양양에 송이 축제하던데. 내년에 저 갔다가 어떻게 좀.(일동 웃음)

그래도 그 양천구에 수녀님 보면서,

'어떻게 그렇게 사셨을까?'

하는 생각을 해요. 뭐 수녀님이랑 같이 있다 보니까 그런지.(웃음) 저 성당 다녀요, 신자예요. 성당에 다니면서 좀 잘 사는 거 같아요. 계획이 딱 세워지고, 흐트러지지 않는 거 같아서 괜찮은 거 같아요. 성당 나가니까 손해 보는 건 없더라구요. 다른 사람들은 교회를 많이 다니는데, 저는 그 교회가 싫었어요. 왜 그러냐면 몰려다니는 게 전 싫었던 거예요.(웃음) 그래서 혼자서 성당 다녔어요.

교회는 좀 무슨 가정집 같잖아요. 거의 다 편하게 앉아서 얘기하고 막 이러잖아요. 그런데 성당은 그렇지 않고, 그냥 가서 내가 알아서 시간 맞춰 가서 기도하고. 성당에서는 새터민을 만난 적이 없는 거 같아요. 좀 혼자도 다녀야죠. 혼자만의 시간을 좀 가지고. 그런데 또 저희 엄마는 교회 완전 열심히 다녀요.(웃음) 엄마가 중국에 이렇게 자주 왔다 갔다 하잖아요. 지금은 왔다 갔다 못하는데. 예전에 중국 갔다 와서 교회를 믿게 돼 가지고, 엄청 광신자예요. 교회를 가지는 못하니까 아침마다 기도하고 뭐 그래요. 혼자서 믿는 거죠. 북에는 종교의 자유가 없으니까.

## 한국 친구들의 빡빡한 삶과 친구 사귀기

**[내용 요약]**
탈북민 친구들을 떠날 때 주변에서 왕따 당할 것을 염려했는데, 별로 걱정하지 않았다. 황해도 출신이라 말투도 문제가 되지 않았고, 기회를 봐서 북한에서 왔다고 밝히니 한국의 친구들도 거부감 없이 받아들여줬다. 고등학교에서 이과를 택했는데, 화학과 영어가 가장 어려웠다. 한국 친구들은 사교육을 받으면서 빡빡하게 사는데, 학원에서 밤새 공부하고 학교에 나와 자는 것이 이상했다.

**[주제어]** 왕따, 친구, 빡빡한 생활, 사교육, 학원, 영어

양천으로 오면서 남한 사회에 처음 던져진 거였어요.(웃음) 거기에 되게 두려움이 있었고, 한겨레에서도,
"너 나가면 왕따 당한다, 학교도 못 다닌다."
뭐 이러는 거예요. 그렇다면 뭐 어때요. 솔직히 여기 올 때도 뭐, 목숨 거의 걸다시피 왔는데. 그냥 그 왕따 같은 거 별 일 아닌 거 같아요. 근데 좀 어렵긴 했던 것 같아요. 친구도 없고 밥 먹을 때도

막 혼자 먹어야 되고 그래서 좀 힘들었어요. 처음에는 북한에서 왔다고 말을 안 했어요. 그래서 숨기다가, 짝꿍이 착해가지고 짝꿍한테 이렇게 먼저 얘기를 하고. 어느 날 날 잡아서 공개했거든요? 북에서 왔다고.(웃음) 친구들한테 쫙- 공개를 했어요. 그랬더니 애들이, 그 다음부터는 진짜 친해지기 쉬웠어요. 처음엔 좀 겉돌았지만 나중엔 그랬어요. 거기다가 황해도는 그렇게 사투리가 심하지 않아요. 그래서 말투도 그다지 표 나지 않잖아요.

제가 생각했을 때 아무리 봐도 정신 줄 놓은 거 같애요. 나 이럴 줄 알았으면 안 왔어요. 너무 어려워요. 북한 사람들 삶이 너무 빡빡해요. 그냥 솔직히, 제 주변에 사람들, 제 또래 친구들은 대학 안 나오고 그냥 아르바이트하는 사람들 되게 많아요. 개나 소나 다 나오는 대학을. 그리고 공부하는 것도 어렵구요. 중학교 다니다가 그만두고 여기 와서 고 2로 들어가서 많이 어려웠어요. 그런데 나보다 못하는 애들도 많더라구요.(웃음) 앞으로를 위해서 공부해야죠.

저는 수학을 조금 좋아해 가지고 이과로 갔거든요. 문과는 근현대사 그런 거 싫어요. 거기다가 제가 언어 쪽을 좀 싫어해가지고 그래서 뭐 이과를 갔는데, 화학이 제일 어려운 거 같애요, 화학이랑 영어. 영어는 아예 하나도 모르죠. 나뿐만 아니라 여기 애들도 다 어려워 하는 거 같애요. 누구는 캐나다에서 공부하고 왔다 해도 토익 안 나와 가지고 속상해하고 그래요.

북한에서는 삶이 빡빡하기보다는 뭘 몰랐어요. 여기에 와서는 빡빡하다는 걸 아니까. 거기는 모르니까 그냥 되는 대로 살고. 한국에서는 학생들도 고등학교에서는 그냥 대학 좋은 데 가야 된다고 오직 그 생각밖에 없는 거 같애요. 진짜 학교에서 보면 애들이 전부 다 사교육 다 받고 와요. 선생님이 뭐라고 설명하면 애들은 이미 다 아는 거예요. 그러니까 필기도 안 하고. 저는,

'이야, 공부 안 하고 다 잘한다.'

이랬는데, 알고 보니까 학원에서 밤새 가지고 와서 다 자는 거예요. 또 여기 대학생들은 취직 잘해야 된다고 오직 그거밖에 없잖아요. 저도 학원을 다녀봤어요. 그런데 학원가니까 더 어렵더라구요.(웃음) 진도도 더 빨리 나가고.


## 한국살이의 어려움 속에 엄마를 생각하다

**[내용 요약]**

한국생활에서 어려움을 겪으면서 북에 있는 엄마가 보고 싶어진다. 갈등이 많았지만 엄마가 한국으로 나와서 같이 살면 좋겠다는 생각을 갖게 되었다. 그러나 탈북 과정이 위험하고, 한국에 와서 고생할 엄마를 생각하면 나오라는 말을 못하겠다.

**[주제어]** 엄마의 소중함, 전화 통화, 한국 정착


원래 엄마랑 별로 좋지 않았었어요. 그런데 이제 헤어져 있으니까 좀 보고 싶고 그러더라구요. 그래서 전화를 자주 하긴 해요. 그런데 또 싸울까봐 서로 짧게 말해요.(웃음) 엄마한테 한국으로 오라고 굳이 말하지는 않아요. 엄마가 압박감이 있는 거 같아요. 오다가 안 좋은 일 생기면 정말 큰일 나는 거니까. 그래서 두려워하는 거 같아요. 목숨을 걸어야 하니까. 그런 상황에 내가 오라고 막 할 수도 없고. 본인이 준비되면 오라고 해야죠. 엄마가 왔으면 좋겠어요. 엄마 오면 진짜 잘할 거 같은데.(웃음) 북한에서는 서로 좋지는 않았는데, 이렇게 혼자 생활해 보니까 엄마가 소중한 걸 조금 알 거 같아요. 내 삶을 내가 다 컨트롤하는데 그래도 가끔 안에서

'에이 씨, 관둘까?'

막 이럴 때도 생기잖아요.(웃음) 엄마가 오면 좀 안정될 거 같기는 해요.

그런데 엄마가 와도 한국에서 정착을 잘해야지. 여기는 다 지식이 있어야 하는데, 내가 능력이 있는 것도 아니고, 나도 학생이니까요. 그러면 엄마가 날 돌봐줘야 하는데 엄마가 그냥 일해 가지고 나를 돌봐줘야 하잖아요. 그것도 또 별로인거 같아요.

## 빡빡한 경쟁 속에 사는 한국 사람들

**[내용 요약]**

한국 사람들도 모두 다 잘사는 것이 아니라는 것을 알게 되었고, 한국 사람들은 경제적인 성공을 위해 너무 빡빡하게 사는 것 같아서 싫다. 대학을 마치고 외국으로 나가서 여유롭게 살고 싶은 마음이다. 경쟁적으로 사는 한국 사람들은 스트레스가 많아 보이고, 경쟁 사회가 무섭고 싫다.

**[주제어]** 빡빡한 생활, 경쟁, 외국생활, 여유로운 생활, 스트레스

한국은 다 잘살아 보여도 또 그건 아닌 거 같아요. 저희 고등학교 때 보면 급식을 주는 데, 막 밥을 안 먹는 애가 있어요.

'아- 다이어트하는가?'

이렇게 생각을 했어요. 그런데 며칠 지나고 보니까 다이어트하는 게 아니라 돈이 없으니까, 친구도 돈이 없는 거예요. 그런데 저도 그렇거든요. 졸업하면 수급자도 끊기니까. 또 방학이 되면 기숙사 혜택이 끊기고. 그래서 아르바이트를 징하게 해서 여기 불 끄고, 저기 불 끄고 막 그래요.(웃음)

최근에 드는 생각인데. 한국에서 살아가기 싫어요. 외국 가서 살고 싶어요. 너무 삶이 빡빡하고 그래서. 최근에 스페인 갔다가 왔거든요? 가서 보니까 사람들이 되게 여유가 많아요. 그렇다고 해서 거기 사람들이 한국보다 엄청 못살고 그런 것도 아니고. 저는 여기서 대학도 나와서 배울 만큼 좀 배웠잖아요. 그러면 어느 정도 좀 되고 하니까, 거기 가면 잘 먹힐 거예요.(웃음) 제 생각이에요. 거기는 좀 자유로운 거 같아요.

한국이 자유롭긴 한데 어떤 사회의 흐름에 맞춰 사니까. 거의 학생들은,

"아, 나 빨리 취직해야 돼, 학점 관리해야 돼."

대학교 오면 땡인 줄 알았더니 더 열심히 해야 되잖아요. 고등학교에서는 대학 잘 가는 거만 살 길이고 하니까 이제 대학 잘 가야 돼, 대학교에서는 학점 잘 받아야 해, 그리고 취직 잘해야 돼. 솔직히 대기업 취직해도 또 스트레스일 거예요. 이렇게 우리는 또 준비해서 더 많은 거 배우고 하면, 대기업 취직해도 또 물갈이는 언젠가 할 거지, 또 스트레스 받고. 그런 것도 싫어요.(웃음) 경쟁이 너무 심해요. 자꾸 사람들끼리 경쟁을 해야 하는데, 저는 잘 모르고 그렇잖아요. 그러면 경쟁을 할 수 있는 방법이 없잖아요. 아무리 나는 이해한다고 해도 그건 나 혼자 생각이지, 다른 사람들은,

"쟤 이상하다."

고 그럴 거 아니에요. 제가 학교에서 제일 스트레스 받는 게 있어요. 저랑 이제 나이가 다 같잖아요. 그런데 전부 저보다 잘하는 거예요, 저는 막 못하는데. 그러니까 나 자신이 이해가 안 돼는 거예요.

'왜 못하나?'

물론 걔들은 어렸을 때부터 엄청 열심히 했겠죠. 그렇게 이해를 하려고는 하는데, 그래도 제가 못하는 게 싫어요.(웃음) 그래서 여유롭게 살고 싶은 마음이 있어요.

그래도 한국에서 있으니까 좋은 게, 여러 가지로 알아보면서 많이 배우게 되더라구요. 내가 어느 정도 아는 게 생기고 해요. 보니까 똑똑한 사람들은 되더라구요. 거의 똑똑하지 못하고 노력 안 하는 사람이 다 안 되지. 딱 잘된 사람들은 다 잘 되도록 이렇게 애쓰는데. 조금만 노력하면 또 잘 될 거 같애요. 그런데 그런 희망이 조금이에요.(웃음)

## 탈북민의 정착을 돕는 일을 하고 싶다

**[내용 요약]**
대학을 마치면 지금까지의 경험을 바탕으로 탈북민들의 정착을 돕는 사업을 해 보고 싶다. 모든 것을 다 해 주는 것이 아니라 자립할 수 있는 기반을 마련하도록 돕고 싶다. 탈북민은 한국의 경쟁 시스템을 이해하지 못하므로 깨우쳐 주고 싶다. 정부기관에서 탈북민들의 창업을 돕는 사업을 하는 것을 보고 한국은 기회를 주는 살기 좋은 곳이라고 생각했는데, 탈북민들도 노력해야지 경쟁 사회에서 살아갈 수 있다.

**[주제어]** 새터민 적응, 경쟁 사회, 창업지원, 기회, 성공

대학 올 때는 특별전형으로 왔어요. 제가 수능을 봤으면 여기 못 왔을 거예요.(웃음) 전공은 경영학과에요. 그리고 대학을 나와서는, 그런 거 하고 싶어요. 일단 새터민들 막 정착 못하잖아요. 어릴 뿐만 아니라 거의 취직 못하고 막 그런 사람들의 직장 같은 걸 마련해 주는 일을 하면 좋겠다고 생각해 봤어요.(웃음) 그렇다고 거기서 영원히 그렇게 해 주는 게 아니라 어느 정도 자립할 수 있는 기반을

마련해 주고 싶은 거죠.

새터민들이 여기서 적응을 못하는 건 기본이 달라서 그런 거 같아요. 아예 문화가 다르잖아요. 거기는 꽉 막히고 완전 고립 상태였는데, 여기는 정말 경쟁이 완전 심하잖아요. 누굴 디디고 일어서야 내가 사는 거니까. 뭐 간단한 예로, 학점도 상대평가니까 내가 졸면 그냥 바닥 되는 거잖아요. 그러니까 북한 사람들은 그런 걸 모르고 있었으니까. 거기는 좀 사회주의 그런 게 있잖아요. 그냥 알아서 다해 주고 그런 식이니까 경쟁이나 그런 거에 대해 되게 민감하지 않거든요. 그런데 여기는 뭐 학원 다니고 계속 하니까, 저희는 갑자기 이런 걸 겪으니까 당황하는 거죠. 우리가 잘못하면 그냥 바로 묻히는 거죠. 저도 그런 걸 겪으니까, 여기서 잘하고 싶은데 잘 안 돼요. 그런데 제가 생각하기에는 제가 나중에 성공해서 (탈북자)공장 만든다고 다 될 건 아니라고 봐요. 노력 안 하는 사람은 어쩔 수 없는 거 같아요.

그리고 솔직히 기회도 많은 거 같아요. 제가 알기로도 인터넷 뒤져봐도 그런 기회는 되게 많더라구요. 만약에 창업을 하고 싶은데 저희 같은 경우는 목돈이 없잖아요, 진짜 좋은 아이디어 있는데, 차마 목돈이 없으면 못하잖아요. 근데 막 정부에서 그 사업계획서랑 그런 거 써 가지고 아이템 내면 뭐 돈을 빌려주는 것도 있더라구요. 그래서 깜짝 놀랐어요. 그래서 대한민국이 좋긴 좋구나. 또 자기가 실력만 있으면 될 거니까. 그런데 자기가 찾아보지 않고, 그런 열정 같은 게 없으면 안 되는 거 같아요.